# معجم المصطلحات

## البرلمانية والدبلوماسية

الطبعة الأولى

1432هـ - 2011م

المملكة الأردنية الهاشمية
رقم الإيداع لدى دائرة المكتبة الوطنية
(2011/1/167)

المشاقبة، بسام عبد الرحمن

معجم المصطلحات البرلمانية والدبلوماسية /بسام عبد الرحمن المشاقبة  عمان: دار

المأمون للنشر والتوزيع، 2011.

(300) ص

ر.أ: (2011/1/167).

الواصفات: المعاجم/

دار المأمون للنشر والتوزيع

العبدلي - عمارة جوهرة القدس

تلفاكس: ٤٦٤٥٧٥٧

ص.ب ٩٢٧٨٠٢  عمان ١١١٩٠  الأردن

E- mail: daralmamoun@maktoob.com

# معجم المصطلحات
## البرلمانية والدبلوماسية

بسام عبد الرحمن المشاقبه

دار المأمون للنشر والتوزيع

بسم اللـه الرحمن الرحيم

# المقدمة

جاء معجم المصطلحات البرلمانية والدبلوماسية لتأصيل المصطلح البرلماني والدبلوماسي, ليضعه على سكة المصطلحات المستقله عن المصطلحات السياسية والقانونية بعد أن خضعت المصطلحات البرلمانية والدبلوماسية خضوعا مبرما للمصطلح السياسي, ومن هنا فان هذا المعجم جاء ليعلن استقلال المصطلح البرلماني والدبلوماسي، ليضع الباحثين امام الحقيقة الجديدة بان المصطلح البرلماني هو مصطلح مستقل من حيث النظر والعمل.

ان سبب اقدامي على ولادة هذا المعجم جاء بسبب غياب المعجم البرلماني عن رفوف المكتبات الاكاديمية والعامه والبرلمانية وبخاصة في الاردن، وبسبب طغيان المعاجم السياسية والقانونية , وسافرد لاحقا معجم للمصطلحات السياسية. ان هذا المعجم جاء كما اكدتُ ليعلن استقلال المصطلح البرلماني والدبلوماسي, وقد واجه الباحث صعوبة في تجميع المصطلح البرلماني حيث وجدته بلا اب او وام، ويعيش عالة على اشقائه من المعاجم السياسية والقانونية, حيث قلّب الباحث الاف المصطلحات, وواجهتني صعوبة متناهية في الوصول الى ترجمة المصطلح من حيث اصله العلمي واللغوي الأوربي سواء باللغات الانجليزية او الفرنسية او اللاتينية, ومما لفت انتباهي ان معظم هذه المصطلحات من حيث الاصل كانت يونانية ولاتينية, وقد اصبت بالذهول والدهشة بسبب طغيان المصطلح الغربي على العربي الاسلامي.

لقد جاء ترتيب المعجم حسب الاحرف الهجائية سواء باللغة العربية او الانجليزية, كما وافردت شرحا باللغة العربية عن المصطلح ليتمكن الدارسين والباحثين عامة, واعضاء مجلس النواب والاعيان والبرلمانيين من الاطلاع على هذا المعجم, كما وافردت قائمة بابرز المصطلحات الدبلوماسية التي تهم البرلمانيين والدبلوماسيين وبخاصة المهتمين

بالديبلوماسية الشعبية, وادعو الـلـه ان اكون قد وفقت في اعداد هذا المعجم لرفد المكتبة العربيـة البرلمانية عامة والاردنية خاصة بمعجم متخصص يقف الى جانب اقرانه مـن المعـاجم اللغويـة والسياسـية والاعلامية...., ولا يسعني الا ان اتقدم بجزيل الشكر والعرفان لكل من قدم لي المعلومة العلمية, كما انني لا انسى ان اتقدم الى زوجتي واولادي الذين حرمتهم من ساعات الاستمتاع بالوقت المخصص اصلا لهـم, فارجو منهم المعذرة, ولكن خدمة العلم والبحث هي شكل مـن اشـكال العبـادة والطاعـة لوجـه الـلـه, و الـلـه ولي التوفيق.

الباحث الاعلامي والسياسي والبرلماني

بسام المشاقبه

*المفرق الأبية *

2010/11/20

# المصطلحات البرلمانية

# حرف الألف

أئتلاف انتخابي: Colalition Elctorale

انه الشكل الابسط لتجمع القوى السياسية كي تحكم سوية، وهذا المفهوم لا يقبل الانفصال عن نظام الاكثرية على اعتبار ان الائتلاف الانتخابي هو القاعدة التي يبنى عليها هذا النظام في اكثر الحالات.

ان اشكال الأئتلاف الانتخابي متغيرة متحركة ويمكن ان تكون ذات طبيعة اعتيادية فتأخذ شكلاً ضمنياً, فعلى سبيل المثال يفرض النظام الجمهوري التقليدي بين احزاب اليسار الانسحاب لمصلحة احدهم الاوفر حظاً في التغلب في دورة الانتخاب الثانية، كما يمكن ان يكون الزامياً ويخرج عن رقابة الناخب.

---

ائتلاف برلماني: arliament coulition

مجموعة من ائتلاف تجمعات وتكتلات برلمانية, وقد يكونوا افراداً او احزاباً سياسية، ويتشكل الائتلاف البرلماني من مجموع كتل برلمانية ومن نواب مستقلين او ائتلاف يجمع الاحزاب التي خاضت الانتخابات ولم تتمكن من تشكيل اغلبية برلمانية, تهدف الى تشكيل حكومة أئتلافية, وقد يتشكل الائتلاف لمواجهة أئتلاف آخر لخوض انتخابات رئاسة مجلس النواب، والمكتب الدائم كما جرى على سبيل المثال في انتخابات رئاسة مجلس النواب الرابع عشر والخامس عشر في «الاردن».

---

الأئتلاف الفائز بأقل القاعدة: Minimal- winniny coalition

هو الأئتلاف الذي لم يعد يمتلك اكثرية رابحة من الاصوات اذا انسحب أي من الاحزاب المنتمية اليه.

---

الأئتلاف المفتوح:  Open- coalition

هو الأئتلاف الذي يبدأ عنده حين ترتب الاحزاب الممثلة في مجلس نيابي وفق بُعد سياسي ذي صلة مثل (بُعد اليسار واليمين)،  وعندما لا يكون حزب واحد على  الاقل عضواً في أئتلاف حاكم على هـذا البعد بـين حزبين في الأئتلاف فإن الأئتلاف يوصف بأنه مفتوح.

الآلة الانتخابية: Machine of voter

جهاز الكتروني يتيح للناخب التعبير عـن صـوته بمجرد ضغط علـى زر، ويجعـل الاوراق والمغلفـات الانتخابية بدون  فائدة، ويجـب ان تكـون الآلآت الانتخابيـة مـن  نمـوذج يقبل بـه وزير الداخليـة, وان تتضمن جهازاً يبين الترشيحات ويتيح للناخب التعبير  عن اردته بمعزل عن الانظار ويترقب امكانيـة عـدم الاقتراع لاي من المرشحين ويمنع تسجيل اكثر من صوت واحد لكل ناخب , ويجمع عـدد المقترعـين في أي عداد  لا يمكن قراءته الا بعد اقفال عملية  الاقتراع.

ان استعمال الآلآت الانتخابية ذو طبيعة تضمن صدق الاقتراع بحيث يجعل بعض الحيـل والغـش غير ممكن وهذا الاستعمال بالاضافة الى ما سبق يسهل عمليات العد المرتبطة بفرز الاصوات،حيث يعمـد الرئيس في نهاية العمليات الى جعل العدادات التي تجمع الاصوات التي حصل عليها كـل مرشح او لائحـة وكذلك الاصوات السلبية كلها مرئية وبامكان اعضاء قلم الاقتراع ومنـدوبي المرشحين والنـاخبين ان يأخـذوا علماً بهذه العملية ويقوم الرئيس بقراءتها بصوت عال ويتم اثباتها من قبل امين السر.

إبطال الانتخابات: Invaliclation

وهي العملية او القرار الذي يتخذ من قبـل اللجنة  المشرفة عـلى الانتخابات «الجهـة القضائية» وبذلك يكون الانتخاب باطلاً عندما يقرر القضاء الغاء نتائج الانتخابات على

اثر مراجعة انتخابية، وفي الواقع فإن بإمكان القاضي الانتخابي اعلان إبطال الانتخابات اذا رأى ان الانتخابات لاتعكس تماماً ارادة الناخبين او ان هناك شكاً حول هذه النقطة ,وهذه السلطة ليست محصورة في حالة التحقق من تزويرالانتخابات، بل يمارسها القاضي ايضاً في حالة وجود مجرد اخطاء او شذوذ ارتكبها قلم الاقتراع, وعلى السلطة الادارية في حالة إبطال الانتخابات ان تقوم بتنظيم انتخابات جديدة في فترة زمنية محددة.

---

الاتحاد البرلماني الدولي: International Parlemen

جاءت فكرت تأسيس الاتحاد البرلماني الدولي على يد البرلمانين الاوروبيين حيث تمكن كل من النائب الفرنسي «فردريك باسي»، والبريطاني «راندال كريمر» والسويدي «البير جوبا» وهؤلأ حصلوا على جائزة نوبل للسلام على التوالي فالاول حصل عليها في عام 1901 والثاني في عام 1903 والثالث عام 1902، لقد جاءت فكرة الاتحاد من رحم المأساة العظمى في نهاية القرن التاسع عشر- حيث كانت القوى الدولية منشغلة بالتسلح والحرب والقتل والدمار نجم عنه حربين عالميتين مدمرتين لاحقاً, وفي وسط هذا الجو دافع بعض الرجال والنساء من ذوي بعد النظر على قضايا السلام والتحكيم ونزع السلاح ولكن هؤلاء لم يعد يذكرهم التاريخ.

فقد انشأ فريدريك باسي وراندال كريمر مؤسسة في ذلك الوقت ببصيرة ووعي ووسائل قليلة ومع الايام تحولت هذه المؤسسة الى المنظمة العالمية للبرلمانات وينظوي الان تحت ابطها اكثر من 140 برلمان وطني اضافة الى خمسة جمعيات برلمانية مشتركة.

ان الاتحاد البرلماني الدولي الذي كان منظمة غير حكومية تحول الآن الى تجمع دولي، ففي تشرين ثاني 2002 وبعد مرحلة طويلة تم منح الاتحاد البرلماني الدولي صفة مراقب لدى منظمة الامم المتحدة الى جانب حق استثنائي يتمثل في تعميم وثائقه الرسمية لدى انعقاد الجمعية العامة للأمم المتحدة علماً بأن هذا الحق لم يمنح الآن الا لفلسطين. ان اهم المسائل التي انطلقت منها فكرة الاتحاد البرلماني الدولي وجعلت مؤسسيه يفكرون

---

بولادته، تكمن في دفع مسيرة السلام والتنمية والدبلوماسية البرلمانية فهي القضية التي دافع عنها كل من باسيي وكريمير وجوبا بكل تواضع أي منذُ اكثر من قرن، والآن يسعى الألاف من النواب والملايين من المواطنين الذين يمثلوهم في جميع انحاء اتحاد العالم الى الدفاع عن المثل التي تأسس عليها الاتحاد البرلماني الدولي وفي هذا الصدد يقول احد مؤسسيه الاوائل «فريدريك باسي» العالم مصنوع من احلام محققه وحلم اليوم هو واقع الغد.

---

اورومتوسطية: euro-medetaranian parliamentary assembly

جاءت فكرة هذه الجمعية بعد عقد سبع مؤتمرات برلمانية دولية حول الامن والتعاون في اوروبا خلال الفترة الممتدة من 1973-1991 حيث باشر الاتحاد البرلماني الدولي لاطلاق عملية مماثلة على صعيد البحر المتوسط حيث عقد اول مؤتمر برلماني دولي حول الامن والتعاون في مدينة ملاجا في اسبانيا عام 1992 وتوصل المؤتمر الى وضع نظام دائم للحوار والتفاوض مع جميع الشركاء الشرق اوسطين.

وتعقد هذه الجمعية اجتماعاتها نصف السنوية وتنظم لدى انعقاد المؤتمرات البرلمانية التأسيسية، وفي سنة 1995 في مدينة «لافاليت» في مالطا انعقد البرلمان الدولي وفي عام (2000) انعقد المؤتمر البرلماني الدولي الثالث في مرسيليا في فرنسا حيث اقترح انشاء جمعية برلمانية لشعوب البحر الابيض المتوسط، وتم تشكيل لجنة تحضيرية لتتمكن من القيام بوضع نظام داخلي للجمعية وقد طرح المؤتمر الرابع الذي انعقد في«نوبليا» في اليونان 2005 وتم الموافقة على التعديلات النهائية عليه، وتم اقرار الجمعية على ان تمر في فترة انتقالية وبعد مناقشة قصيرة حول مكان انعقاد الاجتماع الاول لهذه الجمعية فقد وافق المؤتمر على قبول الدعوة المقدمة من مجلس النواب الاردني على عقد هذا الاجتماع خلال النصف الثاني من عام 2005 في الاردن وينطوي تحت معطف الجمعية الاورو متوسطية كل من دول المتوسط وهي البانيا والجزائر والبوسنة والهرسك، قبرص كرواتيا

---

مصر اسبانيا مقدونيا فرنسا اليونان ايطاليا لبنان مالطا المغرب موناكو سيبيريا الجبل الاسود سلوفينيا سوريا تونس، تركيا البرتغال، اسرائيل اضافة الى الاردن وتتمتع فلسطين بصفة مراقب في مؤتمر الاتحاد البرلماني الدولي

---

الاتحاد البرلماني العربي: Arab Parliamentry Union

وهو الاتحاد البرلماني الذي يمثل البرلمانات العربية، فقد ولد الاتحاد في اعقاب حرب تشرين اول 1973 نتيجة لجو التضامن والعمل العربي المشترك الذي عاشته الامة العربية في تلك الفترة والذي وفر مناخاً مواتياً لنمو التعاون العربي عن طريق المؤسسات السياسية والنقابية والمهنية العربية.

وقد خرجت فكرة التعاون البرلماني المنظم في اذهان نخبة من البرلمانيين العرب وتمكنوا بعد عدد من الاتصالات الايجابية المشجعة دعوة البرلمانات العربية الى عقد مؤتمر تأسيسي في دمشق لإنشاء اتحاد برلماني يهدف الى تدعيم اسس التضامن العربي وتنظيم العمل البرلماني العربي المشترك واتاحة فرصة كافية للقاء والحوار بين البرلمانيين العرب وتعزيز الروابط فيما بينهم وتنسيق جهودهم في مختلف المجالات وتوحيد نشاطهم.

وقد اسفر المؤتمر التأسيسي الذي عقد في دمشق خلال الفترة من 19-21 حزيران 1974 وبمشاركة عشرة برلمانات عربية عن قيام الاتحاد البرلماني العربي والاجماع على اتخاذ دمشق مقراً دائماً له وسط حماسة قومية شديدة وتوقعات متفاءلة بالدور الكبير الذي ينتظر الاتحاد على المستويين العربي والدولي.

ويتألف الاتحاد البرلماني العربي الآن من اثنين وعشرين شعبة برلمانية تمثل البرلمانات ومجالس الشورى العربية وتضم الاردن, الامارات، البحرين، تونس، الجزائر، جزر القمر، جيبوتي، السودان، سوريا، العراق, السلطة الفلسطينية، قطر، الكويت، الجماهيرية الليبية مصر، المغرب، موريتانيا، اليمن، السعودية عمان. كما ويهدف الاتحاد الى:

1. تعزيز اللقاءات والحوار بين المجالس البرلمانية العربية , وفيما بين البرلمانيين العرب في سبيل العمل المشترك وتنسيق الجهود البرلمانية العربية في مختلف المجالات وتبادل الخبرات التشريعية.

2. تنسيق جهود المجالس النيابية في مختلف المحافل والمجالات والمنظمات الدولية وخاصة في نطاق الاتحاد البرلماني بالنسبة للبرلمانات العربية المشتركة.

3. بحث القضايا العربية المشتركة في النطاق القومي والدولي واتخاذ التوصيات والقرارات بشأنها.

4. العمل على تعميق المفاهيم والقيم الديمقراطية في الوطن العربي.

5. العمل على تنسيق التشريع في الدول العربية وتوحيده.

6. العمل على تدعيم التعاون بين شعوب العالم من اجل سلام قائم على العدل.

---

الاجتماعات: Association

الاجتماعات حق من الحقوق الدستورية، ومن مبادئ الحريات التي اخذت بها الدساتير حتى تتيح للمواطنين تبادل الرأي والتشاور واتخاذ القرارات خارج نطاق المؤسسات الدستورية.

---

اجتماعات عامة: Meeting Public

تجمهر منظم لعدد من الافراد للتداول في مواضيع معينة وحرية الاجتماعات من الحقوق الشخصية التي كفلتها الدساتير الديمقراطية غير انه في كثير من الاحيان يحاط النص الدستوري بالغموض بالنسبة الى حدود استخدام هذا الحق الذي يقيد عادة بحق الدولة في وقاية نظام الحكم او صيانة الامن العام.

---

اجماع: Consensus

اقرار نظام او وضع اقتراح او اقتراع بموافقة الجميع ويكون عـادة نتيجـة اتفـاق في الفكـر والشـعور الناتج بدوره عن وحدة التكوين الثقافي والنظرة والمصلحة وله شأن خاص في الاسلام فهو المصدر الثالث من مصادر التشريع وله عند الفقهاء تحديدات مشروحة ومفصلة.

---

احكام عرفية: Martial law

لوائح استثنائية تلجأ اليها السلطة التنفيذية تحـت ظـروف حالـة طـوارئ اذا تسـمح لهـا بتعطيـل بعض احكام الدستور كي تستطيع تلافي بعض الاخطار التـي تتعـرض لهـا الـبلاد، كنشـوب ثـورة داخليـة او وقوع غزو خارجي، وفي هذه الحالة تطبق السـلطة التنفيذيـة مـا يعـرف بقـانون الطـوارئ الـذي يخولهـا سلطات واسعة واستثنائية.

---

الادارة: Administraion

هي بيان العلاقة ما بين الفـرد والدولـة ومختلـف تصرفات الدولـة في تنظـيم شـؤونها فـيما يتصـل بخدماتها للافراد محلياً وللمحافظات والمقاطعـات بوجـه عـام وذلـك انتظامـاً لـدولاب الاعـمال في الـبلاد واستتباب الامن والاستقرار.

---

ادارة الازمات: Crisis Mangement

مصطلح مستجد في العلاقات الدبلوماسية الدوليـة ويعنـي مجمـوع الاسـاليب والاطـر والمؤسسـات المعالجة بإتخاذ القرارات السريعة والعقلانية لمواجهة التحديات والتطورات والطوارئ الدوليـة بقصـد منـع امتداد اتسـاع نطـاق النزاعـات والصـدامات ومنـع الاخـلال الكبـير في مـوازين القـوى لتجنيـب احـتمالات المواجهة والمجابهة مع الدول الكبرى او بين الـدول الكـبرى في العـالم وتـرتبط هـذه الدبلوماسـية الجديـدة ارتباطاً وثيقاً ومباشراً بالمعنى الخطيرالذي انطوى عليه تطوير الاسلحة النوويـة بشـكل ادى الى قيـام حالـة من توازن

---

الرعب في العلاقات الدولية الامر الذي الغى الحرب الشاملة بين الدول الكبرى كوسيلة من وسائل السياسة.

---

الادارة البرلمانية: Parlement Admanstration

هي الركيزة الاساسية التي يقوم عليها عمل المجالس التشريعية, وذلك من خلال نشاط مؤسسي جماعي لتحقيق اهداف معينة مع وجود الية منظمة لتوزيع العمل تتحدد فيها الادوار بوضوح عبر قنوات الجهاز الوظيفي الذي يدخل في هيكلة بناء الامانة العامة للبرلمان, وتنحصر المسؤولية الرئيسية للادارة البرلمانية في المجلس النيابي أو البرلماني من خلال تسيير الاعمال الفنية والادارية والمالية والمعلوماتية والخدمية وتقديم الخدمات والتسهيلات اللازمة لقيام اعضاء البرلمان بوظائفهم الدستورية وذلك عبر كوادرها الوظيفية المختلفة فالخدمات التي تقدمها هي نشاطات تخدم العملية التشريعية وتمثل مصدراً للمعلومات العلمية الضرورية للبرلمانيين والباحثين.

---

ارادة شعبية: Popular Will

مصطلح سياسي يشير الى مجموعات الخيارات التي يعبر عنها المواطنون عن طريق الانتخاب او الاستفتاءات وهو بمعناه الاشمل يشير الى كل رغبة لدى المواطنين يعبر عنها او يجسدها شخص واحد او مجموعة من الاشخاص «هيئة تمثيلية او حزب سياسي...»

---

ازمة دستورية: Crisis Contstitutioual

وضع استثنائي يتميز بالصراع ما بين نصوص الدستور وروحه الحقيقية بل مرحلة ناشئة عن التناقض الحاصل ما بين الوضع السياسي للبلاد ودستورها المعلن او بين نصوص الدستور عند تطبيقها كالوضع الناشئ عند وفاة رئيس الدولة دون وجود نص في الدستور يحدد من يخلفه الى حين انتخاب خلف له.

وتنشأ عند حدوث اختلاف بين مؤسسات الدولة وسلطاتها حول قضية من

---

القضايا السياسية او الاقتصادية او الاجتماعية او البرلمانية دون وجود مرجع ينص عليه الدستور يخوله صلاحيات حل هذا الخلاف.

---

## ازمة الطاقة :Energy Criss

مصطلح يرمز الى احتمالات بروز نقص متزايد في موارد النفط جراء نمو الطلب او الاستهلاك للنفط نتيجة التوسع في الصناعة وفي الاستخدامات المختلفة علاوة على زيادة السكان المطردة وقد شاع هذا المصطلح منذُ ازمة الطاقة اثناء حرب تشرين مع اسرائيل.

---

## الاسئلة : Questions

الاجراءات التي تتيح للنواب تأمين استعلامهم عن عمل الحكومة والادارة والرقابة عليها بسؤال وزير بشكل علني:

تتميز الاسئلة عن غيرها من اجراءات الرقابة الاخرى وخاصة الاستجوابات غياب عقوبة سياسية مباشرة

هذا وقد ظهرت الاسئلة في القرن الثامن عشر ـ في انكلترا واستخدم نوع من الاسئلة اطلق عليه «Questions Time» في مجلس العموم منذ ذلك الوقت كنموذج في العديد من الجمعيات النيابية، كما واستخدمت فرنسا الاسئلة منذ مرحلة الاستعراش في الانظمة الاساسية للمجالس البرلمانية 1876 وتكرست دستوريته عام 1958.

---

## اسباغ الصفة القانونية :Juripikisation

يعني هذا المصطلح الاخضاع التدريجي لظاهرة او مؤسسة او اجراء سياسي لاحترام القاعدة القانونية, ومنذ منتصف السبعينيات من القرن الماضي شهدت فرنسا اسباغ الصفة القانونية على الحياة السياسية الذي حث عليه التدخل المتزايد للقاضي الدستوري الذي اجبر السلطة السياسية شيئاً فشيئاً على احترام القاعدة القانونية وبشكل ادق

---

القاعدة الدستورية ومنذ ذلك الوقت تم استعمال هذه الصيغة مجدداً في مناسبات عدة فكانت موضع تأييد او موضع انتقاد وتعتبر اليوم جزء من اللغة الدستورية العادية ويمكن ان يكون اسباغ الصفة القانونية في بعض الفرضيات وعلى الاخص عندما يتعلق الامر بأجراء خطوة اولى نحو اسباغ الولاية القضائية.

---

اسباغ الصفة القضائية: Judiclarisation

تطور المقاربة التدريجية من اجراء اداري نحو اجرء نموذج قضائي أي متعلق بالسلطة القضائية في النظام القضائي.

ويشكل هذا الاسباغ نزوعاً حديثاً يعتبره البرلمانيون له اثر مهم وحاسم ويميلون الى تفضيله لو لم يكن هناك مكبح الحكومة ومجلس الدولة

---

اسباغ الولاية القضائية: Juridicionnalisition

مسار تحول اجراء بإسباغ تدريجي للخصائص المرتبطة بالاجراء المتبع امام السلطات القضائية أي احترام حقوق الدفاع ووجاهية المحاكمة ووقف التنفيذ ويتعلق الامر في اغلب الاحيان بإجراء اداري تحول تدريجياً الى اجراء قضائي

---

استثناءات: Exceptions

اتخاذ تدابير اضافية تستخدمها الحكومات الحزبية لمكافأة انصارها من الموظفين او تعويض الذين فصلوا منها واتخاذ قرارات استثنائية قد تكون مبررة دستورياً وقد لا تكون كحل البرلمان واقالة الحكومات الشرعية.

---

استجواب نيابي: Parlimentry Iterpieilation

طلب عضو البرلمان «مجلس النواب» او الشيوخ او مجلس الامة او مجلس الاعيان او الشعب من وزير من الوزراء بيانات عن سياسات الدولة في مسألة عامة او خاصة

---

والاستجواب غير السؤال الذي يقصد منه استيضاح عن مسألة معينة اذ ان الاستجواب يتضمن عنصر المحاسبة التي هي اساس الرقابة البرلمانية على تصرفات الحكومة.

## استشارة استجواب نيابي: Consultation

الرأي هو الاشهار الاساسي لهذا التدبير التحضيري المسمى الاستشارة التي ترتدي اشكالاً Delaware فقط وغالباً ما يأتي ذلك من خلال مبادرة من البرلمان

## الاستفتاء: Referendum

التصويت العام باللجوء الى الشعب مباشرة بشأن مشكلة خطيرة او مهمة ويقوم على استفتاء عام وقد يكون وعلى سبيل المثال لتعديل الدستور.

## استفتاء دستوري: Referendum Constitiona l

طريقة من طرق وضع الدساتير المكتوبة اذ تقوم لجنة فنية بوضع مشروع دستور ثم يعرض على الشعب للاستفتاء عليه، فإن وافقت عليه الاغلبية ينفذ ويصدر.

## استفتاء رأي عام: Public Opinion Poll

وهو الاستفتاء الذي تقوم به وسائل الاعلام ومراكز الابحاث والدراسات ومراكز قياس الرأي العام لرصد اتجاهات الرأي العام لموضوع او قضية اجتماعية او اقتصادية او سياسية معينة.

## استفتاء سياسي: Constitutional Politcal

صورة من صور الاستفتاء الشعبي ويقصد به استفتاء الشعب في مسألة من المسائل الهامة ذات الطابع السياسي كقوانين الانتخابات والمعاهدات الدولية والاتفاقيات

الاستفتاء الشخصي: Constitutional Personal

أي استفتاء الشعب على شخص رئيس الدولة او رئيس الوزراء ويكون هذا الحق منصوص عليه في الدستور القائم.

---

استفتاء شعبي: Referenclum Popular

سؤال الشعب عن رأيه في موضوع من الموضوعات او عرض موضوع ما على الشعب ممثلاً بالمواطنين الذين يحق لهم الانتخاب لأخذ رأي بالموافقة او الرفض وقد يكون الاستفتاء خاصاً بإجراء معين او متعلقاً بالدستور او بقانون من القوانين او بإتجاه سياسي خارجي، ويكون ذلك اما بناء على نص في الدستور نفسه او بناء على طلب البرلمان او طلب رئيس الدولة او رئيس الوزراء او طلب الشعب نفسه وهو صورة من صور الديمقراطية الغير مباشرة والهدف منه اشراك الناخبين في بعض القرارات الهامة التي يتوقف عليها مصيرهم وحياتهم ومستقبل بلدهم وهو يختلف عن الاستفتاء الدستوري لأن الاخير قاصر على وضع الدستور وتعديله و الاستفتاء الشعبي فيتم في غير ذلك من الموضوعات.

---

استقالة الوزارة: Resignation Cabinet

تقديم الوزارة استقالتها نتيجة لحجب الثقة من قبل البرلمان او عندما يطلب رئيس الوزراء او احد الوزراء من رئيس الدولة اعفائهم من مناصبهم وتكون الاستقالة لأسباب شخصية كالعجز الجسماني عن مباشرة مهم الوظيفة او لاسباب سياسية.

---

استقالة نائب: Demission Dun Parlementire

العمل الذي بموجبه تنتهي ولاية وظيفة قبل اجلها والاستقالة بالنسبة الى اعضاء المجلس النيابي يمكن ان تنجم عن عمل ارادي او تعلن تلقائياً بمثابة عقوبة من قبل المجلس الدستوري، ويمكن لأي نيابي او برلماني اعفاء نفسه من وظائفه شريطة ان يكون قد

---

انتخب بشكل نظامي.

استقلال القضاء: Judiciary Tendepcndc

مبدأ من المبادئ التي تقررها الدساتير الحديثة لحماية القضاء حتى يتمكن من القيام بمهمته على نحو يحمي حقوق المتقاضين ويشيع العدالة في نفوسهم وحتى يكون للقاضي الاستقلال في الرأي والحيادية والحكم.

الاستنساخ: Cloniny

تكوين كائن حي كنسخة مطابقة تماماً من حيث الخصائص الوراثية والفيزيولوجية والشكلية لكائن حي آخر كفردي تؤام البيضة الواحدة مثلاً، فالاستنساخ هو توالد غير جنسي لا يحدث فيه اخصاب لبويضة الانثى بنطفة الذكر، فالخلية في الوالد اللاجنسي تشرع بتكوين الجنين ومن ثم الفرد البالغ دون مشاركة الذكر أي ان الفرد المستنسخ لا اب له.

استنساخ نيابي او برلماني: Parliament Coloniny

وهو تشكيل برلماني نسخة طبق الاصل عن البرلمان السابق او عن البرلمانين السابقين من حيث المواصفات التقليدية او الكلاسيكية فالاستنساخ البرلماني هو توالد غير طبيعي ناجم عن عملية اخصاب غير سياسي وتذوب خلاله المشاركة السياسية أي ان البرلمان المستنسخ لا اب له

استيزار: Minsisterialism

تعبير يطلق على التيارات السياسية والبرلمانية الاصلاحية المتهافتة على المناصب الوزارية والتي تبرر ذلك بضرورة العمل من داخل الحكم لتحقيق اهدافها المرسومة.

ازدواج ضريبي: Double taxation

خضوع الربح الناتج عن الاستثمار الاقتصادي الى اكثر من ضريبة من نفس الوعاء.

---

ازمة: Crisis

كلمة قديمة ترجع اصولها الي الطب الاغريقي وتعني النقطة الحرجة او اللحظة التي يتحدد عندها مصير تطور ما الى الافضل واما الى الاسوأ «الحياة او الموت، الحرب او السلم، لايجاد حل لمشكلة ما قبل انفجارها.

---

ازمة اقتصادية: Crisis Economic

نقطة التحول التي ينقلب عندها النشاط الاقتصادي من مرحلة التوسع الدوري الى مرحلة انخفاضية تتميز بالركود والبطالة والانكماش.

---

اعتصام ازمة اقتصادية: Sit-in

مظهر احتجاجي ضد سياسة ما بطريقة سلمية لمكان او مقر يرمز الى الجهة التي تمارس موضوع الاحتجاج.

---

اعتلاء العرش: Accede to the Throne

تولي الملك او ولي العهد حكم البلاد بناء على الدستور الذي يحكم بذلك.

---

اعتماد متبادل: Inter Dependence

حاجة الافراد والمؤسسات الى تبادل المساعدات والخدمات في هذا العصر- الذي جعلت فيه التكنولوجيا العالمية العنصر البشري اشد اهمية من العنصر- الطبيعي او المادي وتستخدم هذه العبارة بنوع خاص تمييزاً عن البقية التي تعني ضمناً ان بعض الدول او

---

المجتمعات تعتمد على دول او مجتمعات اخرى دون ان تكون هذه المجتمعات الاخيرة معتمدة بدورها على الاولى وغيرها بل هي مكتفية ذاتياً.

---

اعلان الحقوق: Declaration Of Rights

وثيقة سياسية تنص على اعلان حقوق الافراد وحرياتهم.

---

اعلان حقوق الانسان: Declaration Of human Rights

وهو التصريح العالمي لحقوق الانسان وحرياته الذي اصدرته لجنة حقوق الانسان التي شكلها المجلس الاقتصادي والاجتماعي التابع للأمم المتحدة واقرته الجمعية العامة للأمم المتحدة عام 1948 ويضم مجموعة من الحقوق والحريات التي لكل انسان حق التمتع بها دون أي تمييز عنصري «الجنس، اللون، اللغة، الدين، الرأي السياسي، الثروة، الميلاد، السن... » وذلك على اساس ان الانسان عضو في المجتمع, ويشمل ذلك حقه في حصول على ما يكفل له المحافظة على صحته وصحة اسرته وحقه في التعليم والضمان الاجتماعي....

---

اعلان حقوق الانسان والمواطن: Declaration Of the Rights of man and citzen

وثيقة تحتوي على مبادئ الثورة الفرنسية حيث اكدت على حقوق الانسان الثابتة واصبحت جزءاً من دستور عام 1791 والهمت العديد من الاصلاحيين في العالم

---

اعلان نتائج الانتخابات: Proclamation

اعلان نتائج الانتخابات النهائية مع التحفظ لجهة المراجعات القضائية التي يمكن ان تحدث ضد هذه النتائج وهو ليس مجرد اعتبار النتائج الرسمية انه يستدعي بالفعل وجود صلاحية للبت بعدد من الصعوبات وخاصة المرتبطة بالاوراق غير النظامية، غير ان السلطة التي تعلن نتائج الانتخابات ليس في وسعها ان تذهب ابعد من ذلك بأن تقرر

---

مثلاً اهلية مرشح او ان تسجل انسحاب مرشح آخر مكان المرشح الـذي بنية النتـائج والـذي ينـوي الانسحاب وتتغير السلطة التي تعلن النتائج حسب طبيعة الانتخاب وفي حال غياب بند خاص يعلن رئيس قلم الاقتراع النتائج الا انه يمكن ان تعلنها ايضاً لجنة لهذا الغرض «اللجنـة المركزيـة للأنتخابـات» والوضع القانوني للأنتخابات هو اعلان النتائج من قبل رئيس قلم الاقتراع.

## اغلبية مطلقة :Absolute.ority

اتحاد الأراء على اتفاق عام حول رأي او قرار يجري تداوله في اجـتماع حـول قضيـة معينـة تحسـب نسبة تأييد هذا القرار بالاغلبية دون معارضة تذكر.

## اقالة الوزارة :Dismissal of Cabint

القرار الصادر من رئيس الدولـة سـواء اكـان ملكـاً او رئيسـاً للجمهوريـة بسـحب الثقـة مـن الـوزارة واقالتها ينتج عن هذا القرار حل الوزارة وسحب الصلاحيات من اعضاءها ما عـدى تصريف بعض الاعمال العادية الروتينية الى حين تأليف او تشكيل وزارة جديدة

## وكذلك عرفت اقالة الوزارة بأنها

قرار يتخذه رئيس الدولة سـواء أكـان ملكـا او رئيس جمهـورة او هيئـة رئاسـة بإقصـاء الـوزارة او الحكومة عن الحكم ينتج عنه حل الوزارة وسحب الصلاحيات مـن اعضـاءها مـا عـدى تصريـف الاعمـال العادية الى حين تشكيل او تأليف وزارة جديدة وهذا الحق برز مع بروز النظم البرلمانية.

## اقامة :Residence

هي سكن الشخص في مكان ما مع نيته البقاء فيه على وجه الاسـتمرار وتنظلـق الاقامـة كـما يقـول فقهاء القانون من عنصرين اولهما عنصر مادي وهو أي نية الاستمرار

والاستقرار هو الذي يميز الاقامة من الناحية القانونية عن مجرد الوجود المادي في مكان ما لفترة معينة .

ان الاقامة هي وجود شخص في مكان ما من اقليم الدولة لفترة دائمة او مؤقتة وتعتبر الاقامة من العناصر الهامة لتحديد مواطن الشخص من الناحية الواقعية وفي حالة تنازع القوانين بشأن الجنسية يكون مكان الاقامة هو الواجب التطبيق حالاً محل قانون المواطن والاقامة من حيث التكييف القانوني على النحو التالي :

1- الاقامة العادية: وهي التي جعلها التشريع شرطاً في منح الجنسية «كما في التشريع المصري على سبيل المثال» للاجنبي.

2- الأقامة المهنية: لمدة طويلة او لمدة غير محدودة لمزاولة حرفة.

3- الاقامة العارضة: لفترة قصيرة استناداً الى حق الفرد في التنقل.

4- الاقامة الخاصة: وهي اقامة اللاجئين لاسباب انسانية.

من جهة اخرى اعتبر بعض الفقهاء ان من اسباب سحب الجنسية انقطاع الاقامة ومن اسباب اسقاط الجنسية اقامة الشخص اقامة عادية في الخارج او الاشغال بهدف تفويض النظام الاجتماعي والاقتصادي للدولة.

---

اقامة جبرية: Under House Arret

اجراء وقائي تتخذه الاجهزة الامنية بحق شخص تعتبره خطراً على النظام العام ويقضي ـ هذا الاجراء بإقامة الشخص في مكان تحدده السلطات الحكومية مع خضوعه لمراقبة تحد من حرية التنقل.

وتمتاز الاقامة الجبرية عن الحجز الاداري في انها اجراء تستطيع السلطات الادارية بموجبه ان تلقي القبض على شخص تعتبره خطراً على الامن العام دون أي تدخل من

---

السلطات القضائية وهو اجراء يتصادم مع الحرية الشخصية قـي غيـاب ايـة مراقبـة اذ لا يتـدخل القضاء الاداري الا في وقت لاحق.

## اقامة خاصة: Provisisonal House Arrest

اقامة مؤقتة تتاح لبعض الاجانب بشروط خاصة وتشمل اللاجئين والذين ولدوا ولم تنقطـع اقامتهم والذين اقاموا اكثر من عشرين سنة والاجانب لأكثر من خمسة سنوات ويقـدمون خـدمات علميـة وفنيـة وادارية للبلاد.

## اقامة مؤقتة: Residence provisioual

وهي الاقامة في محل سكن بصورة مؤقتة لا تتصف بطابع الاستقرار واقامـة الاجنبي فـترة قصيرة محدودة مع جواز تحديدها ويقابلها الاقامة الدائمة.

## اقتراح نيابي: Parleman lism - proposition

الاقتراحات عبارة نيابية تقوم على اقتراحـات القوانين وهي نصوص ذات طابع تشـريعي يقـدمها مجلس النواب او الاعيان او الشيوخ او الشعب وهي مشاريع القوانين والتعديلات وهو تعبير عن الممارسة النيابية في غرض قرار يتقدم به نيابي للمناقشة والتصويت عليه من قبل النواب ويقسم الاقتراح النيابي الى ثلاثة اقسام:-

1- اقتراح حجب الثقة
2- اقتراح احالة الى اللجان
3- اقتراح اجراء استفتاء.

## اقتراع: Polling

أي وسيلة تتبع لأخذ رأي قطاع معين محدد من الشعب في امر ما او مشكلة مـا ويعتـبر رأي هـذه الفئة بمثابة انعكاس صحيح لرأي الشعب كله والانتخابات هي الشكل

26

الشائع المعروف بالاقتراع والوقوف على موقف الرأي العام في موضوع ما.

اقتراع استشاري: Ballot advisory

اقتراع او استفتاء لا تكون نتائجه ملزمة بل يقصد به موقف المقترعين ليستأنس به ممثلوهم.

اقتراع شامل: Exhaustive

طريقة اقتراع تتكون من اقتراعات متعاقبة حتى يحصل مرشح واحد على اغلبية معينة أي اغلبية الاصوات العامة عادة تكون اكثر من 50% من الاصوات المدلى بها بشرط ان المرشحين الحاصلين على الاصوات الاقل في أي جولة اقتراع يستبعدون الجولات الاتية.

اقتراع صوري: Vote straw

اقتراع تجريبي او صوري او تقديري تجرية مؤسسة او سلطة ما قبل الاقتراع الحقيقي بغية تقدير نتائج الانتخابات العامة اذا اجريت في هذه الفترة بالذات وتقوم الآن بعض المؤسسات بإجراء استفتاءات منظمة بأحدث الوسائل العلمية لتقدير ما سيكون عليه موقف من مختلف احزاب في الانتخابات العامة الحقيقية اذا اجريت في تلك الحقبة المحددة.

الاقتراع العام: Suffrage

مصطلح يستخدم لوصف العمليات الانتخابية بحيث يشمل جميع المواطنين دون أي شرط مالي او مؤهلات علمية, ومع ذلك فان عدد الذين يحق لهم الانتخاب في ظل الاقتراع العام لا يتجاوز نسبة غير عالية من السكان, وقد لا يمارسون هذا الحق يوم الانتخاب لاسباب متعددة وتلجاء بعض الدول الى تبني مبداء الاقتراع الاجباري وفرض

جزءا على المتخلفين عن اداء الانتخاب الذي تعتبره حقا وواجبا في آن واحد, والاقتراع العام يقصد به الانتخاب الشعبي الذي لا يشترط القانون في الناخب شرطاً من شروط التميز الاقتصادي او الاجتماعي وهذه تشمل شروط النصاب المالي من حيث الدخل والملكية او الضرائب المستحقة وشرط الكفاءة كالتعليم وشرط الوراثة او الطبقة الاجتماعية ويقابل الاقتراع العام او الشعبي الاقتراع المقيد بشروط كالتي اشرنا اليها.

---

اقتراع على القوائم: Voting list system of vote par listes

نظام التمثيل النسبي بحيث يقترع المنتخب فيه لواحدة من قوائم المرشحين التي تقدمها مختلف الاحزاب السياسية ولكن هناك تفاوتاً في طريقة الاقتراع في ظل النظام فثمة طريقة تفرض بأن يقترع الناخب القائمة كما هي دون تعديل او يتخلى عنها كلياً ولكن بعض الاقطار تعطي للناخب حق اعداد قائمتة الانتخابية الخاصة كما يشاء.

---

اقتراع غيابي بالمراسلة: Vote by proxy by correspndance

وهو اقتراع نص في القانون يتيح للمؤهلين بأن يقترعوا بالمراسلة او بالوكالة في الحالات التي لا يكونوا فيها قادرين على الوصول الى مراكز الاقتراع المخصصة لهم خلال ساعت الانتخاب وذلك اما بسبب المرض او لأي عذر أخر

---

اقتراع الغيابي: Absentee voting

تمكين فئات معينة من الناخبين من الاقتراع في الانتخابات دون الحضور الى المركز الانتخابي الرسمي بأنفسهم مثل حالات المرض او المعوقين وتمكين الادلاء بأصواتهم بالبريد او من خلال وكيل.

---

اقتراع غير مباشر: Suffrage-unversel

يسمي المنتخب في هذا النمط من التعبير عن حق التصويت بشكل غير مباشرمن

---

قبل الناخب الذي ينيط هـذه المهمـة بناخب كبير او بناخب مـن الدرجـة الثانيـة ويخـل نظام الانتخاب الغير مباشر من مبدأ المساواة بين الناخب من خلال اعطاء قيمة مضاعفة لناخبي الدرجة الثانيـة ويتيح الاقتراع غير المباشر حماية قسم من حيث المبداء. الا في انتخاب بعض المجـالس العليـا كـما جرى في النمسا وهولندا وبلجيكا جزئياً واسبانيا وايرلنـدا والاقتراع الغـير مباشر عنـدما يسمي منـدوبين ينتخبـون ممثلين فيما بعد.

اقتراع مباشر: Suffrage diriect

وهو الاقتراع الذي يمارسه الناخب بنفسه لاختيار ممثليه.

اقلمة: Reyionulistion

يدل هذا التعبير على مجموعة الاعـمال التي تقـدم عليها السـلطة التنفيذيـة المركزيـة في صـميم الدولة لإقامة مؤسسات او صلاحيات غير حصرية او لا مركزية على المستوى الاقليمي المحلي.

الاكثرية: Majority

مصطلح سياسي يشير الى كـل تكتـل اوائتلاف برلـماني او مجموعـة تفوز بـأكثر مـن نصـف اصـوات المقترعين او بأكثر من نصف القاعدة في هيئة شعبية او تمثيلية وتكون الاكثريةالمطلقـة عنـد الحصول عـلى اكثر من نصف الاصوات المسجلة وفي بعض الحالات الاصوات المقترعة وتكون الاكثرية نسبية عندما يجتمـع لصالح شخص او لائحة او رأي عدد من الاصوات اكثر من الاصوات التي نالها كـل واحـد مـن الاشـخاص او اللوائح او الاراء المتنافسة وبالاحرى تعني مجموع القوى السياسية التي  تحكم بلد ما استناداً على دعمهـا من  قبل اكثر من نصف اعضاء البرلمان  ولا يوجد اكثرية دون معارضة.

بينما الاكثرية او الاغلبية الصامتة: فتدل على مجموع الافراد الذين يعارضون الشكل القائم لتطور الامور في المجتمع دون ان يلجأوا الى أي شكل من اشكال

التعبير لإظهار هذه المعارضة وقد يمثل هؤلاء الافراد في الواقع  وفي اغلب الاحيان الجزء الاكبر من السكان والاكثرية الصامتة هي على النقيض من الاغلبية الفاعلة التي توحي بفضل نشاطها ولجوئها الى التعبير عن موقفها في كل مناسبة بانها اقوى مما هي في الواقع.

**امر اشتراعي: Ordonnance**

وهي الاعمال التي يجاز للسلطة التنفيذية اتخاذها في المجال التشريعي وقد ظهر الامر الاشتراعي المأخوذ عن الملكية المطلقة عندما كانت توصف على هذا النحو القرارات الملكية مجدداً في ظل الاستعراش وقد جاء هذا المبدأ من المادة 14 من ميثاق فرنسا 1814 التي تنص على ان الملك يضع الانظمة والاوامر الاشتراعية الضرورية لتنفيذ القوانين لأمن الدولة.

**الامير: Prence**

كلمة امير او اميرة هي لقب نبالة سامية، ويعطى لأعضاء العائلة المالكة المؤهلين بولادتهم للقب امراء من دم ملكي «وقد وضع لويس الرابع عشر في منشور في شهر ايار 1711 هذه القاعدة: ان الامراء من دم ملكي سيكونون مبجلين ومميزين في كل الامكنة تبعاً لكرامة دمهم وسمو ولادتهم انهم يمثلون قدامى عظماء فرنسا في ساحات الملوك ولهم الحق في الدخول وحضور الاجتماعات والاشتراك في المداولات في قصورنا النيابية في سنة الخامسة عشرة في الاجتماعات كما في المجلس بدون أي شكلية حتى وان كانوا لا يملكون اقطاعية ولقب امير يمكن ان يمنح لأشخاص بسبب وظائف مارسوها في الدولة ولصالح من رفعت اراضيهم الى درجات الامارات, والامير الملكي المسمى ايضا ولي العهد او kroprinz او infant هو الابن الاكبر للملك وهو مدعو مبدئياً الى وراثته وهو يحمل حسب كل بلد لقباً فخرياً امير دستورياً، وامير الغال، وامير اورنج، ودوق برايان.

ويمكن ان يعطى لقب امير شريك لمعاون العاهل اذا اضفى عليه الملك هذا الشرف

وكما يشير الى ذلك «ايف – ايرستي» يبقى التوافق البريطاني ان تكتب زوجة الملك رتبة زوجها ولقبه فتصبح الملكة الشريك.

---

انتخاب: Election

اختيار شخص بين عدد من المرشحين ليكون نائباً يمثل الجماعة التي ينتمي اليها او هو اخيار الناخبين لنوابهم او رؤسائهم مباشرة دون اللجوء الى ناخبين ثانويين وهو الانتخاب القائم على درجة واحدة ,والانتخاب في الديمقراطيات الحديثة هو الاصل في تعيين الحكام وتوليتهم ويطلق عليه بالاقتراع أي على اسم معين والانتخاب يختلف عن الاستفتاء الذي يكون اخذ الرأي فيه عن موضوع معين لاعن شخص بذاته وفي التمثيل الشعبي كما في انتخابات المجالس المحلية او الاقليمية او المجالس البرلمانية يعتبر الانتخاب حقاً عاماً للمواطنين ليس من حق السلطة ان تحرم المواطن من الممارسة وما دام مستوفياً للشروط المتعارف عليها وهي السن والعقل واعتبارات الشرف.

والانتخاب لها عدة اشكال اهمها المباشر وغير المباشر والانتخاب بالقائمة.

---

انتخابات اولية: Election pprimary

نظام انتخابي قانوني في الولايات المتحدة ينظم عملية انتقاء الاحزاب لمرشحيها الرسميين في الانتخابات للمناصب العامة وهو متعدد الانواع ما بين المباشر والمغلق والجزئي والغير جزئي الا ان اشهرها هو الفوز بأصوات المندوبين في مؤتمرات الحزبين الجمهوري والديمقراطي لتحديد المرشح الحزبي لأنتخابات رئاسة الجمهورية.

---

انتخاب بالقائمة: Election List

وهو الاقتراع الذي يأتي على عدة اسماء تحتويها قائمة المرشحين عن دائرة انتخابية كبيرة ويقابل ذلك الانتخاب الفردي وهو الاقتراع على شخص فردي وفي حالة الاقتراع بالقائمة يقسم اقليم الدولة الى دوائر كبيرة تنتخب عدداً من النواب وان عدد المرشحين

---

بالقائمة لا يقل عن ثلاث والانتخاب بالقائمة لا يسمح بالضغط على العملية الانتخابية من قبل الادارة الانتخابية الفردي والنائب يتحرر من ضغوط الناخبين كما يجعل من الاقتراع كفاحاً بين البرامج لا بين الاشخاص.

---

الانتخابات الحاسمة: Critical election

وهي التي يحدث فيها تحول في التحالف الحزبي مؤشرة على نمط منفتح على نحو جذري من العلاقات ضمن نظام الحزب الواحد ومن الصعب جداً تحديد الانتخابات الحاسمة عندما تجري وتعطى هذه الصفة في وقت لاحق عندما يمكن ملاحظة النمط الاطول أملاً من العلاقات الحزبية المتغيرة.

---

انتخابات حزبية: Mulit-party-elecion

انتخابات يتنافس فيها مرشحو الاحزاب المختلفة على مقاعد البرلمان.

---

انتخابات جزئية وفرعية: Elections partilells

وهي الانتخابات التي تجرى لملئ المراكز الشاغرة باستقالة نائب او وفاته وتجرى هذه الانتخابات على مستوى الدائرة الانتخابية.

---

انتخابات طائفية: Elections communinate

نظام انتخابي يقترع بموجبه اعضاء فئات عنصرية او دينية معينة بمعزل عن الفئات الاخرى لانتخاب ممثليها وهذا النوع يتبع بنوع خاص في المجتمعات ذات العناصر المتعددة الاجناس والطوائف.

---

انتخابات عامة: Elections qenrals

عملية تجديد جماعي لأعضاء البرلمان ولمجموع سلسلة منتخبين، وهي تختلف عن

---

الانتخابات الفرعية وتجرى الانتخابات العامة كل اربع سنوات وفي بعض الدول كل ثلاث سنوات.

انتخاب فردي: الصوت الواحد: Personal vote

وتسمى بعملية الصوت الواحد او الصوت الفردي حيث يتم تقسيم الاقليم الى عدد من الدوائر بحيث يتساوى عدد الدوائر الانتخابية مع عدد النواب او المرشحين، ويراعى في ذلك تساوي عدد الدوائر في كل دائرة مع عدد السكان أي ان تتساوى فرص المرشحين من حيث عدد الناخبين في الدائرة الانتخابية.

## ويمتاز الصوت الواحد بالمزايا الاتية:

1- يكون النائب المرشح عارفاً بإحتياجات دائرته ومشاكلها لانه غالباً من اهلها.

2- سهولة اختيار الناخب للنائب حيث يختار نائباًَ واحداً يعرفه.

3- يحقق الصوت الواحد توازناً كبيراً بين المصالح المختلفة وخاصة الاقليات.

وفي المقابل فإن انصار الانتخاب بالقائمة اعتبروا ان للصوت الفردي جملة من المساؤئ مكن اجمالها فيما يلي:

1- يجعل النائب يهمل الصالح العام ليهتم بدائرته الانتخابية على باقي الوطن او الاقليم.

2- يجعل النائب نائباً لدائرته أي ان يكرس نواب الحارات او نواب العشائرية لا الامة في مجموعها.

3- يسهل الرشوة الانتخابية

4- يسهل رجال الادارة التدخل في الانتخابات

5- يقيد حرية الناخب في الاختيار ويخلق برلمان ضعيف جداً من منطلق انه كلما صغرت

الدائرة الانتخابية قلت او ضعفت الكفاية.

انتهازية: Opportunism

نهج تحقيق الانتفاع والوصول المتعجل على حساب المبادئ من خلال تحين الفرص السانحة واتباع اساليب المساومة والمماطلة والخداع ونقيض الانتهازية الخط السليم والمبدئية , وتقوي الانتهازية وتشتد في الظروف العصيبة فيلجأ الانتهازيون الى الحلول السهلة والتخلي عن المبادئ او عن الاساليب القديمة وينطبق ذلك على الافراد من الوصوليين وعلى الاتجاهات اليمينية داخل الاحزاب الاشتراكية التي تساوم على الاهداف الاساسية البعيدة في سبيل الحصول على منافع ثانوية قريبة وعلى الاتجاهات اليسارية التي تساوم على المكاسب القريبة في سبيل المنفعة الآجلة والاحزاب الثوريةعليها مسؤولية تاريخية بمحاسبة الاتجاهات الانتهازية وانزال العقوبات بها.

انثوية: Feminism

تيار يرمي بقوة ونشاط الى مناصرة التغيير الايجابي لدور المرأة في المجتمع وتأييد نيلها لحقهافي المساواة في الحقوق الاجتماعية والاقتصادية والسياسية.

الانشقاق: Cleavage

حالة انقسام اساسي ومستمر بين اعضاء مجموعة سياسية او نظام سياسي له وثيقة صلة سياسية مثل الطبقة الاجتماعية او السن او الهوية القومية او الاصل القومي او اللغة وقد تكون الانشقاقات بسبب نشوب حرب اهلية وخلافات بشأن السياسات وصراعات عقائدية وقد تصبح اساساً للإنقسامات بين الاحزاب السياسية وسبب تأسيس المجموعات والحركات ذات المصالح فضلاً عن انها في حالات متطرفة مثل ايرلندا الشمالية قد تكون اساس ثقافات فرعية سياسية مختلفة في المجتمع.

انضباط حزبي: Discipline

مفهوم تنظيمي سياسي يهدف الى زيادة فعالية الاحزاب من خلال تحديد علاقة العضو بحزبه حيث يشترط على العضو التزام علني بكافة مواقف الحزب الذي ينتمي اليه وانصياع الى كافة الاوامر الصادرة من الهيئات القيادية.

# حرف الباء

بالتوج: Ballotage

مصطلح سياسي انتخابي يطلق على الدورة الثانية من الانتخابات في حالة عدم حصول أي من المرشحين في انتخابات معينة على الشروط التي يفرضها القانون «نسبة 50% من الاصوات» حتى تصبح هذه الانتخابات مقضية مما يترتب عليه في اغلب الاحيان اجراء انتخابات ثانية يكون الفائز فيها من حصل على الاكثرية النسبية من الاصوات.

ومصدر هذه الكلمة فرنسي من كلمة بول ( Boules) التي كان تعني في السابق اوراق اقتراع.

---

بالون اختبار: Trail Ballon

مصطلح سياسي صحافي يقصد به تسريب معلومات غالباً ما تكون خاطئة الى جهة اعلامية معينة بقصد نشرها للرأي العام ومعرفة موقفه وردّات فعله عليها فإذا ما اثارت هذه المعلومات استياء عاماً تعمد الجهة المسرية الى نفيها او تكذيبها بشكل او بآخر.

---

براءة اختراع: Patent right

وثيقة حكومية او شهادة تمنحها الحكومة لصاحب اختراع لكل من يدعي انه صاحب اكتشاف صناعي او علمي ويتمكن من اثباته ويقوم بكل الاجراءات القانونية اللازمة.

---

براغماتية: Progmatis

كلمة يونانية تعني فعل او عمل او اتجاه في فلسفة الاخلاق، راج في امريكا في الستينيات وهذاالمذهب الاخلاقي البراغماتي صاغه وليم جمس و انطلق من مبدأين اساسيين هما الخير وهو الذي ما يلبي حاجة ما , وان كل حالة اخلاقية فريدة لا تتكرر وان المشكلات الاخلاقية كلها يجب ان يحلها الانسان نفسه بحيث لايراعي الا الحالة الملموسة, وان العقل له شأن كبير في حل مسائل الاخلاق فلا يرصدها الا بعد ان ينخرط الانسان في القعل.

---

برلمان: Parliament

كلمة فرنسية في الاصل واستعملت في اللغة الانجليزية في القرن الثالث عشر- وكان يقصد بها في بادىء الامرعلى أي اجتماع يعقد , للبحث والمشاورة كما واطلقت على المحاكم العليا، كما واطلقت على مجلس نواب مدينة باريس الذي لعب دوراً في الازمة التي انتهت الى قيام الثورة الفرنسية واصبحت كلمة برلمان تستخدم في اللغات المختلفة بمعنى المجالس النيابية العليا التي تمثل السلطة التشريعية في البلاد جاءت كلمة البرلمان من اصل فرنسي من كلمة «Parler» بمعنى يتكلم كما واطلق على المصطلح المكان الذي كان ينعقد فيه الاجتماع وفي اللغة الانجليزية اطلقت على الهيئة التشريعية العليا التي تتكون من مجلس العموم ومجلس اللوردات والمجالس البرلمانية تتألف في الغالب اما من مجلس واحد او مجلسين فالمجلس الواحد يجب ان يكون منتخباً وهو ما يعرف بمجلس النواب ومجلس العمـوم او المجلس الادنى بينما الثاني يعرف بمجلس الاعيان او الشيوخ او الشعب او المجلس الاعلى ويعتبر البرلمان الانكليزي من اقدم البرلمانات في العالم ووظيفة البرلمان هي اقرار القوانين والميزانية ومراقبة نشاط السلطة التنفيذية ومنحهاالثقة او حجبها.

---

البرلمان العربي الانتقالي: Arab Transitional Parliament

هو برلمان انبثق من رحم ومعطف الاتحاد البرلماني العربي  حيث احتضنته  جامعة الدول العربية في كانون اول 2005 وقد عقد الاجتماع الاول التأسيسي وقد جاء تأسيس هـذا البرلمان تتويجاً لجهـود طويلـة ودؤوبة في مسارين متوازنيين في اطار كل من الاتحاد البرلماني العربي وجامعة الدول العربية في القاهرة.

برنامج الحزب المعلن: Party Platform

بيان يصدره الحزب السياسي حول خطة الحزب وسياسته واهدافه والوسائل التي يتوخى استخدامها لتحقيقها في حالة تسلمه زمام الحكم او ابان تسلمه الحكومـة او مـن خـلال وجـوده في المعارضة وخارج الحكم  ويصـدر برنامج الحـزب عـن اجتماع تمثيلي موسـع وبعد دراسـة الوضع والمشاكل والتحـديات المطروحة ويكون لفترة زمنية محدودة نسبياً لان برنامج الحزب يختلف مـن مرحلـة الى اخرى يحـدده في ضوء اهدافه العامة والظروف المتغيرة معاً.

بيان وزاري: Cabinet Statement

تصريح خطي او بيان  يقرأه رئيس الوزراء الجديد امام البرلمان يتضمن برنامج الحكومة الذي تعتزم تحقيقه في المجالات الرئيسية وخطها السياسي العام ازاء القضايا المطروحة في الـداخل والخارج وبالتالي يطلب رئيس الوزراء المكلف ثقة المجلس على اساس البيان الـوزاري، ويفـترض ان يقـوم اعضاء المجلس النيابي بمناقشة البيان وتأييد محاسنه وانتقاد ثغراته وبعض سياساته وطلب تعديله وفق هـذه الانتقـادات ومنح الثقة او حجبها وفقاً لمدى المعارضة او التأييد.

# حرف التاء

تحرير:- Liberation

مصطلح مشتق من الحرية والتحرر, لغة العالم السياسي, (اطلاق الحريات عسكريا) تشير الاطلاق من الاسر, وفي القانون الجزائي الافراج عن السجين والتحرير عامة هو عملية رفع ممارسات الاضطهاد والتحكم والقيود المفروضة من قبل آخرين على فرد او جماعة او شعب واستخدمت اصلاً لتعني انتزاع حرية الشعوب المحتلة من غزاة الخارج والتخلص من نير الاحتلال والاستعمار كما في حرب التحرير الوطني وتشمل التحرير الطبقي والعنصري كما في تحرير الطبقة العاملة وتحرير العبيد من تحكم الطبقة المالكة والمستعبدة والتحرير السياسي من القيود المفروضة على حرية التعبير والحركة والنشاط والمشاركة والتحرير الاجتماعي من العلاقات التي تقسم المجتمع الى قاهر ومقهور كما في حركة تحرير المرأة وهكذا ينطبق التحرير على التحرر والانعتاق من القيود القانونية والاجتماعية.والبنى... والعلاقات والاخلاقيات التقليدية في بعض الحالات وتحرير ثروات العالم الثالث من هيمنة الشركات الرأس مالية الكارتيلات الغربية وتحرير انتاج دول العالم الثالث من تحكم السوق الرأسمالية بالنسبة للتسعير والتبادل.

---

تحريرالعبيد: Eman cipation slaves

المجهود الرامي الى الغاء ظاهرة وجود العبيد في الغرب الرأسمالي.

---

تحرير المعاهدات: Writing of treatics

كتابة المعاهدات وتدوينها في صيغة وفقاً للأصول المتعارف عليها في التعاقد بين اطراف ثنائية او متعددة.

---

**تحقيق برلماني: Parlimentary ivvestigation**

احد اشكال الرقابة التي يمارسها المجلس النيابي على الحكومة وتتولى التحقيق لجنة نيابية يشكلها المجلس بهدف الكشف عن كافة العناصر المادية والمعنوية في مسألة او قضية ذات مصلحة عامة و يحق لهذه اللجنة الاطلاع على كل المستندات والوثائق واستدعاء المسؤولين للمثول امامها والاستفسار عن كل الملابسات والوقائع على السلطة التنفيذية وذلك من خلال تشكيل لجنة منتخبة من اعضاء المجلس النيابي هدفها الكشف عن كافة العناصر المادية والمعنوية في قضية من القضايا التي لها علاقة بالمصلحة العامة ويحق للجنة الاظلاع على الوثائق والمستندات واستدعاء المسؤولين للمثول امامها والاستيضاح عن كل الملابسات والوقائع ويطلق عليها في الاعراف البرلمانية لجنة تقصي الحقائق.

---

**تدابير شرعية: Legislative actions**

هي القوانين الصادرة عن السلطة التشريعية او عن الحكومة التي تتمتع بمثل هذا الحق وتعد نافذة من تاريخ صدورها او نشرها في الجريدة الرسمية ويقصد بالتدابير الشرعية الاجراءات التي تتخذها الدولة لمجابهة موقف معين او الاقدام على مبادرة جديدة من شأنها اما ان تحسن العلاقات مع دولة اخرى او اتخاذ اجراءات تمس مصالح هذه الدولة.

---

**تدخل حكومي: Government Intervention**

ظاهرة قيام السلطات الحكومية بالاشراف على النشاطات الاقتصادية في الدولة وتوجيهها في اتجاه معين ويعتبره الليبراليون الجدد والكلاسيكيون محرماً في الاقتصاد الحر.

---

**ترشيح: Cznpipature**

عمل يقوم بموجبه احد الاشخاص بترشيح نفسه لخوض الانتخابات والترشيح يكون شخصي- عندما يكون الانتخاب فردياً وفي حالة الترشيح على اساس تعدد الافراد

---

والتمثيل النسبي الاكثر شيوعاً يكون للترشيح طابع جماعي طالما ان المرشحين يتقدمون في اللوائح حسب الصلاحيات السياسية.

---

تشريع: Legislation

مجموعة القواعد العامة المختصة في الدولة التي تبيح او تحظر او تنظم حقاً والتشريع هو كل قاعدة قانونية تصدر عن سلطة عامة مختصة في وثيقة مكتوبة والسلطة المختصة حسب الاصل في سن التشريع هو المجلس التشريعي بشقيه الاعيان والنواب والشيوخ واللوردات وقد تختص مهمة الحكومة بالتشريع، والتشريع قابل للإلغاء او النسخ بحيث يمكن ازالته ووقف العمل به برفع قوته الملزمة بالنسبة للمستقبل ويكون الإلغاء صراحة او ضمنياً.

---

تصديق تشريعي: Sanction Legislative

العمل الذي بموجبه يبدي رئيس الدولة ارادته الى جانب الارادة التي عبر عنها مجلس تشريعي او مجلسان وينجز هكذا عملية سن القوانين ورفض التصديق يعني حق النقض الذي يكون اما مطلقاً معلقاً وتتم ممارسته بلا تحديد او خلال مهلة يحددها الدستور.

ويختلف التصديق عن الاصدار وهو العمل الذي بموجبه يشهد رئيس االدولة على الوجود الرسمي للقانون ويتحقق من انه جرى اقراره نظامياً من قبل الهيئة التشريعية ويزوده بسريان مفعوله، ويعطي المأمورون العموميون الامر بالسهر على تنفيذه والمساعدة في ذلك.

---

تصريح: Declaration

الاعلان عن قيام اتفاقية او الاعلان عن موضوع ما سواء اكان سياسي او اقتصادي واعلامي وصحفي ويصدر بشكل فردي او جماعي او ثنائي ويطلق التصريحات اما

---

رؤساء الدول او وزراء الخارجية والوزراء المعينون او الناطقون الاعلاميون والصحفيون والبرلمانيون.

تصعيد: Escalation

رفع درجة التوتر وتوسيع ميدان المواجهة وزيادة الضغط والعنف بصورة مطردة في حوار ارادات متصارعة لإرغام الخصم على عمل ما او اكراهه على الامتناع عن مواصلة عمل يقوم به عن طريق ايصاله بذلك الى حدود احتماله التي رسمها بنفسه قبل ان يصل الطرف المصعد ذاته الى تلك المرحلة بعد حساب ردة فعل خصمه ازاء خطواته التصعيدية والتصعيد قد يكون سياسياً وهو ذلك الوجه من وجوه الردع والسجال واستراتيجية الرد المرن وسياسة حافة الهاوية وادارة الازمات.

تصويت: Votation

قبل الدخول في التاريخ وفي الحياة السياسية لعام 1789 بواسطة ميرابوا الذي كان يدافع عن التصويت على اساس كل رأي بدلاً من اساس التصويت على اساس النظام حيث لم تكن لكلمة تصويت «votaation»

وهي صنو ديني لكلمة تصويت «vote» شائعة الا في المجالس الليبرالية وفي نظام مالطا.

وهذه الكلمة اليوم مع انها ما تزال تستخدم للدلالة على اعطاء الصوت في المداولات ليست مستعملة في الغالب ومع انها واردة كعنوان لفصل من نظام كل جمعية بعنوان انماط التصويت فإنها ليست مفهرسة في الجدول التحليلي لهذه الانظمة ولا ريب في انها اعتبرت المعادلة لتعبير تصويت vote.

والتصويت حصراً يعني «العمل الذي يقفل نقاشاً في المجالس النيابية» أي التعبير عن قرار المجلس المعتمد لهذا النقاش وايضاً العمل الذي يتيح اللجوء الى تسمية شخصية في

صميم هذا المجلس، والتصويت هو العمل الذي يعبر عن الاكثرية النسبية والمطلقة للمجلس.

## تصويت محدد: Limeted Voice System

وهو التصويت الذي يتم بموجبه تقسيم الدولة الى دوائر انتخابية كبيرة ويكون لكل دائرة ثلاث مقاعد على الاقل ويعطي كل ناخب اصواتاً عدد اقل من عدد مقاعد الدائرة لثلثيها مثلاً فإذا كان المطلوب انتخاب ستة نواب عن الدائرة يكون للناخب اربعة اصوات فقط وبهذا يتسع المجال امام الاقليات لتفوز بنائبين الى جانب النواب الاربعة الذين تختارهم الاغلبية ومن امآخذ على هذا النظام انه غير مضمون الا في حالة وجود حزبين قويين غير انه هذا النظام لم يستخدم الا في دول قليلة جداً.

## تصويت جماعي: Comulitive- Vote

وهو التصويت الذي يسمح للنائب بعدد من الاصوات يساوي عدد المقاعد في الدائرة الانتخابية فعلى سبيل المثال اذا كان للدائرة خمسة مقاعد كان للناخب ان يعطي اصواته الخمسة لمرشح واحد او يعطي اربعة منها لمرشح والصوت الخامس لمرشح ثان وهكذا، وله ايضاً الا يستعمل الا في بعض هذه الاصوات، هذه الطريقة تستطيع الاقلية المنظمة ان تعطي كل اصواتها لمرشح واحد تضمن له الفوز في الانتخابات لكن هذه الطريقة لا تحقق تمثيلاً حقيقياً للأقليات وانها قد تزيد من قوة الاقلية على حساب الـ اكثرية.

## تصويت غير مباشر: Indivct vouce

وهو النظام الانتخابي الذي لا يقوم الناخب بإنتخاب النائب مباشرة بل ينتخب كل عدد من الناخبين مندوباً وكل عدد من المندوبين تتألف منهم هيئة تقوم بإنتخاب نائب،ويطلق على  هذه الهيئة اسم Eiectoral college

تضامنية: Solidarism

نظرية وممارسة سياسية وبرلمانية واعلامية واجتماعية اصلاحية.

---

تعدد الاصوات: Polyphony

اي قيام الناخب بأختيار اكثر من مرشح اي ان للناخب اكثر من صوت.

**وقد اعتبر ان نظام التعدد جاء للاسباب التالية:**

1- ان يكون الناخب ذا مركز اجتماعي مميز.

2- ممن يدفعون الضريبة تدل على انه له مصالح كثيرة او يكون رب اسرة.

3- ان يكون له املاك متفرقة في دوائرة انتخابية متعددة فيعطي حق التصويت في كل دائرة يقع فيها جزء من املاكه.

---

تصويت اجباري: Compulsory voting

اي الزام الناخب او المواطن بالتصويت القسري والالزامي علماً بأن القاعدة العامة لعملية الانتخاب ان تكون اختيارية مشروعة متفرقة تحول دون تمركز الحكم والمساعدة على تحقيق المشاركة توزيع المنافع.

---

تعددية حزبية: Multi-Party system

مصطلح سياسي يطلق على النظام السياسي الذي يسمح بقيام عدة احزاب تمتاز بضعفها بمعنى انه لا يتاح الحزب ان يقوم لدرجة الهيمنة على سواه وبالخلافات العقائدية فيما بينها ويفرض نظام تعدد الاحزاب حكومات إئتلافية تتصف بعدم الاستقرار الوزاري الا انه يتيح قدراً واسعاً لكل القوى السياسية في البلاد لتعبر عن مواقفها واهدافها.

---

تعديل دستوري: Constitutional amendment

اجراء تعديلات او تعديل على بعض نصوص الدستور اي القانون الاساسي القائم والحق في التعديل الدستوري تجيزه الدساتير المكتوبه.بشروط وتؤيده وقائع التاريخ مع ما يبدو من هذا من تناقض بين القدسية التي تفرض حول الدستور وتحرم المساس به في صورة القسم الذي تضمنه اكثر الدساتير والذي يلزم رئيس الدولة واعضاء البرلمان وهيئة الحكومة بالمحافظة على نظام الحكم القائم واحترام الدستور والقانون.

تعديل وزاري: Cabinet reshuffle

وهو الاجراء الذي يتخذه رئيس الوزراء بإجراء تغيير في طاقم حكومته او وزارته من خلال اخراج وزراء وادخال آخرين الى طاقم الحكومة والتعديل يختلف عن التغيير فالتعديل محدد والتغيير قد يطال كل اعضاء الحكومة بما فيهم الرئيس.

تفويض: Delegation of Power

وهو قيام صاحب اختصاص بنقل بعض صلاحياته واختصاصاته الى معاونية او احد معاونية والتصرف دون الرجوع اليه على ان تبقى المسؤولية على عاتق صاحب الاختصاص الاصلي ويأخذ التفويض اشكالاً متعددة منها الوكالة او الحلول او النيابة ومنه اداري وهو ضروره تفرض نفسها في بعض الاحيان ومنها تشريعي بمعنى تفويض الهيئة التشريعية للهيئة التنفيذية القيام بأمر هام من اختصاص الهيئة الاول والتفويض هو منح حرية التصرف بالامر وفي القانون الدولي ان يعهد لصاحب السلطة الشرعية الى من يقوم مقامه ويمثله بالنسبة الى الصلاحيات الممنوحة في اجراء مفاوضات او تحرير معاهدات والتوقيع عليها وفي القانون الدستوري بأن يقدم البرلمان قانون يسمى ثانوي.

تقسيم انتخابي: Gerrymanelering

اجراء تعمد اليه الحكومة او البرلمان في دولة ما الى تقسيم الدوائر الانتخابية اوانشاء

دوائر انتخابية جديدة وذلك اما بسبب ازدياد عدد الناخبين واما لاسباب سياسية بهدف التأثير على نتائج الانتخابات وغالباً ما تلجأ الحكومات في النظم البرلمانية الى مثل هذا الاجراء لتفتيت خصومها الانتخابية.

---

## تكتيك: Tactics

يشير المعنى العسكري لمصطلح التكتيك فن القيادة في ميدان الحرب، وفي المجال السياسي اساليب النضال واشكاله ومناهجه لتحقيق مهام معينة وبتعريف دقيق فالتكتيك تحقيق الاهداف الجزئية ووضعه في خدمة الاهداف العامة (والاستراتيجية) فهو يحدد افضل المناهج والوسائل لتحقيق اهداف الخطة الاستراتيجية.

ان التكتيك هو جزء من اجزاء الاستراتيجية يحقق مرحلة من مراحلها ويخضع لأهدافها ولا يتناقض مع مسارها العام.

---

## تكنوقراط: Technicracy

مفهوم حديث مع نشوء الثورة الصناعية والتكنولوجية وهم اهل الاختصاص العلمي والفني.

---

## تمثيل المصالح: Representation of interests

وهي الطريقة الانتخابية التي يتم بموجب تقسيم الهيئة الناخبة إلى ثلاث طبقات تبعاً لما تدفعه من ضرائب الدولة، وهذا النظام يظهر بصفة عامة في المجالس العليا للدول التي تأخذ بنظام المجلسين «الهند» وبالرغم من مساوئ هذا النظام فإنه ضروري لأي مجتمع معقد التركيب كالمجتمع الهندي، ومن المآخذ على نظام تمثيل الصالح أنه يصعب تحديد المصالح أو الجماعات الواجب تمثيلها، وكذلك تحديد نسبة التمثيل لكل فئة، كما يؤخذ عليه أن يؤدي إلى جعل المجلس التمثيلي مكون من ممثلين لا يهتمون إلا بمصالح الفئة التي

ينتمون إليها، ويهملون المصالح العامة.

---

تمثيل نسبي: Proportional- Representation

نظام انتخابي تمنح بمقتضاه الاحزاب السياسية عدداً من المقاعد في مجلس النواب يتناسب مع عدد الاصوات التي يظفر بها الحزب في الاقتراع فتصبح قوته في البرلمان مرآة لقوته الانتخابية لى المقترعين وفي ذلك مايفيد احزاب الاقلية التي تحرم في التمثيل في الانظمة الاخرى.

---

تنازع القوانين: Conflict of laws

اي تنازع الاختصاص التشريعي ويقصد به المفاضلة في التطبيق القانوني ما بين القانون الدولي والمحلي ويطلق كذلك على حالات الخلاف بين قانون قديم ملغى وقانون جديد قائم او اذا ظلت آثار التصرفات القانونية خاصة لاحكام قانون قديم حتى يتولد فيما بعد العمل بالقانون الجديد وهذا ما يعرف بالتنازع الزمني تمييزاً له عن النوع السابق وهذا يعتبر حالة استثنائية اذ ان القاعدة العامة هي ان القانون يحكم الوقائع التي تقع خلال الفترة ما بين ابتداء العمل به وإلغائه وان رجعة القانون وامتداده هو خروج عن القاعدة وينشأ هذا التنازع عادة عند النظر في دعاوى الجنسية والتجنيس وكذلك في قضايا التبني

---

تنازل: Abdication,cession

التخلي عن حق من حقوق التركة وهو يقع في العلاقات التي يحكما القانون الخاص مثل حق الملكية ولارث كذلك يمكن التنازل عن دعوى يكون الشخص قد رفعها امام القضاء فتنهي الخصومة ويمتنع عليه ان يعاود الدعوى من جديد وفي النظم الملكية التنازل عن العرش بحيث يتخلى الملك عن حقه بالحكم ولا يكون له الرجوع اليه من جديد وفي القانون الدولي تخلي دولة عن جزء من اقليمها لدولة اخرى وذلك على

---

اساس ان لكل دولة السيادة الكاملة على اقليمها ومن ثم لها ان تتنازل عن جزء منه بمقابل او بغير مقابل كأن يكون التنازل نتيجة لهزيمة دولة في الحرب فتملي الدولة المنتصرة شروطها التي تتضمن عـادة تعديل الحدود بحيث تفقد الدولة المغلوبة قسماً من ارضيها بالتنازل عنها ولا سيما اذا كـان مـن الجـزء موضوع النزاع هو الذي ادى الى الحرب او يكون التنازل بالبيع او يكون بإجتذابه صـداقة الدولة الاخـرى والتنازل هو نقل الملكية والسيادة وهو سبب من اسباب اكتساب اقليم نقلاً عـن الغـير وغالبـاً مـا يحـدث نتيجة معاهدة صلح على اثر حرب.

تولية انتخابية: Ivestit

الدعم الرسمي المقدم لمرشح او لائحة مرشحين من قبل تشكيل سياسي يسمى تولية.

## حرف الثاء

**ثقه وزارية:** Ministeral cote of confidance

ثقة الاغلبية البرلمانية بالحكومة القائمة عقب تشكيلها وهي معيار لتوافق البرلمان مع برامج الحكومة وتوجهاتها والثقة هي عملية تأتي على شكل تصويت على بيان الحكومة سواء بالمنح او بالحجب او بالامتناع وان سحب الثقة من الحكومة بالاغلبية يعني سقوطها وينطوي ذلك استقالتها وتخليها عن مقاليد الحكم.

# حرف الجيم

جداول انتخابية: Electora l LISTS

القوائم الانتخابية المسماة عرفاً جدول الناخبين والمتعلقة بكل دائرة انتخابية والمتضمنة اسماء جميع الناخبين الذين يكون محل اقامتهم الاصلي او الحقيقي فيها اي ان على كل مواطن ان يكون مسجلا في جدول او قائمة انتخابية ليتمكن من الادلاء بصوته ولا يسجل الا في قائمة انتخابية واحدة ويعاد النظر في جدول الناخبين سنوياً بعد الاعلان عن ذلك بواسطة وسائل الاعلام خلال الاسبوع الذي يسبق فتح مهلة اعادة النظر على اساس الوفيات وبلوغ سن الانتخاب او نقل محل الاقامة ويسمح للمواطنين الاطلاع عليها ليصحح الخطأ المعلق بأسمه.

---

جمعية: Association

تعبير سياسي اجتماعي يطلق على تجمع عدة اشخاص للدفاع عن مصالحهم المشتركة وتحقيق فكرة مشتركة ضمن حدود معينة وواضحة.

---

جمعية تشريعية «برلمانية»: Lagislative -gssemblee

مؤسسة تضم ممثلي الامة او الشعب وتتكون عادة من مجلس واحد او من مجلسين وصلاحياتها على اربعة انواع:برلمانية، تشريعية، مالية، تأسيسية

---

جمعية عمومية: General asse

الهيئة التي تضم جميع اعضاء منظمة ما سواء اكانت دولية او سياسية او اجتماعية.

---

جمعية وطنية تأسيسية :National constituent assembly

هيئة تمثيلية وطنية ينتخبها الشعب بهدف وضع دستور للدولة بأسمه ونيابة عنه، والقاعدة الديمقراطية تقول ان الدستور الذي تقره الجمعية التأسيسة تعلنه يصدر عنها بأسم الشعب دونما تدخل او ضغط من اي هيئة سياسية اخرى.

جمهورية :Republic

نظام من انظمة الحكم الديمقراطي يقوم على مبدأ حكم الشعب للشعب.

# حرف الحاء

حاصل انتخابي: Quotient electoral

وهي حاصل القسمة الانتخابية وهو عنصر اساسي لأي نظام انتخابي وهو كذلك مفتاح توزيع يمكن ان يلعب دوراً على مستويين: عندما يتعلق الامر بتحديد الدوائر الانتخابية وعندما يختص بتوزيع المقاعد المطلوبة في كل دائرة منها وتعطي هاتان العمليتان اجوبة عندما تكون دقيقة على الهاجس المؤكد دائماً باستخدام مبدأ المساواة بين المواطنين في حق الاقتراع.

وقد اثيرت مسألة القسمة اول مرة في الولايات المتحدة في الدستور الذي اورد عدد من ممثلي كل ولاية في المجلس يحدد بالتنافس مع عدد يحدد بالتناسب مع عدد سكانها وفي سبيل هذه الغاية تم عام 1910 استخدام نمط الحساب الابسط «حاصل قسمة prop او hare الذي يستوفي التمثيل النسبي من بقايا القسمة الاقوى, وقد بين تناقض الاسباب في ذلك الوقت انه بزيادة عدد مقاعد المجلس يقل تمثيل الولايات المحتوية على العدد الاقل من ذلك الوقت انه بزيادة عدد مقاعد المجلس يقل تمثيل الولايات المحتوية على العدد الاقل من السكان، وبعد مناقشات طويلة ومنذُ عام 1941 تم اللجوء الى طريقة النسب المتساوية التي وضعها Eivihunttigton رجل الاعمال السابق الفرنسي- sainte-lague وتستخدم اليوم نماذج عدة من حاصل القسمة الانتخابي ابسطها «هير، دروب، هونت، يلجأ الى قسمة العدد الكامل على»4،1،2،3،.... ويفضل على هذه الطريقة احياناً نموذج حاصل القسمة المصحح.

من هنا يقضي حاصل قسمة سانتلاغي على،1،2،3،4،5 ويقلص عدد التفاوت بين المعدلات الوسطية للاقتراع، بينما حاصل قسمة hagenbach bi sehof في

الحالة التي يحدد فيها عدد المقاعد على اساس حاصل القسمة البسيط ويتم الحصول عليه بإضافة وحدة على المقاعد المراد تحديدها.

والحل في الحقيقة في النقاش الفارغ الى حد ما حول البحث عن حاصل القسمة الاعدل يمر باكراه.

من الصعب تصوره في القانون الوضعي. تكييف عدد المقاعد المراد تحديدها او النواب الذين يجب انتخابهم مع عدد الناخبين الذين يجب تمثيلهم او عدد الاصوات الحاصلة وليس العكس الذي يمارس عادة.

---

الحريات الاربع: The four freedoms

وهي حريات الرأي والتعبير والكتابة والصحافة والنشر وحرية العبادة والعقيدة وهي حق الافراد في اعتناق العقيدة او الدين وحرية التحرر من الحاجة وحرية التحرر من الخوف.

---

حريات عامة: Puplic Liberties

مجموع الحريات والامتيازات التي يجب على الدولة ان تؤمنها لحماية رعايها وهي تشير الى الحريات الاساسية الاربع التي يخولها الدستور للمواطن ويصونها له ضد التجاوزات التي قد تتعرض لها سواء من الافراد او من الدولة نفسها، كما تشير الى مجموعة الحقوق الاساسية الفردية او الجماعية سواء كانت معلنة صراحة في الدساتير او مقبولة ضمناً من خلال الممارسة السياسية الديمقراطية.

---

حرية: Freedom

مفهوم سياسي واقتصادي وفلسفي واخلاقي عام مجرد ذو مدلولات متعددة ومتشعبة كل مدلول منها يحتاج الى مستوى معين من التحديد والتعريف.

---

حرية الاعلام :Freedom of formation

حق ديمقراطي ينص على ضمان حرية الرأي العام في معرفة كل شيء يتعلق بالمصلحة العامة وهذا يتطلب حق الحصول على المعلومات وحق الوصول اليها بما فيها المصادر الحكومية لاطلاع الرأي العام على ما يجري ويستثني المؤسسات العسكرية والامنية والخصوصيات الشخصية.

حرية التجارة :Freedom of trede

حرية عمليات تداول الثروات وتحويلها وجميع النشاطات الاقتصادية اياً كانت صورها واشكالها وكافة عمليات الوساطة بين المنتجين والمستهلكين كما تشمل الصناعات التحويلية.

حرية التعبير :Feedom of Exprssion

حرية المواطن في التعبير عن رأيه في كافة الامور دون التعرض لأي عقاب وهو مضمون شكلياً في اكثر الديمقراطيات وابرز اشكالها حرية القول والكتابة وحرية الصحافة والاعلام والخطابة وحرية التعبير الفني وحرية الاحزاب والتنظيم المهني والسياسي.

حرية التنظيم والاجتماع :Feedom of Association

حرية تأليف الجمعيات والهيئات السياسية والاقتصادية والاجتماعية بعيد عن تدخل الدولة واشرافها.

حرية دولية :Intrernatioal freedom

حق الدولة في ممارسة سياستها واستقلالها وتصريف شؤونها الداخلية والخارجية بحرية كاملة ومحض اختيارها اي دون ان تخضع في ذلك لارادة الدول الاخرى ودون ان تتأثر بتوجيهات اي دولة مهما كان السبب فالحرية في اتخاذ القرارات التي تتلائم

54

والمصلحة العامة للبلاد في المظهر الايجابي للحرية الدولية.

---

## حرية الدين: Freedom of religion

وهو المبدأ الذي ينص على حرية الفرد في اعتناق اي مذهب ديني يؤمن به او عدم اعتناق اي مذهب اطلاقاً ولا يحق للحكومة او الدول التدخل في هذا الموضوع او تشجيع حركة دينية معينة.

---

## حرية الصحافة: Freedom of prss

حرية الصحافة في التعبير عن رأيها في ذلك حرية انتقاد الحكومة او المؤسسات القائمة دون الخضوع للرقابة.

---

## حزب سياسي: Politicl party

مجموعة من المواطنين يؤمنون بأهداف سياسية وايدلوجية مشتركة وينظمون انفسهم بهدف الوصول الى السلطة وتحقيق برنامجهم

---

## حزب المفصّلة او الحزب المحور: Parti –charniere,parti-pivot

مفهوم حزب المفصّلة غير معروف كما يجب فهو حزب ليس له القوام الكافي ليكون العنصر المحرك لائتلاف ما وانما يوفر لحزب آخر المساعدة الضرورية على ان الحزب المفصّلة عرفه «موريس دوفيرجي» هو الحزب الذي يمكن ان يترأس الحكومة وهذا لا يبدو ممكناً في حالة التعددية المحض.

وحزب المفصلة في الحالات الاخرى يغلب الاكثرية بمعنى او بآخر

اما حزب المحور فلم توضح قواعده حقاً ويؤخذ التعبير احياناً للدلالة على حزب مفصّلة على الطريقة الانجليزية وترجمته حرفياً «pivotal-party» وهو اقتراح ليحل محل تعبير الحزب المسيطر الذي بدا لنا غير متكيف مع الاوضاع النادرة التي يكون فيها من

---

الحزب معارض وانما بسبب مخاطر الخلط بين الحزب المفضّلة بـدا لنـا مـن الافضـل عـدم اعـتماده ليس لهذا التعبير اليوم اي دلالة محددة.

---

حزب ناخبين: Parti-De-Elctenrs

ولد مفهوم حزب الناخبين ابتداء من العقد السادس من القرن الماضي عندما بدأ ان التمييز الاساسي الذي وضعه موريس ديفرجيه في الخمسينات بين حزب النخبة وحزب الجماهير حيث لم يتوصل الى تحليل الظاهرة بأكملها، فلكي يمكن ادخال كل شيء في هذا التفرع الثاني يجب تشويه الواقع قليلاً والتسليم بأن بعض الاحزاب الديمقراطية المسيحية والعمالية بشكل خاص كان من اصعب عليها ان تجد فيه مكانها الصحيح واصبح التساؤل اشد عندما تبين بعد ذلك بقليل ان بعض الاحزاب لا تعير اهمية كبيرة للاشكال التقليدية للتنظيم وكان بفضل علاقة مباشرة مع قادتها وبين نوع من هيئة الناخبين يقتضي تجميعه في اوانه الاستحقاقات بدون ارادة الاحاطة بها حكما عن طريق بينات دائمة.

ولهذا قدم «Otto kirchheimer في عام 1966 مفهوم catch -all party» اي حرفياً القبض على كل شيء او حزب جمعي قائلاً ان النموذجيين الذين اثارها موريس ديفرجيه وتقاسمها «sigmuncl-neumann» الذي يميز وظيفتها التمثيلية الفردية في حالة اولى والاندماج الاجتماعي في حالة اخرى كانا ينزعان الى التلاشي لصالح نموذج ثالث مميز بالبحث عن تجمع العدد الاكبر مع وظيفة اعلاء شأن اهداف توافقية

---

حصانة برلمانية: Parliamentary-Imwunity

الحرية المعطاة للبرلمان بشخصية اعضائه وذلك لكي يستطيع النائب او يؤدي مهماته ويضطلع بصلاحياته ضمن مناعة قانونية استثنائية ولذلك فإن الحصانة البرلمانية تعتبر

قاعدة اساسية ومتصلة اتصالاً عضوياً بالنظرية الديمقراطية التمثيلية وهي ظاهرة من ظواهر الدساتير المدنية وتشمل الحصانة البرلمانية امتيازين خارجين عن القانون العادي المطبق على سائر المواطنين هي:

1- عدم المسؤولية عن الاقوال التي تبدى في البرلمان

2- الحرية اشخصية

وهما يعنيان في الحصانة على الدعاوي الجزائية من جهة والحصانة عن الاجراءات الجزائية من جهة اخرى وتستهدف الحصانة حماية شخص النائب فقط وذلك في جميع اعماله وتنقلاته وحتى ان كان متولياً بصورة استثنائية مهمات رسمية وغير برلمانية كالوزارة والسفارة والعضوية في بعثة دبلوماسية.

## حظر التجارب النووية «معاهدة»: Non Poli

اتفاق دولي تضمن ديباجة معاهدة دولية ابرمت ما بين المعسكر الغربي برئاسة الولايات المتحدة الامريكية والاتحاد السوفياتي سابقاً عام 1963 وقد تضمنت المعاهدة ديباجة وخمس مواد تدعو الى تحريم اجراء اي تجارب نووية او تفجيرات نووية في اي مكان في الجو والفضاء الخارجي او تحت المياه بما في ذلك المياه الاقليمة واعالي البحار وقد امتنعت الصين وفرنسا عن التوقيع على هذه المعاهدة وايدتها بريطانيا.

## حظر التجول: Curfew

وهي التعليمات الصادرة من قبل سلطات الامن المختصة والقوات المسلحة لبلد ما او لشعب ما بالالتزام بالمنازل وعدم التجول في الشوارع في ساعات معينة سواء بالليل او النهار لأسباب طارئة وتستخدم هذه الحالة اثناء الاحكام العرفية وفي ساعات الحروب هذا ويعتبر حظر التجول اجراء غير ديمقراطي وتلجأ اليه الحكومات التسلطية والاستبدادية لتقييد حرية الناس او لتسهيل القبض عليهم.

حق: Right, Droit

مصطلح اشكالي يختلف من مجتمع الى اخر تبعاً للطبقة الانسانية وبناء مفهوم الفـرد في النظام الاجتماعي والاقتصادي الذي يعيش فيه.

ففي الفكر الفلسفي العام الحق اصطلاح قـانوني يعنـي السـلطة او القدرة التـي يقررهـا القـانون لشخص ويكون بمقتضاه ميزة القيام بعمل معين واهم ما يميز الحقوق انها تملك القـدرة عـلى عمل شيء والحماية القانونية التي تكفل احترام وحماية هـذه القـدرة في مواجهة الآخـر من منطلـق ان لكل حـق يقابله واجب يفرضه القانون على كل الاشخاص وقد قسم الفقهاء الحق الى عدة انواع اولها الحق السياسي مثـل حق الترشيح والانتخابات وحق تولي المناصب وحق الملكيـة والتعبـير والاجـتماع والمعارضة والانتسـاب للأحزاب وثانيها الحقوق الخاصة وهي الحقوق التي تنشأ طبقاً لقواعد القانون الخـاص بفروعـه المختلفة وتشمل حق الاسرة والحقوق المالية التي تقرره قواعد المعاملات.

حق التعبير عن الارادة: Droit De Suffraye

تدل هذه العبارة على الحق في التعبير عـن الارادة والـرأي والتعبـير عـن الارادة والتصويت والاصوات هـي مترادفة وهذا الحق غير قابل للانفصال عن الحق السياسي الديمقراطي.

حق تغيير الاسماء في اللائحة الانتخابية: Panachage

وهذا الحق يسمح بتغيير الاسماء في اللائحة الانتخابية وهو نمـط تنظيم انتخـاب متعـدد للاسماء للناخب ان يعد بنفسه لائحة المرشحين الذين ينوي ان يصوت لهـم وبذلك يحـدد مـدى التوليـة المعطاه لمرشحي الاحزاب.

حق الاقتراع: Right of Vote

هو حق المشاركة في العملية السياسية لاختيار الحكام وممثلي الامة وحق الاقتراع

يكون للمواطنين وهو ليس حق وراثي تلقائي.

الحق الالهي: Divine Right

عقيدة سياسية تجسد العلاقة ما بين الحاكم والمحكوم على اسس مطلقة بالقول ان الملك يستمد سلطانه من الله وبالتالي لا يمكن محاسبته من قبل من هم دون الله كالشعب او المجالس التمثيلية او البرلمان اي ان سيادة الملك مطلقة بتفويض الهي ولذلك تعتبر عدم طاعة الملك على ضوء هذه النظرية هو بمثابة معصية وعصيان ديني وتقوم هذه النظرية بالاساس على استعانة السلطة الدنيوية للحاكم على المعتقدات والمفاهيم الدينية لتثبت على الرعية كظاهرة قدرية او كقانون طبيعي لا مجال لمعارضته او التشكيك به او مناقشته وهكذا تصبح سلطة الحاكم مقدسة.

حق تقرير المصير: Self- determination

مبدأ سياسي دولي يعتبر حق كل قومية في بناء دولة خاصة بها، ثم تطور اكثر من ذلك فأصبح يدل على حق الشعب الطبيعي في اختيار مستقبله السياسي وتقرير نوع الدولة التي يريد ان يخضع اليها وذلك من خلال الاسيتفتاء الحر ودون تدخل خارجي وتحت اشراف قوة او سلطة محايدة.

حق الحرية والمساواة: The Right of Freedom and Equality

حق كفله الدستور للمواطن في كل بلد تحترم فيه الحرية ويسوده دولة القانون ويدافع عن استقلاله السياسي وسلامة اراضيها وتوفر لمواطنيه المساواة في الحقوق والواجبات والعيش بكرامة وأمن وسلام.

حق الرد: Right of Retorion

مصطلح يستخدم في القانون الدولي العام للدلالة على حق الدولة وهو يجيز

اللجوء الى اجراءات ضارة ولكنها جائزة ضد دولة لدفع ضرر وقع او قد يقع عليها نتيجة لإجراءات معادية اتخذتها دولة ضد اخرى ويشبه هذا بالثأر او الانتقام الذي تلجأ اليه الدول عندما تتخذ اجراءات مكرهة تتناقض مع القانون الدولي العام نتيجة لإقدام دولة على اجراء غير قانوني.

حقوق مدنية: Civil Right

مجموع الحقوق التي يمتلكها الفرد بصفته مواطناً والتي يقر بها القانون وتلتزم بها الدولة كالحق في الحياة والحرية والكرامة والمساواة مع الآخرين وفي تكافوء الفرص وغير ذلك من الحقوق التي نص عليها الاعلان العالمي لحقوق الانسان، ان مفهوم الحقوق المدنية مرتبط بالحقوق والقانون الطبيعي مفهوم الحقوق الاساسية للإنسان.

حكم المجتمع: Socicracy

تعبير سياسي اجتماعي يستخدم للدلالة على شكل من اشكال الحكم تكون فيه السلطة بيد المجتمع ككل بصفته كلاً عضوياً و متضامناً.

حكم محلي: Local Government

وهو الحكم السائد في منطقة تشكل وسطاً دستوريا تعيش فيه قومية صغيرة لم يؤهلها حجمها بأن تتبوأ مركز الجمهورية العادية وهو نوع من اللامركزية.

الحكومات المقارنة: Compartive Government

يستخدم هذا المصطلح للإشارة الى دراسة لطريقة تركيب حكومة اجنبية ويتطلب ذلك تصنيفها ومقارنة تنظيماتها بمختلف الانظمة السياسية في الاقطار الاخرى لأخذ فكرة واضحة عن الحكومات والانظمة السياسية الاجنبية.

حكومة: Government

الهيئة الحاكمة التي تتولى شؤون الدولة في داخل اقليمها وفي حدود القانون الـوطني لهـذه الدولـة وهي التي تمثلها في خارج الاقليم وتعتبر من اهم العناصر الاساسية التي تقوم عليها الدولة والحكومة هي التي توجه رعاياها في شؤونهم الداخلية وتواجه حكومـات الـدول الاخرى في المحـيط الخـارجي ولا تتـأثر شخصية الدولةبشـكل الحكومـة التـي تقـوم بهـا وتسـتوي في ذلـك الدكتاتوريـة والملكيـة الدسـتورية والجمهوريات النيابية الشعبية اذ لا عبرة بالشكل السياسي للدولة ما دامت حكومتها تسيطر على اقليمهـا وتقوم بالواجبات والالتزامات والتي بدونها لا تكون للدولة شخصيتها القانونية.

حكومة انتقالية غير سياسية: Provisonal Government

وهي الحكومة الصورية التي تتولى تصريف الامور الشكلية والادارية خلال الفـترة الواقعـة مـا بـين استقالة وزارة سياسية مسؤولة وتاريخ تشكيل حكومة برلمانية تخلفها ولذلك فإن هذه الحكومـة لا تتمتـع عادة بحق البت في القضايا السياسية الهامة.

حكومة برلمانية: Parlimentary

حكومة تنبثق عن ارادة مجلس النواب وتكون مسؤولة امامه وتخضع اعمالها لرقابته واسـتجواباته وله ان يسحب ثقته منها وهي تستطيع حل المجلس والاحتكام للناخبين وذلك ضمن مبدأ فصل السـلطات والتعاون والرقابة ما بين رئيس الدولة ورئيس الحكومة ويفترض ان يكون رئيس الحكومة صاحب الصلاحية الفعلية لأنه مسؤول اما الشعب اي مجلس النواب.

حكومة الظل: Shadow cabinet

مؤسسه برلمانية بريطانية يرأسها زعيم المعارضة او الحزب المعارض في البرلمان البريطاني والذي يعتبر مسؤول حكومي يتقاضى مخصصات حكومية سنوية وتتكون هذه

61

المؤسسة من الناطقين بأسم الحزب المعارض في مختلف المجالات ويقوم هؤلاء بمتابعة سياسة الحكومة وانتقادها والتعبير عن رأي الحزب المعارض في مختلف المجالات كل في مجاله.

---

**حكومة عسكرية: Military Government**

حكومة استثنائة يسيطر عليها جزئيا او كليا العسكريون وهناك انواع من الحكومات العسكرية وهي الحكومة المحتلة وحكومة اعلان الطوارئ فالاولى تدير منطقة محتلة بواسطة الجيش والذي تمارس فيه السلطة التنفيذية والتشريعية والقضائية، والقانون هو الذي يحدد شرعيتها، اما الثانية فهي التي تفرضها القوات المسلحة وتحل محل السلطات المدنية وتمارس السلطات التنفيذية والتشريعية والقضائية وتشكل في حالة الفوضى والانقلابات العسكرية وهي حكومة استبدادية.

---

**حملة انتخابية: Electoral compaign**

الفترة التي تسبق موعد الانتخابات المحددة رسمياً وقانونياً اي بموجب قانون الانتخاب بحيث يقدم المرشحون برامجهم والحملة تتيح للمرشحين المساواة في عرض افكارهم.

---

**حكومة الوزارة: مجلس الوزراء: «Cabinet conci»**

اصطلاح دستوري يقصد به الحكومة التي تقوم في النظام البرلماني لأن الوزارة في هذا النظام محور ارتكازه او حجر الزاوية فيه.

---

**حل او فض: Right of disbandmentor dissolution**

الفعل القانوني الذي يضع حد لولاية المجلس التشريعي قبل ان تنتهي هذه الولاية بشكل عادي وحق الحل من صلاحيات المجلس التشريعي نفسه الا انه في اغلب الاحيان

---

يندرج ضمن اعمال السلطة التنفيذية سواء اكان رئيس الدولة او الملك او النظام الرئاسي او من قبل رئيس الحكومة وحق الحل سلاح في يد الحكومة او السلطة التنفيذية تشهره في وجه البرلمان وهو بمثابة دعوة لإنتخاب مجلس تشريعي جديد واستفتائه في الامور المتنازع عليها بين السلطتين.

حركة الاستقلال: Independent Moement

وتعني حركة التحرر الوطني التي ينادي بها المقاومون للإحتلال والثوار لحث الشعب على مقاومة الاحتلال وانتزاع الاستقلال الوطني.

63

## حرف الخاء

خطاب: Speech

منظومة البنى اللغوية الملفوظة والمكتوبة التي يستخدمها الفرد لإيصال رسالة واضحة محددة بهدف التأثير فيه فضلاً عن مجموع وحدات اي من مظاهر التعابير الاشارية والايمائية والصورية الاخرى التي تخضع مظاهره الخارجية وتكويناتها الداخلية لقواعد محددة قابلة للتنميط.

---

خطاب الافتتاح: Inaugural

الخطاب الذي يلقيه رئيس المؤتمر في بداية الجلسة الافتتاحية للمؤتمر يعرب فيه عن ترحيبه بالوفود ورؤساء الوفود كما يطرح عرضاً موجزاً لأهداف المؤتمر.

---

خطاب العرش: Speech

وهو الخطاب الذي يلقيه الملك اثناء افتتاح مجلس الامة دورته, وهذا ما هو موجود في الملكيات الدستورية ويتضمن خطاب العرش سياسة عمل الحكومة للمرحلة القادمة على الأقل خلال مدة انعقاد الدورة البرلمانية وقد اصبح من الاعراف البرلمانية المعروفة.

---

## حرف الدال

دائرة انتخابية: Exectoral constituency

تقسيم الدولة الى دوائر انتخابية بحيث تكون كل دائرة وحدة مستقلة بحد ذاتها تحدد فيها اغلبية الاصوات من يمثلها في المجلس النيابي وان كان النائب يمثل الشعب ككل لانه وحدة لا يتجزأ والدائرة الانتخابية اما فردية او ثنائية او متعددة.

---

درك: Gendarmerie

قوات نظامية شبه عسكرية توجد في معظم الدول للقيام بمهام ادارية وقضائية على مختلف مستويات التقسيمات الادارية للدولة وهي ذات صلة يومية بالمواطنين في اطار ادائها لبعض واجبات الشرطة ووظيفتها تنحصر في الحفاظ على النظام والأمن ومساعدة القضاء وتقديم المساعدة الفورية اثناء الحوادث وعمليات الانقاذ بالاضافة الى انها كقوة مسلحة مدعومة للقيام بواجبها الوطني للدفاع عن البلاد وقد انشأت في بادئ الامر في فرنسا ثم انتقلت الى بقية بلدان العالم.

---

دستور: Constitution

مجموع القواعد القانونية التي تحدد نظام الحكم وشكل الحكم في الدولة والدساتير نوعان مكتوبة وغير مكتوبة وتمتاز اغلب الدساتير بالمرونة اي بإمكانية تعديلها بقانون تصدره السلطة التشريعية والتنفيذية في الدولة دون الحاجة الى اجراءات معقدة وخاصة، بينما الدساتير الجامدة فتعديلها يتطلب اجراءات معقدة مثل استفتاء الشعب او اجماع مجلس النواب بأغلبية الثلثين او الثلاثة ارباع والدستور يبين طبيعة النظام السياسي وهيئات وسلطات الدولة ووظائفها وكيفية انبثاقها وحركية تغييرها وعلاقتها او

---

اختصاصتها فيما بينها ثم علاقتها مع المواطنين وحقوق المواطنين وواجباتهم وهو ضمانة لحرية الافراد وحقوق الجماعات.

---

دستور تعديل: Consitutional mod ficion

ادخال تعبيرات على نصوص المواد التي تتألف منها القانون الاساسي للبلاد والدولة ولا يتعارض مبدأ التعديل مع قدسية الدساتير وتحريم المساس بها لأن الشعب هو مصدر السلطات في معظم دساتير العالم المكتوبة ويحق له اجراء تعديلات تجيزها نصوص الدستور ذاته وتتيح له مسايرة التطورات الحياتية المتصاعدة.

---

دستور مؤقت: Provisonal Consitutio

الدستور الذي تعمل في ظله الدولة لفترة محدودة على الاختبار والتجريب لمرحلة تاريخية معينة او محدودة وغالباً ما تصدر الدساتير المؤقتة على اثر انقلابات عسكرية وتحولات خطيرة في انظمة الحكم فيلجأ الى الدساتير المؤقتة الى حين وضع دساتير دائمة.

---

دستورية القوانين: Consitutioility of law

مدى مطابقة القوانين التي تصدرها السلطة التشريعية للدستور نظراً لعلو الدستور على القانون وسموه على كافة سلطات الدولة اذ انه هو الذي يحدد شكل الدولة ويرسم قواعد الحكم وينظم السلطات العامة ويضع الضمانات الاساسية لحقوق الافراد ولذلك كل تشريع يتصادم مع الدستور نصاً وروحاً يعتبر تشريع غير دستوري ولذلك على القضاء الامتناع عن تطبيقه والحكم على دستورية القوانين يتم من حيث الشكل والمضمون.

---

دعاية انتخابية: Propaganele Electorale

يدل هذا التعبير على مجموعة اعمال تجرى خلال الحملة الانتخابية لتأمين مرشح

بالاعلام عن برنامجه ومديح كفايته واعتباره، ويخصص لها قانون الانتخاب احكاماً مفصلة تسوسها مبادئ الحرية والمساواة واذا بقيت هذه المبادئ من المتعذر المساس بها، فتنظيم الحملة الانتخابية اصبح قديماً جداً ويبدو في الغالب غير متكيف مع الواقع.

---

دعوى تأديبية: Disciplinary action

اخلال شخص ما ينتمي الى الادارة او الى مؤسسة عامة بالواجبات التي يفرضها عليه انتماؤه لهذه المؤسسة او تلك الوظيفة وبذلك فإن الدعوى التأديبية هي الدعوى المقامة على الموظفين عن الجرائم الادارية التي يرتكبونها وهي مختلفة عن الدعوى الجزائية او الجنائية ومستقلة عنها بل هي مقصورة على الادارة واعضاء المؤسسات العامة توخياً لتقويم سلوكهم الوظيفي ويثار روح النظام في نفوسهم وللدعوى التاديبية مجالس او محاكم او اصول مرعية تطبق عقوبات محددة بالانظمة الخاصة لكل فئة من فئات الموظفين كمواثيق الشرف ومجالس الاعلام ومدونات السلوك

---

دورة برلمانية: Parliamentary cycle

الفترة التي ينعقد فيها المجلس النيابي او البرلمان بموجب مواد الدستور ويجتمع عادة في دورتين او اكثر في كل سنة في مهلة ينص عليها الدستور.

---

دورة حاسمة: Tour decisive

فرضية اشتمال الانتخاب على دورتين او اكثر على الدورة التي حصلت فيها النتيجة المكتسبة.

---

دورة دستورية: Constitutional Cycle

تعبير سياسي يدل على التعبير الدوري وغير الثابت للدساتير في بلد ما ويكاد يكون مرادفاً لعدم الاستقرار الدستوري ويستخدم للدلالة على عدم الاستقرار

---

الدستوري في دول العالم الثالث التي يتم فيها تغيير الدستور بنفس السهولة التي تتم فيها الانقلابات العسكرية.

---

دولة: The State

الكيان السياسي والاطار التنظيمي لوحدة المجتمع والناظم لحياته الجماعية وموضع السيادة فيه بحيث تعلوا ارادة الدولة على ارادة الافراد والجماعات الاخرى في المجتمع من خلال سلطة اصدار القوانين واحتكار حيازة وسائل الاكراه وحق استخدامها في سبيل تطبيق القوانين بهدف ضبط حركة المجتمع وتأمين السلم والنظام بعد التشاور مع الهيئات السياسية والاقتصادية اي ولادة الرجل القوي والملك القوي او الرئيس القوي.

---

دكتاتورية دستورية: Constitonal-dictatorship

وضع يحصل ويقوى فيه نفوذ رئيس البلاد الذي يصل الى السلطة بالانقلاب العسكري يتذرع الرئيس بالدستور لكي يثبت مواقفه بالحكم بعد ان يحصل على موافقة سريعة من البرلمان الذي يتشكل بالاغراء والتزوير.

---

ديمقراطية دكتاتورية دستورية: Democracy

مصطلح يوناني معناه حكم الشعب وهي نظام سياسي اجتماعي يقيم العلاقة بين افراد الشعب والمجتمع والدولة وفق مبدأي المساواة بين المواطنين ومشاركتهم الحرة في وضع مستقبلهم, والشعب هو الذي يملك السيادة ومصدر الشرعية وبذلك تكون الحكومة مسؤولة امام ممثلي البرلمان، ان الديمقراطية هي مفتاح الحل لكل المعضلات التي تواجه المجتمعات الحديثة وفي حال غيابه فإن فرص الحل ستكون معطوبة ومعدومة.

---

ديمقراطية اشتراكية: Social Democracy

يطلق على انصار احزاب الاشتراكيين الديمقراطيين أي التي تطالب بتحقيق

---

الاشتراكية عن طريق البرلمان وترجع اشتراكيتها الى مصادر غير ماركسية مثل المسيحية والانجيل وتختلف عن الاحزاب الشيوعية في فكرة الصراع الطبقي والطريق الى تحقيق الاشتراكية.

## ديمقراطية غير مباشرة: Indirect Democracy

وهي الديمقراطية التي يكون فيها برلمان منتخب يمارس السلطة التشريعية نيابة عن الشعب صاحب السيادة وبأسمه ولكن الشعب يحتفظ لنفسه بحق ممارسة السلطة بطرق وضمن حدود ينص عليها الدستور.

## ديمقراطية مباشرة: Direct Democracy

السلطة في الدولة ترجع الى الشعب وانه هو وحده صاحب السيادة أي ان الديمقراطية في النهاية مبدأ السيادة الشعبية واهم اشكالها الديمقراطية البرلمانية او النيابية.

## ديمقراطية مسيحية: Christain Democracy

وهي الديمقراطية التي تنادي بمذهب سياسي اقتصادي اجتماعي مستوحى من مبادئ الانجيل وتعلن انها تهدف اساسا الى تحسين احوال الطبقات الشعبية مع توفير الكرامة لها.

## ديمقراطية المواجهة: Guided Democracy

توجيه العملية الديمقراطية للحد من.التسيب في العملية السياسية الجماهيرية أي ضبط الحراك الاجتماعي من خلال تقييد حرية تشكيل الاحزاب واصدار الصحف وسيطرة القيادة السياسية المركزية للدولة على الحياة السياسية ومجلس النواب واجهزة التوجيه والاعلام.

ديمقراطية نيابية: Parlimantary Democracy

الشعب هو صاحب السيادة يمارس العملية التشريعية والرقابية من خلال ممثلين يرسلهم للبرلمان فالبرلمان هو الممثل الشرعي للسيادة الشعبية وهو المعبر عن ارادة الشعب من خلال ما يصدره من قوانين او تشريعات.

---

دين عام: Public Debt

اقتراض الدولة من الجمهور والمصارف التجارية لإنشاء المشاريع المنتجة والصناعات الوطنية اليت تساهم في انماء الدولة وزيادة دخلها القومي وانتاجها الصناعي والزراعي.

---

ديوان المحاسبة: Cour Des Comptes

السلطة العليا لمراقبة الحسابات العمومية انشأه نابليون الاول في 16 ايلول 1807 وبذلك يكون الامبراطور قد وحد الرقابة على الحسابات العمومية التي تعود الى عام 1918 بموجب المادة الرابعة من الامر الاشتراعي Pontoise الصادر عن فيليب الخامس.

ويتمتع الديوان بصلاحيات اجراء الرقابة الزامياً على الدولة والمؤسسات العامة والمشاريع العامة وهذه المهمة تقود الديوان الى تقدير نظامية الحسابات ونوعية ادارة مجمل التنظيمات العمومية وغير العمومية على حد سواء.

---

ديوان المظالم: Ombudsman

تدل هذه الكلمة السويدية التي تعني من يزود عن الغير على نموذج لمؤسسة مستقلة معدة لأن تقوم بدور الوسيط بين المواطنين والسلطات العامة.

ونموذج الاسناد مؤسسة انشأت لكي تشارك في ضمانة حقوق الانسان ويتوجه اليها

المواطنون بحرية عن طريق الشكوى وهذه المؤسسة التي يعينها المجلس النيابي لها حـق النظـر في الاعمال المرتبطة بالسلطة التنفيذية وتمارس قضاء نفوذ وتستخدم انماطاً غـير قضائية لتسوية المنازعـات وتستند الى الرأي العام ونجاحه عبر نشر تقرير عن نشاطها.

وانه اول ذائد عـن الشـعب ظهـر في السـويد عـام 1713 واقتـدى بهـذا الانشـاء البلـدان الاوروبيـة الشمالية ثم تلته اوروبا الغربية ثم انتشرت الآن الى معظم البلدان.

71

# حرف الذال

ذرائعة براغماتية: Pragmatism

مذهب سياسي اجتماعي يعتبر المعيار الوحيد لنجاح العمل وهو المعيار الوحيد للحقيقة وتعني النظر للامور العملية التي نأمل ان نحصل عليها من وراء افكارنا والذرايعية ترفض الايديولوجيات الكلية التي يحركها هدف محدد سلفاً أي انها تنادي بأيديولوجية مثالية مستترة قائمة على الحرية المطلقة ومعاداة كل النظريات الشمولية الكليانية.

---

ذمة مالية: Patrimony

اصطلاح قانوني يعني مجموع ما للشخص من حقوق وما عليه من واجبات مالية وهي بهذا المعنى مجموعة فكرية او معنوية منفصلة عن كل عنصر من العناصر المكونة لها والتي تكون للشخص او عليه في وقت معين أي انه تتعلق بالحقوق والالتزامات التي على الشخص في مجموعها وليس بأي حق او واجب محدد، وهي تعكس الحالة المادية للفرد سلباً او ايجاباً، وفكرة الذمة المالية تحقق في القانون نتيجة هامة وهي الربط ما بين حقوق الشخص وواجباته المالية في مجموعها توافقه مع الرأسمالية وقد قسم العلماء رأس المال الى:-

رأس المال المتنقل، رأس المال الدائم، رأس المال الاستتشماري، رأس المال المؤجل، رأس المال الموظف، رأس المال المالي، رأس المال الثابت ـ رأس المال النقدي، رأس المال الوطني, رأس المال الاجتماعي، رأس المال التقني، رأس المال المتغير.

---

## حرف الراء

رئاسية: Presidentlism

مصطلح سياسي دستوري يدل على نظام سياسي مجرد تحوير وتشويه للنظام الرئاسي المعروف، فيما آخرون اعتبروه متمايزا عن النظام الرئاسي بسبب حصره لصلاحيات البرلمان لصالحه والحكومة بل ويصل الحصر الى الدستور والقوانين.

رئيس الجمهورية: President Of the Republic

ممارسة رئيس الجمهورية للسلطة التنفيذية فهو صاحب الكلمة الاولى والارادة المحركة لها والقوة النافذة والتنفيذ وينتخب اما من الشعب او من ممثلي الشعب يؤازره الوزراء المسؤولين مسؤولية فردية او جماعية امام المجلس النيابي عن سياسة الحكومة وعن كل عمل من اعمالهم وبتمتع رئيس الجمهورية بصلاحيات اولها صلاحيات عادية وصلاحيات استثنائية.

رئيس الدولة: Head of State

اعلى مسؤول حكومي في الدولة وفي النظم الملكية يكون الملك رئيسا للدولة وفي النظم الجمهورية رئيس الجمهورية وفي النظم الرئاسية يندمج منصب رئيس الجمهورية مع رئيس الوزراء.

رئيس الوزراء: Prime Minster

الشخص الاعلى في مجلس الوزراء او المسؤول مسؤولية امام الشعب والبرلمان والامة يتولى ادارة الحكومة ويشرف على سياسة كل وزير ويتحمل المسؤولية الجزائية والاخلاقية.

رئيس كتلة: President De Goupe

هو النائب الذي يدير الكتلة البرلماني ويملك صلاحيات واسعة لتسجيل الخطباء في بعض المناقشات المنتظمة سواء بالمتعلق بتنظيم النقاش بحكم القانون او في حالة حجب ثقة او ناجماً عن قرار المؤتمر وكذلك الامر بالنسبة للاسئلة الموجهة للحكومة، والاهم من ذلك ان رئيس الكتلة يشارك في تنظيم الاعمال ويسهر على مصالح اعضاء كتلته وخاصة ما يتعلق بمدة المناقشات ومناقشة الاسئلة الشفهية وتسجيل نصوص جدول الاعمال التكميلي.

ويتمتع بأمتيازات لها دلالتها في التأثير على مجرى الجلسة وهي صلاحيات يمكن تفويضها حسب الكيفيات في البرلمانات والجمعيات الوطنية والامر على هذا النحو بخاصة في امكانية طلب انتخاب عام او تعليق للجلسة ويعود له فرض احترام مناقشة الكتلة او انضباط التصويت في اطار القواعد او التقاليد الخاصة لكل كتلة.

رئيس لجنة برلمانية: President De Commission

هو النائب المسؤول الاول عن سير اعمال اللجنة البرلمانية وتتشكل اللجان عادة بعد انتخاب رئيس المجلس والمكتب الدائم وتتكون اللجنة من رئيس ومقرر وسكرتير «موظف برلماني».

ويمارس رئيس اللجنة دوره كدعوة اللجان وتحديد جدول اعمال اللجنة وطلب الاستماع الى الوزراء او أي مسؤول اداري آخر وتأمين ادارة المناقشات في قلب اللجنة وفي المجلس.

ورئيس اللجنة مسؤول امام لجنته وامام المجلس النيابي ويملك في الجلسة العامة عند مناقشة التشريعات والاقتراحات المتعلقة بعمل لجنته حق الكلام غير المشروط ويشارك بالصفة عينها التي تعود لمقرر النص والارتباط مع في مناقشة النصوص وبذلك فإن

التحفظ في مناقشة المواد او التعديلات في الجمعية الوطنية او البرلمان او مجلس الشعب او مجلس الامة او مجلس الشيوخ او الاعيان والتصويت على اساس التقسيم او في جلسة عامة والمداولة الثانية لنص جزئياً او كلياً وتعليق الجلسة هي بحكم القانون بناء على طلب.

---

رئيس المجلس الاقليمي: President De Conseil Regional

السلطة التنفيذية في الاقليم أي الجماعة الاقليمية ينتخب المجلس الاقليمي وولايته قابلة للتجديد غير انها تتعارض مع ولاية رئيس المجلس العام، وقد نظم القانون هذه المؤسسة بنقل احكام مطبقة على رئيس المجلس العام بيد ان القانون لا ينيط برئيس المجلس الاقليمي أي سلطة خاصة ولا سيما انه لا يمارس أي سلطة شرطه

ورئيس المجلس الاعلى الاقليمي فهو كسلطة تنفيذية للاقليم في اجتماعات اللجنة الوطنية للتخطيط يشرف على اعداد مخطط الاقليم ويفاوض المحافظ في شأن عقد مخطط الدولة والاقليم الذي يؤمن الاقليم تنفيذه.

---

رئيس المجلس العام: President -Du- Conseil General

السلطة التنفيذية رئيس المجلس التنفيذي في المحافظة، وينتخب رئيس المجلس العام بالاقتراع على اساس الاكثرية في ثلاث دورات وولايته قابلة للتجديد ولكنها في تمانع مع رئيس ولاية رئيس المجلس الاقليمي ويدعوا بهذه الصفة الى اجتماعات المجلس العام ويترأسها ويحضّر فيها القرارات وينفذها وخاصة الموازنة، ويوقع على العقود ويتصرف في القضاء بأسم المحافظة.

ان رئيس المجلس العام مكلف وحده بإدارة المحافظة وهو يتمتع بسلطات عديدة هامة سلطات ادارة ملك المحافظة وسلطات الشرطة المتعلقة بها على شبكات طرق المحافظة وسلطات شرطة خاصة في موانئ المحافظة.

ويبقى المحافظ الشريك الاجباري لرئيس المجلس العام فهناك العديد من الصلاحيات المترابطة والمشتركة بينهما وخاصة في الشأن الاجتماعي والامني او المتقاسمة كالتنسيق بين اعمال الدولة واعمال المحافظة و رئاسة المجلس الاكاديمي للمحافظة

ويمكن لرئيس المجلس وهو وحده الحائز على السلطة التنفيذية ان يفوض تحت اشرافه ومسؤوليته ممارسة قسم من هذه الصلاحيات الى نواب الرئيس ويمكن سحب هذا التفويض في أي وقت وبإمكانه ايضاً تفويض توقيعه في الشروط عينها الى رؤساء المصالح في المحافظة «المديريات» وكذلك المرافق الخارجية للدولة الموضوعة بتصرف المحافظة.

---

رئيس مجلس الوزراء: President Du CONSEIL

جاء هذا اللقب في قرار لويس الثامن عشر في عهد الاستعراش عام 1814 ان يحكم شخصاً بإعطاء فريق من الوزراء نوعاً من الوحدة ونوعاً من التجانس في العمل، وقد اختار العاهل الفرنسي- وهو يخشى- وزيراً او على الطريقة الانجليزية يفرغ التاج تدريجياً من امتيازاته لرئاسة الحكومة لقب رئيس المجلس وهي صيغة تفسر الصلاحية المعطاة لحائزها بترؤس مجلس الوزراء في حالة غياب الملك.

---

رئيس مخلوع: Deposed Of President

وهو رئيس الدولة الذي يقصى عن عرشه او عرش بلاده اما لاخفاقه في الحكم من خلال التقصير في القيام بواجباته او لخيانته او ان يتم اقصائه بالقوة او من خلال الثورة، او الاحتلال العسكري كما جرى «للرئيس العراقي الشرعي صدام حسين والذي رفض اخلاء موقعه واللجوء الى أي مكان خارج العراق»، هذا وقد يسمح للرئيس المخلوع بالاقامة بالخارج او ان يسجن في الداخل او ان يحال الى المحاكمة تمهيداً لقتله او اعدامه  وقد اطلق هذا اللقب مؤخراً على الرئيس العراقي عندما احتلت الولايات المتحدة والقوى الدولية العراق حيث اصبح مادة اعلامية تلوخها الماكنة الاعلامية الغربية

وللأسف الاعلام العربي غرق وتورط في هذا اللقب أي الرئيس المخلوع.

رئيس مؤتمر او اجتماع: Meeting Chair man

وهو الرئيس الذي يلقي كلمة الافتتاح ويرحب بالوفود ويشرح مهمة المؤتمر والاجتماع ويدير الجلسات ويعطي حق الكلام الى المندوبين ورؤساء الوفود ويوجه المناقشات ويوضح القضايا ويوجز المناقشات السابقة ويوزع المهام، على الاعضاء واللجان ويحفظ النظام في الاجتماع.

رئيس الوزراء: Priminister

وهو رئيس السلطة التنفيذية في الدول الديمقراطية، ويعرف بأسماء مختلفةمنها رئيس الحكومة ورئيس مجلس الوزراء والوزير الاول ففي تركيا عرف بالصدر الاعظم، وفي الدول الديمقراطية هو زعيم حزب الاغلبية او الحائز على ثقة الاغلبية النيابية.

رئيس وفد: Head of Delegution

وهو رئيس الدولة او رئيس الوزراء او رئيس الوفد البرلماني او الوزير او النائب وهو الذي يشرف على تطبيق تعليمات حكومته وتوجيهاتها وتوزيع معاونيه على اللجان الفنية، اوتكليف كل منهم ناحية معينة من القضايا المطروحة على بساط البحث وتجميعهم مرة اخرى مرة او مرتين كل يوم للتشاوروتبادل الرأي وتزويدهم بارشاداته ويتولى وحده او بمساعدة احد معاونية اعداد التقارير الدورية الى حكومته او طلب التعليمات الجديدة برقيا اذا اثيرت قضايا جديدة او عرضت اقتراحات مهمة ويزود رئيس الوفد عادة بصلاحيات التفويض اللازم للتوقيع على أي اتفاق او معاهدة تنبثق عن المباحثات.

رأسمالية: Cupitatlisw

نظام اجتماعي يسمح لكل فرد من افراد المجتمع ان يسعى وراء مصلحته الخاصة محاولاً الحصول على اكبر قدر من الربح «الدخل» لإشباع حاجاته أي ان يسعى الانسان بأن يكون حراً في اختيار النشاط الذي يريد مزاولته وحراً فيما يستثمره او يستهلكه والرأسمالية ارتبطت بالحرية الاقتصادية وبذلك فهي النظام الذي يسمح بحرية الملكية سواء ملكية وسائل الانتاج وان الفرد اهم من المجتمع والدولة معاً.

---

الرجعية: Reaction

مصطلح سياسي اجتماعي يتحدث عن حقوق الشد العكسي- للتحديث والعصرية والتعددية واليسارية الجديدة والرجعي انسان يقدس التراث ويتمسك به بإسلوب تقليدي وموروث وينظر الى العصر الذهبي بالنظرة الماضوية دون قراءة شروط التاريخ والتعبير تبعاً لاحوال الزمان والمكان ولذلك فالانسان الرجعي انسان متعصب لا يرى للمستقبل وجود الا بعيون الماضي.

---

رجعية القانون:- تعبير دستوري يقصد به عدم سريان التشريع الجديد على الماضي الا في حالات استثنائية.

---

رجل الشارع: Human Lare

اصطلاح يشير الى الانسان العادي الذي يمثل الرأي العام الجماهيري وهو الرجل الذي يوكل القضايا السياسية للاحزاب والزعامات السياسية يقابله المواطن الصالح الذي من اجله تقوم الدولة بمختلف الخدمات العامة باعتبارها الامينة على مصالحه.

---

رد الجنسية: Re Nationality

اصطلاح قانوني يقصد به رد الجنسية الاصلية او المكتسبة لمواطن بعد ان سحبت

---

منه او سقطت عنه.

---

رقابة برلمانية: Parlimantry control

الصلاحية الممنوحة للبرلمان في النظام الدستوري البرلماني لمراقبة السلطة التنفيذية وهي عنوان سيادة البرلمان في الدولة باعتباره ممثلاً للشعب.

---

رقابة دستورية: Constitional -Control

القواعد والمبادئ العامة التي يضعها الدستور في أي بلد تسمو على القواعد والمبادئ والقواعد التي تقرها القوانين من منطلق ان الدستور هو الاب الروحي للقوانين وهو يسمو عليها وهو ما يعرف بالسمو الموضوعي للدستور ومن الوسائل التي تتبع لضمان احترام القوانين للدستور مباشرة رقابة دستورية القوانين التي من خلالها يمكن التأكد من عدم مخالفة القوانين لقواعد الدستور ومبادئه فيكون القانون دستوريا اذا صدر في حدود هذه المبادئ والقواعد الدستورية ويكون غير دستوري اذا خالفها سواء كانت المخالفة متعلقة بالقواعد الموضوعية التي تقرها السلطة التشريعية في امر ليس بمقتضى الدستور ان تقرره، كما اذا فرضت الاختصاص التشريعي للسلطة التنفيذية على خلاف الشروط التي يتطلبها الدستور والنتيجة المباشرة لذلك هو انه على السلطة التشريعية احترام الدستور الذي لا يستطيع تعديله ولا الغائه وكما لاتستطيع ان تشرع الا في الحدود التي رسمها. وللرقابة الدستورية وسيلتان هما:

**الاولى:** الرقابة عن طريق هيئة سياسية «المجلس العالي لتفسير الدستور» وهذه الهيئة محل انتقاد الكثيرين لأن الهيئة السياسية ليست بمنجاة عن النزوات والاغراض ولأن تشكيلها يثير الصعوبات فإن كان بالتعين من قبل الحكومة او البرلمان ضاع استقلالها وان كانت بالانتخاب كانت عرضة للصراع الحزبي والسياسي.

**الثانية:** الرقابة عن طريق المحاكم «المحكمة الدستورية العليا» بحيث يطلب منها

ابطال القانون المخالف للدستور بحيث لو قبل الطعن سقط القانون بالنسبة للعموم

الثالثة: الدفع امام المحاكم العادية في دعوى قائمة بحيث لوقبل الدفع لا يطبق القانون على الدعوى المبحوث فيها ويبقى اثره نافذاً بالنسبة لغيرها.

---

## الرقابة والتوازن: check and Blances

مجموعة من الاجراءات المنظمة لتطبيق مبدأ فصل السلطات وتوازنها ورقابـت بعضـها عـلى بعـض لمنع الاستئثار بالسلطة او تمركزها في يد احد السلطات الثلاث اوفي يد شخص واحد.

---

## رقابة نيابية: Control Parlementaire

تشكل الرقابة البرلمانية أي مراقبة العمل السياسي والاداري للسلطة التنفيذية وهـي احـد الوظـائف التقليدية للمجالس النيابية مع الـوظيفتين التشريعية و الموازنيـة واسـاس هـذه الرقابـة في اعـلان حقـوق الانسان والمواطن 1789 اعلان حقوق الانسان الفرنسي الذي ينص ان لجميع المواطنين المـواطنين الحـق في ان يتحققوا بأنفسهم او بواسطة ممثليهم من ضرورة المساهمة العمومية ومتابعة استخدامها وتتم الرقابـة البرلمانية عن طريق الاسئلة والاستجوابات والعرائض والمناقشات ولجان التحقيق.

حرف الزاي

زبونية: Clientelism

الزبونية السياسية ممارسة ترتكز على تكوين الانصار السياسين وتحريكهم ويجري الكلام عـن الـزبن للدلالة على كل عمل جماعي يشكله الراعي السياسي وانصاره ويكون الرباط الذي يجمعهـم علاقـة تبعيـة شخصية ترتكز على تبادل مشترك للمنافع مبني على رقابة على موارد غير متساوية.

والزبونية والرعاية غالباً ما تدل احدها علـى اخـرى علـى ان مـن الافضـل التمييـز بينها بالاحتفـاظ بتعبير الرعاية لتوزيع الخيرات العامة والوظائف في اغلب الاحيان مقابل دعم او خدمات سياسية.

والزبونيـة هـي المحـرك الاسـاسي للممارسـات السياسـية في المجتمعـات التقليديـة وفي المجتمعـات النامية وموجودة تماماً في المجتمعات السياسية العصرية وفي فرنسا خاصـة علـى الصعيد المحـلي كـما علـى الصعيد الوطني

وتتركز الزبونية على علاقات شخصية لا مؤسسية وعلاقات تبـادل لا سـلطة وعلاقـة تبعيـة بسـبب اللامساواة في موارد الشركاء وطبيعة الموارد المتبادلة والنظام واللامساواة بين الشركاء وبالتالي بدرجـة تبعيـة متنوعة.

# حرف السين

سجال: Scenarous

منهج حواري في الحث وطريقة في دراسة تشابك الاحتمالات والحسابات وردود الفعل السياسية والعسكرية والبرلمانية والاقتصادية والقانونية الممكنة بين انظمة او دول يرتبط بعضها ببعض من خلال توازن او علاقات او صراعات القوة.

---

سخط الرأي العام: Indignation of Public Opinion

حالة من عدم الرضا والتأييد يتبناها الراي العام الدولي والاقليمي جراء اقدام دولة او اكثر على القيام بعمل او اجراء يتنافى مع ما جاء في المواثيق والاعراف الدولية.

---

سّر: Secret

يدل هذا التعبير على ما لا يذاع.

---

سرية التصويت: Secret vote

رفعت سرية التصويت الى مصاف القاعدة الدستورية وتنزع سرية الانتخاب للحفاظ على حرية الناخب ولسرية التصويت حدود لا مناص منها في حالة التصويت بالتوكيل «معرفة الوكيل لتصويت الموكل» «وفي حالة كون الناخب مصابا» بعجز.

---

سلطان: Sultan

كلمة عربية يعتقد بعض اللغويين انها مستمدة اومشتقة من اللغة السريانية وقد اكتسبت ثلاث مدلولات:

**الاولى:** بمعنى القدرة او السلطة كما جاء بنص القرآن الكريم «ليس لك عليهم

سلطان» «انما سلطانه على الذين يتولونه».

**الثانية:** الماسك للسلطة او القدرة بين يديه، اما المدلول الثالث اللقب او الوظيفة.

---

سلطة: Authority

المرجع الاعلى المسلم له بالنفوذ او الهيئة الاجتماعية القادرة على فرض ارادتها على الارادات الاخرى لها بالقيادة والفضل وبقدرتها وبحقها في المحاكمة وانزال العقوبات وبكل ما يضفي عليها الشرعية ويوجب الاحترام لاعتباراتها والالتزام بقرارتها والدولة تمثل السلطة التي تعلوها سلطة الكيان السياسي ويتجسد ذلك من خلال امتلاك الدولة لسمة السيادة لانها مصدر القانون ومحتكرة حق امتلاك وسائل الاكراه واستخدام القوة لتطبيق القانون في المجتمع والسياسة، عرّفت على انها علم السلطة والسلطة تنبع من حاجة الحياة الاجتماعية الى النظام والسلم والامن والى اهمية توافر الاستقرار والاستمرار الاجتماعي وتحديد الحقوق الاجتماعية وايقاف التنافس بين الافراد والجماعات عند حدود عدم الاخلال بذلك كله.

---

سلطة تشريعية: Legislative Authority

السلطة العليا في الدولة والمنوط بها توفير حياة نيابية تامة، حيث يقع عليها عبء التصديق او الموافقة على القوانين واللوائح التي تصدرها الوزارات والهيئات المختلفة قبل تنفيذها اضافة الى مراقبة اعمال السلطة التنفيذية والتأكد من قيامها بأعبائها الحكومية على الوجه الأكمل.

والسلطة التشريعية هي السلطة او الهيئة المنوط بها وضع القوانين في الدولة في حدود الاطار الدستوري وهي مهمة يضطلع بها الشعب اونوابه او هما معاً من خلال هيئة منتخبة يطلق عليها البرلمان ومجلس الامة او مجلس الشعب.

---

سلطة تنفيذية: Executive Authority

السلطة الثانية بعد السلطة التشريعية وتتكون من المؤسسات والوظائف المختصة وتقوم بتنفيذ القوانين الصادرة عن البرلمان ويرأسها في النظام الملكي الملك ورئيس الوزراء وفي النظام الجمهوري رئيس الجمهورية وتقوم بعدة اعمال واهمها تحقيق الاستقرار الداخلي والدفاع الخارجي وتنظيم الامور المالية وتنشيط الاقتصاد.

سلطة قضائية: Lwgal-Authority

وهي الهيئة المنوط بها تفسير القانون وتطبيقه وتتمثل هذه السلطة في القضاء واعضاء النيابة ومعاونيهم ويشترط بهذه السلطة الالمام الكامل بالقانون او علم القانون.

سلطة عسكرية: Military Authority

وهي السلطة التي تمارسها قيادة الجيش في حالات معينة وخاصة اثناء حالات الطوارئ حيث يعهد اليها بحفظ الامن والنظام والاشراف على السلامة العامة والحالة التي تحكم فيها هذه السلطة اعلان الاحكام العرفية.

سلطوية: Authoritarianism

الدعوة الى طاعة اوامر السلطة او الدولة العليا وتوجهاتها وتدبير اعمالها انطلاقاً اما من القناعة بأن تلك الاوامر والتوجيهات انما تصدر لمبررات خاصة بأدائها لوظيفتها ولحفظ السلم الاجتماعي واما خوفاً من العقاب الذي يمكن ان تنزله بالمعارضين وتشمل السلطوية الاعتقاد بعدم حاجة الحاكم الى التشاور والامتناع اما لسبب تمتعه بالحق الالهي أي ان تكون سلطته خارج اطار البشر. وبالتالي يفترض ان يتمتع بحكمة وقدرة تفوق البشر والمحكومين ولا يكون مسؤولاً تجاههم او الاعتقاد بقدرات خارقة للقائد تنفي الحاجة الى المؤسسات التمثيلية التي لا تستطيع مجاراة مواهبه في فهم حاجات المجتمع واساليب تلبيتها السلطوية تخلق ثقافة الطاعة والخنوع والابتعاد عن المشاركة بالحوار

والمبادرة والتقييد بوجهة النظر الرسمية وبالتالي فهي نقيض للديمقراطية وتنزع الحرية وبذلك فإن السلطوية تتوافق مع الثيوقراطية والدكتاتورية والكليانية كالفاشية والشيوعية والنازية.

---

سلطات عامة: Public Authorities

الوظائف الرئيسية للدولة والصلاحيات المستمدة منها بشكل عام دون النظر الى الفصل بين السلطات المتداخلة الى سلطة تنفيذية وتشريعية وقضائية تتجلى هذه السلطات على صعيدي السياسة والادارة لجهة وضع الدستور واعداد التشريعات واختيار الموظفين ومراقبة الادارة دون حصر لاختصاص وظيفي بسلطة معينة.

---

سلطات كاملة: Full Powers

ممارسة دستورية يمنح البرلمان بموجبها الحكومة ولمدة محددة حق اصدار قوانين تنظيمية ومراسيم قوانين في مجالات تكون عادة سلطة مخولة عقد المعاهدات وهي الجهة التي تملك امر عقد المعاهدات والاخيرة اجراءتها تتم من خلال ما يلي:

1- المفاوضات

2- توقيع المعاهدات

3- عقد المعاهدات

---

سلفية: Salafi

العودة الى الماضي والاقتداء بتجربة السلف الصالح وتمجيدها وتضخيمها ويعتبرها البعض افضل النماذج ولذلك يطالب السلفيون بالعودة الى هذا النوذج لانه الاصلح من وجهة نظرهم لاصلاح المجتمع والدولة اي الاقتداء بالشكل والمضمون على تجربة الخلفاء الراشدين واعتبارهم السلف الصالح.

---

سؤال برلماني: Qestion Parlementaire

شكل من اشكال الرقابة البرلمانية على اعمال السلطة التنفيذية يكون بموجبه من حق النائب ان يسأل الوزير في الحكومة الطلب منه تقديم عرض عن اعماله وللنائب ان يقدم سؤالاً خطيا او سؤالاً شفوياً والسؤال يكتب ويبلغ وينشر والجواب يجب ان يتم وفق مدة يحددها النظام الداخلي.

---

سيادة: Sovereignty

السلطة العليا التي لا تعلوها سلطة وميزة الدولة الاساسية الملازمة لها والتي تتميز بها عن كل ما عداها من تنظيمات داخل المجتمع السياسي المنظم ومركز اصدار القوانين والتشريعات والجهة الوحيدة المخولة بمهمة حفظ النظام والامن وبالتالي المحتكرة. وهي الشرعية الوحيدة لوسائل القوة ولحق استخدامها لتطبيق القانون وتمتاز السيادة بالقطعية اي انها الشرعية العليا والعمومية الشاملة لكل الافراد والجماعات والمنظمات داخل حدود الدولة والدائمية اي تستمر ما دامت الدولة قائمة بغض النظر عن تغيير الاشخاص والحكومات واللاتجزئية اي لا يمكن ان تقبل السيادة القسمة والتفتيت.

---

سيادة او اعمال السيادة: Sovereignty Act of

وهي القرارات والتصرفات العامة الصادرة عن السلطات والتي تتصل باعتبارات سياسية عليا تحول بينها وبين الخضوع للرقابة القضائية ويطلق عليها باعمال الدولة ومن امثلة اعمال الدولة او اعمال السيادة الاعمال المتصلة بسير اعمال التمثيل الديبلوماسي والقرارات المنظمة لعلاقة الحكومة بالبرلمان والاعلام المتعلق بسلامة الدولة وامنها الخارجي والداخلي كاعلان الحرب والاحكام العرفية واجراءات مواجهة الامراض والاوبئة وعقد المعاهدات الدولية.

---

سيادة شعبية: Populer Sovereignty

مبدأ دستوري يكون الشعب بموجبه هو صاحب السيادة.

سيادة الدستور: Rule of

سمو الدستور على القانون العادي وعلى كل سلطات الدولة فلا يصدر قانون يخالف الدستور على اعتبار ان الدستور هو القانون الاساسي في الدولة يقوم بتحدي نظام الحكم وطريقة ممارسة السلطات العامة.

سيادة قانونية او سيادة القانون: Rule of law

الدولة صاحبة السلطة العليا داخل اقليمها وهي المالكة لحرية التصرف في علاقاتها بالدول الاخرى اي ان الدولة لا تخضع لسلطة اعلى منها وهذه السيادة مشروطة باحترام الدولة لقواعد القانون الدولي والاعراف المرعية لكنها تختلف عن الخضوع الذي يفقد الدولة سيادتها القومية والوطنية اي الخضوع لأرادة الدولة الاخرى.

سيادة محدودة: Limited of sovereignty

مصطلح اطلقه الغرب كجزء من مفردات الحرب الباردة والدعائية تجاه الاتحاد السوفياتي اثناء تدخل الاتحاد السوفياتي والدولة الشيوعية في تشكوسلوفاكيا.

سيادة مشتركة: Joint sovereignty

تولي دولتين او اكثر مسؤولية الحكم في بلد ما مثل جزيرة فيرانتس في نهر بياسو التي تشترك في حكمها فرنسا واسبانيا معاً.

# حرف الشين

شرعية: Legality

مفهوم سياسي محوري تتحدد به صحة وضعية نظام الحكم وقانونيته وتفسير وجوده وهو يعني القبول الطوعي والجماعي من المواطنين للقوانين والتشريعات التي يضعها النظام السياسي وهذا بدوره لا يتحقق الا اذا توافق العمل السياسي وتوجه الحكم الى صالح المواطنين وقيمهم الاجتماعية وبهذا المفهوم تصبح العداله جوهرالشرعية ومن  ثم فإن غيابها يعني غياب الشرعية.

## حرف الصاد

صاحب السمو الملكي: Highness his Royal

لقب يطلق على افراد العائلة المالكة في النظام الملكي وبالتحديد طبقة الامراء.

---

الصقور والحمائم: Hawks and Doves

تعبير سياسي شاع استعماله اثناء مناقشات الكونجرس للمسألة الفيتنامية عندما انقسم اعضاء الكونجرس القائلين بإمكانية وضرورة حسم الصراع عسكرياً لصالح الولايات المتحدة سموا والصقور هي طيور جارحة عدوانية قائلين بإستحالة ذلك والثاني نادو ا بحل المسألة سلمياً عن طريق المفاوضات وتقديم بعض التنازلات وسمو بالحمائم وهي طيور مسالمة، وقد استخدم المصطلح لاحقاً لاشارة الى المواقف الصلبة تارة والمواقف اللينة.

---

صندوق الاقتراع: Urne

وهو وعاء يتلقى اوراق الاقتراع ويجب ان يتوفر فيه ما يلي:

1- الا يكون له سوى فتحة واحدة لادخال المغلفات او قسيمة الاقتراع.

2- ان يتضمن فتحة ثانية للسماح بإفراغه من محتواه.

3- ان يكون شفافاً.

4- لا يتم فتح صندوق الاقتراع الا بعد ان يجري تحديد عدد المصوتين كما ينتج عن التواقيع او التأشير المثبتة في لائحة الشطب والاهم من ذلك ان يبقى مغلقاً طيلة مدة الاقتراع.

## حرف الضاد

ضريبة: Tax

جمعها ضرائب وهي رسوم اجبارية واجبة الاداء للخزينة العامة على الافراد او الهيئات بتوافر شروط خاصة في تقريرها وتحصيلها وهي من اهم مصادر الدخل للدولة وتعرف بعدة اسماء كالرسوم والاموال الاميرية والعوائد وكلها تعني مبلغ من المال تجبيه الدوله من المواطنين والافراد والاجانب في اقليمها وهي نوعين مباشرة اوغير مباشرة وثابتة وغير ثابتة وتصدر بقانون او تشريع.

---

ضريبة ازدواج: Doubl Taxation

خضوع المال لأكثر من ضريبة واحدة في مدة معينة والصور الشائعة للازدواج الضريبي تحدث عادة حيث يكون المحول متوطناً في بلد معين ويستمد دخله من بلد آخر فيطالب كل من البلدين بضريبة له على ذلك الدخل.

---

ضريبة انتاج: Production Tax

ضريبة تفرض على سلع او خدمات معينة وقت الانتاج تتمثل عادة في مبلغ معين يدفعه المنتج عن كل وحدة ينتجها وقد تكون نسبة مئوية من ثمن السلعة في المصنع

---

ضريبة المبيعات: Sales Tax

وهي ضريبة تفرض على بيع السلع او شراءها وتتمثل في نسبة مئوية من الثمن وهي تصب عادة على السلع مرحلة انتقالها من التجزئة الى المستهلك ولكنها تفرض في بعض الاحيان على انتقال السلع في المراحل المتعددة من المنتج الى تاجر الجملة ومن تاجر الجملة الى تاجر التجزئة ومن الاخير الى المستهلك.

---

**ضريبة تصاعدية: Progressive Taxation**

احد الصيغ لجباية الضرائب بحيث يزداد معدل الضريبة كلما زاد حجم الدخل الخاضع للرسم الضريبي وسميت تصاعدية لانها ترتفع بصورة مطردة من فئة الى فئة اخرى بالنسبة للدخل، أي ان قيمتها ترتفع بارتفاع القدرة على الدفع وهي ضريبة مباشرة على الدخول تطال اكثر اصحاب الدخل المرتفع والذين يجنون الارباح العالية او يرثون تركات ضخمة والهدف من هذه الضريبة هي الحيلولة دون تكدس الثروات في ايادي قليلة من الرأسمالية وتأمين التوزيع العادل للثروة بين المواطنين.

**ضريبة الدخل: Income Tax**

وهي الضريبة التي تفرض على الدخل الذي يحصل عليه المكلف سواء اكان دخلاً متولداً من رأس المال كالعقارات والاسهم والسندات او من العمل الانساني «العمال الذين يعملون في المصانع وموظفي الحكومة» وهي الصورة العادية للضرائب في المجتمعات الحديثة وبعض الدول تقسم دخول المكلفين الى انواع بحسب مصادرها وتفرض على كل منها ضريبة مستقلة عن الضرائب التي تفرض على الانواع المختلفة وهذه هي الضرائب النواعية على الدخل، وبعض الدول تجمع دخول المكلفين كلها في دخل واحد تفرض عليه ضريبة واحدة وهذه هي الضريبة على الدخل العام وبعض الدول تجمع ما بين الطريقتين.

**طرح الثقة: Question De Conflance**

تسمية تقليدية للاجراء الذي يطرح بموجب رئيس الحكومة وجود حكومته امام البرلمان ويتعلق الأمر بالتحقيق من ان العقد المبرم مابين الحكومة والاكثرية النيابية

موجود تماماً وباق ويميز ما بين طرح الثقة في تشكيل الحكومة حيث يسمى في بعض الاحيان تولية وبين طرح الثقة الحاصل خلال الحياة الحكومية وتتضمن اجراءات طرح الثقة حسب الدول.

# حرف الغين

عجز الموازنة: Budget deficit

زيادة مجموعة النفقات على مجموع الايرادات التي حصلت عليها الحكومة والتي تتألف منها بالاشتراك مع الموازنة العامة فإذا ساوت النفقات الايرادات قيل ان هناك موازنة أي مابين ايرادات والنفقات.

وتقع ميزاينة الموازنة تحت العجز من جراء تقصير الايرادات عن تغطية النفقات ولا تستقيم الا متى تساوي المجموع العام للإيرادات مع القيمة الاجمالية للنفقات المرصودة في بنودها.

ويفرق الاخصائيون الماليون بين العجز والمأزق الذي هو مصطلح حديث نسبياً اذ ان المأزق يمثل جزءاً من النفقات التي تأمل الحكومة تغطيته ليس من ايرادات الميزانية وانما من ايرادات الخزينة فهذه الايرادات كما هو معروف تحصل من الضرائب وما شابهها ومن الاموال المودعة لدى الخزينة ضمن حسابات خاصة مثل صندوق الودائع والضمانات وحسابات الصكوك البريدية وحتى حسابات ودائع الشخصيات الاعتبارية والمادية الاشخاص والشركات.

ومن هنا فإن واجب وزارة المالية والخزانة في اي دولة اقامة عملية توازن ما بين الايرادات والمصروفات وذلك من خلال استقطاع اجزاء من النفقات المقترحة حتى تتم الموازنة بعد التشاور مع الوزارت المعنية،ولما كانت قائمة الايرادات التي يتألف منها مشروع الميزانية تقديرية فقد تتعرض هذه التقديرات الى خطأ لإعتبارات طارئة غير منظورة مما يؤدي الى حدوث العجز الذي تتداركه الحكومة بوسائل مختلفة كعقد القروض واصدار السندات والضرائب او اصدار اوراق نقدية جديدة لتتحاشى ما امكن من فرض

ضرائب جديدة او الغاء مشروعات بدأ تنفيذها وقد تحدث الحكومة عجزاً مقصوداً في الميزانية بالتوسع في الانفاق على شروعات عامة من شأنها ان تساعد على زيادة التوظيف ومن ثم زيادة في الاقبال على استهلاك الانتاج الذي تدره هذه المشروعات.

---

عجلة: Urgence

العجلة في الاجراء التشريعي تدل على نظام تفحص لنص يتيح بناء على مبادرة حكومية اختصار مكوك بين المجلسين ويقض هذا النظام بتقليص عدد القراءات يمكن الحكومة بموجبه مع طلب تشكيل لجنة مختاطة متساوية التمثيل الانطلاق من المرحلة النهائية للاجراء النيابي، ويمكن لاجتماع اللجنة المختلطة المتساوية التمثيل الذي يحدد عادة بعد قراءتين لكل من المجلسين ان يثار اعتباراً من انجاز القراءة الاولى للنصوص التي تعلن الحكومة بالنسبة اليها ويأخذ اعلان العجلة او الاستعجال على شكل كتاب موجه الى رئيس المجلس النيابي الذي اودع اليه النص على ان يتم الاتصال من جانب الحكومة قبل اقفال باب النقاش.

---

عرش: Throne

تعبير سياسي يرمز الى الملك ويعود في اشتقاقه الى الكرسي الذي يجلس عليه صاحب السلطة العليا في المجتمع السياسي حيث يتميز هذا الكرسي عن باقي الكراسي في حالة القصر ـ ومكان استقبال وتداول اركان الحكم والموفدين الاجانب واصحاب الشأن بعلوه وفخامته وقد عرف عن الملوك جلوسهم على العروش الذهبية منذ اقدم العصور.

ويتضمن الاستخدام السياسي لكلمة العرش المؤسسة السياسية والادارية المحيطة بالملك من مستشارين وموجهين وهيئات واداريين موالين للملك ومنفذين لإرادته عاملين استمرار ملكه،ومن هنا يستخدم التعبير احياناً عن حزب الملك ويشابه التعبير تعبيرات اخرى مثل التاج او القصر او البلاط او الباب العالي او البيت الابيض او الكرملين

---

كناية عن المؤسسة السياسية التي تضمها مقرات ومكاتب الحكام وذلك اما تأدباً او تمنعاً عن ذكر اسم الحاكم او لإدراك ان سياسات الحكام لا تكون بالضرورة صادرة عن شخص الحاكم بل عن مؤسسة الحكم المحيطة به العاملة تحت رايته، ويتمتع العرش بمكانة كبيرة وميزانيات وحراسات وامتيازات دستورية.

## عرف دستوري: Constitutionl

قواعد غير مسطورة منظمة للعلاقات الدولية نشأت بسبب اخذ الدول بها فترة طويلة دون اعتراض عليها حتى استقرت واصبحت لها قوة الالزام دون الاعتراض عليها ولو لم تكن قائمة في صورة قانون او معاهدة مشروعة والعرف الدبلوماسي هو السوابق الدبلوماسية التي لم يعترض على تطبيقها ويتضمن العرف الدبلوماسي الحصانات والامتيازات التي تكفلها الدولة للممثلين الدبلوماسيين لديها وهي امتيازات تقوم على اساس المعاملة بالمثل.

## عرقلة برلمانية: Of Parlementair -obstraction

تكتيك واسلوب في العمل تلجأ اليه عادة الاقليات البرلمانية العاجزة عن دفع البرلمان الى تبني مشاريعها لإعاقة وتأخير اطول مدة ممكنة من خلال عمليات التصويت على مشاريع القوانين التي تقترحها الاكثرية وتتجسد هذه الطريقة في المعارضة بالطلب من جميع النواب «الاقلية» بدون استثناء حق الكلام لمناقشة مشروع قانون معين حين تكون الحكومة تقدمت به وذلك بدل ان يطلب ذلك ممثل او ممثلان عن المعارضة اضافة الى ذلك بتكتيك نواب المعارضة فيما بينهم على اطالة الكلام الى اقصى ـ حد ممكن وبالتالي تطويل الجلسات وتأخير التصويت الى ما لا نهاية اما السلاح التقليدي الذي تلجأ اليه الحكومة والاكثرية لإفشال هذا التكتيك فهو ان يعلن رئيس المجلس انها النقاش لكون اعضاءه قد اعطو القانون النقاش بما فيه الكفاية ويعرف هذا الاسلوب في امريكا

« fillibusteriny» فيبلسرستنج.

عريضة: Petition

التماس مصاغ بشكل رسمي يوجهه الموقعون او يرفعونه الى شخص او هيئة من الاشخاص لها صفة معنوية وتجلس في موقع السلطة او القوة طالبين فيها نيل او تحصيل او استجداء رحمة او غيرها من المنافع والخدمات وتقديم العرائض او رفعها هيحق كفله الدستور او النظام الدستوري والغرض منه اما الشكوى او المطالبة المختصة والمسؤولة بإعادة النظر في بعض الاجراءات وتصحيح المظالم.

عزل سياسي: Political Exclusion

اجراء بمقتضاه استبعاد بعض عناصر من الشعب عن ميدان العمل السياسي لتأمين نظام الحكم القائم، أي حرمانها من ممارسة الحقوق السياسية المقررة لمجموع الشعب ويشمل ذلك استبعاد العناصر المعزولة من الاشتراك في أي تنظيم سياسي كالمجالس التمثيلية بمختلف درجاتها والاضطلاع بالوظائف العامة او التنظيمات الجماعية كالنقابات والاتحادات المهنية والعزل لا يتعدى شخص المعزول بمعنى انه لا ينسحب الى غيره ممن يرتبط بهم عائلياً.

عزل شعبي: Recall

بدأ هذا التعبير الانجلو سكسوني الذي يمكن ترجمته بالاسترداد على اجراء ديمقراطي مباشر ويتعلق الامر بنوع من العزل الشعبي لحائز وظيفة عمومية لم تعد ترضي الناخبين وهي قريبة من نوع من الاستفتاء على اسم الشخص الاكثر كفاية ليحل محله.

والعزل الشعبي اساسه التقليد الانجليزي في مجلس العموم يترجم نوعاً من الحذر تجاه الديمقراطية التمثيلية وهو يجسد ارادة شعبية للرقابة على السلطة عن طريق المواطنين وهو من امثلة عودة الحكم الى الشعب، وهو يتطلب في اغلب الاحيان اجتماع عدد كافي

من الاشخاص المجتمعين ليكون طلب عزل النائب او القاضي المعني موضع. درس فإذا تم الحصول على العدد الضروري من العرئض يجري تنظيم استشارة وعلى المنتخب الـذي يحصل عـلى الاقليـة ان ينسحب وفي حال الحصول على الاكثرية يعتبر انه اعيد انتخابه.

---

عشيرة: Tribe,clan

تنظيم اجتماعي اساسه رابطة النسب والدم وهي جزء ممتد من النظام القبلي والعشـيرة مؤسسـة اجتماعية تشكل عنصراً هاماً في التكوين السياسي في المناطق التي تسكنها العشائر وفي النظـام السياسي ككل.

---

عصيان: Desobeissance

حركة مقاومة ضد دولة او سلطة صـاحبة سيادة عـلى ارض العصيان او افراده وللعصيان اشكـال اهمها عسكري ومدني وعصيان عصابات ويحصل العصيان في اقليم او في القوات المسـلحة والمصانع والبواخر وهو حالة من سلسلة تتمثل بالامتناع عن القيام بـالمهمات او عـدم السـماح للسلطات يمارسة دورها كالجباية والامن والادارة وذلك لتحقيـق جملة مـن مطالبهـا مـن خـلال هـذه الطريقـة السـلبية والعصيان اعلى درجة من اضراب واقل من الثورة في سلم التحركات الاجتماعية ضد الاوضاع السائدة.

---

عصيان عسكري: Mutiny

التمرد وعدم الطاعة او الهجوم المباشر على السلطة العسكرية من قبل افراد تـابعين لتلك السـلطة بالرغم من ان العصيان قد يؤدي الى الصدام والعنف فإنه ليس بمسـتوى الثورة والاخيره اشـمل وتتمتـع بأهداف سياسية.

---

عصيان مدني: Civil Disobodince

تمرد بين صفوف المواطنين ضد السلطات الحاكمة وطنية كانت ام محتلة ويشمل

هؤلاء الافراد والجمهور والموظفين العموميين، ومن صوره عدم التعاون مع السلطات الحاكمة أي المقاومة السلبية ومقاطعة الواردات الاجنبية والسلع الاحتكارية والامتناع عن دفع الضرائب او اضراب موظفي الدولة او امتناعهم عن تطبيق القوانين والتعليمات الحكومية.

---

عفو: Grace

هو حق في اعفاء محكوم عليه كلياً او جزئياً من تنفيذ عقوبة او ابدالها بعقوبة اخف فردياً وفي النادر جماعيا ويمكن ان يكون صافحاً فيمحوا عند ذلك أي اثر للحكم,

والحق في العفو صلاحية مورست منذ ازمنة قديمة جداً من قبل العاهل الامبراطوري الملكي كإمتداد لمنصبه في احقاق الحق والعدالة ويعطي هذا الحق لرئيس الدولة سواء أكان جمهوري او ملكيٍّ.

---

عفو شامل: General Amnesty

اصطلاح قانوني يقصد به الصفح التام عن المتهمين بجرائم سياسية سواء أكان ذلك من قبل الحاكم بإدانتهم او بعده والعفو العام يكون جماعي يشمل قطاعا من الشعب اشترك في انقلاب او ثورة او تآمر ضد نظام الحكم او شارك في حرب اهلية او ضد شخص رئيس الدولة والعفو العام يجبّ القضية برمتها ويلغيها وهو حق من حقوق رئيس الدولة او الملك والعفو العام يأمر به الملك او الرئيس على صيغة مشروع قانون يقدم الى البرلمان.

---

عفو عام: General amnesty

اجراء تتخذه الدولة يزيل الصفة الاجرامية عن الجرائم التي تمت في فترة معينة او في ظروف معينة ويترتب عليه ان يجرد الافعال التي تكون قد ارتكبت من صفتها بأثر رجعي أي من يوم ارتكابها ويستفيد منه جميع من ارتكبوا هذه الافعال او ساهموا بها واذا صدر

العفو الشامل قبل اصدار الحكم على المتهمين تنقضي الدعوة الجنائية، واذا كانت قد رفعت فتقضي المحاكم بعدم قبولها اما اذا صدر حكم جنائي على المتهمين فيزول الحكم بأثر رجعي وتنقضي جميع آثاره الجنائية وبالذات ينتهي تطبيق العقوبات المحكوم بها.

ان العفو العام او الشامل تأثيره يقتصر على الجانب الجنائي وبالذات ينتهي تطبيق العقوبات المحكوم بها فهو لا يزيل حق من يكون اصابه ضرر من الجرائم التي ارتكبت من الحصول على تعويض مدني عنها والغاية منه هو التهدئة السياسية والاجتماعية واسدال النسيان على جرائم ارتكبت في ظروف سيئة يريد المشرع ان يتناساها المجتمع لينطلق حياة جديدة والعفو العام يصدر بقانون ولا تملك امره الا السلطة التشريعية.

---

عفو خاص: Pardon

اجراء يصدر بقرار من رئيس الدولة ينهي الالتزام بتنفيذ عقوبة جنائية على شخص صدر ضده حكم بات بها، او انهاء كلياً او جزئياً او يستبدل بها عقوبة اخف منها وهو يختلف عن العفو الشامل في ان يصدر بقرار من رئيس الدولة وليس بقانون أي انه اجراء فردي قاصر على شخص معين بذاته وفي ان اثره يقتصر على الالتزام بتنفيذ العقوبة فيسقطه عن المحكوم عليه اما الحكم الجنائي الصادر ضده فيظل قائماً منتجاً لجميع آثاره التي لا يتناولها العفو.

---

عفوية: Spontanieism

هو ما يصدر بمبادرة الفاعل اي بدون توسط او تأثير عامل خارجي وبدون ان يكون ردة فعل على محفز ما، وبذلك فالعفوية رديفاً للحرية، فالعفوية ضد المنعكس في علم النفس العام، وهو متأمل ومنفذ بدقة في علم الجمال، اما في علم السياسية فهي مقترنة بالجماهير أي نهوض عفوي او اضراب عفوي بمعنى ان النهوض الجماهيري او الاضراب الجماهيري جرى بصورة مستقلة عن اية سلطة وبمنأى عن أي تحريض وبدون

---

اعداد مسبق متفق عليه.

---

عقائد سياسية: Political doctrines

مجموعة افكار وتصورات ومقترحات مترابطة تشكل تفسيراً للحركة التاريخية الثورية وتقدم خطة عمل لتحقيق الانسجام والتوفيق بين المصالح الاجتماعية بطريقة مرغوبة تؤمن اهدافاً سياسية تحظى بتأييد عام لدى الاغلبية او بجاذبية لقطاعات ومؤثرة في الهرم الاجتماعي السياسي لبلد او جماعة بشرية معينة وتلعب دوراً اساسياً في صياغة ضمير الجماعة او فكرها الذي يواجه جماعة متحدية لها.

---

عقائدية او التحجر العقائدي: Dogmatism

موقف فكري جامد وقاطع يقوم على فرض الافكار دون مناقشة وهي مرادفة لضيق الافق والجمود والتصلب والتشنج والتسلط والارهاب الفكري والعقائدي هوالذي يؤمن ايماناً اعمى بالعقيدة اللوغماجية: أي التعليم المعطى والمتوارث والذي يشكل اساس الايمان فيريد ان يفرضها على الاخرين بدون أي اثبات او برهان عقلي ولا يقبل النقاش ويكتفي بالجزم وبإصدار الاحكام المبرمة والعقائدية في الفلسفة تطرح نفسها كنقيض للنهج التشكيكي والدوغماجية في الدين الاستعداد لدى المؤمن على الايمان بالعقائد الدينية او الحقائق اللاهوتية دون اخضاعها للنهج العقلي النقدي ودون التساؤل عن مصادرها الاولى بل اعتبارها فوق القدرة العقلية بمعنى ان الدوغماجية الدينية تعبير عن رجحان الايمان على العقل.

وفي السياسة فالدوغماتية السياسية تشكل ظاهرة خطرة تتجلى في الاستبداد والكليانية والفاشية وتهدد الحريات الفردية والمدنية ويأتي حظر هذه الظاهرعادة من طرفين يكمل احدهما الآخر من المستبد الطاغية نفسه ومن الايدلوجي العقائدي الذي يضع نفسه في خدمة النظام ويستنبط نظريات وعقائد لا علاقة لها بالواقع المحسوس.

ان التحجر العقائدي ليس فقط مجرد موقف فكري سلبي وغير عقلاني بل هـو ايضاً موقف عملي قد يؤدي احياناً الى نتائج مـدمرة لانه يصدر اساساً عن جهل عميق بالتاريخ وبالمجتمع وبالعلاقات الاجتماعية والدولية.

---

عقد اجتماعي: Social contract

نظرية فلسفية يراد بها تفسير فكرة اصل الدولة وقيامها وان الدولة تشكلت نتيجة لعلاقة عقدية بين الشعب والحاكم بشروط معينة وان أي مخالفة من جانب الملك لهذه الشروط تعتبر مبرراً لفسخ العقد أي ان اصل الدولة هو هذا العقد الاجتماعي.

---

عقلانية او عقلاني: Rationalism

تيار فكري اعطى للعقل اولوية في الحصول على المعرفة وذلك مقابل التجريبية التي تجعل الحواس مصدر المعرفة الاولى وظهرت بعد حركة النهضة والاصلاح الاوروبي.

---

عقلانية استراتيجية: Strategicl rationality

النظام او نسق من التفكير الذي ينبثق عن عملية تقويم واقع جيويوليتكي - عسكري، لاجل الخروج بمعطيات بعضها ثابت والآخر متحول حسب تغيير طبيعة الوضع العسكري تقنياً او الوضع الجيوبولتيكي بشكل جزئي، وهذا النظام الفكري قد يحتوي على جوانب تركيبية متناقضة مع بعضها ولكنها في التحامها الكلي النهائي تشكل هذا النظام العام من المنطق، وهذا المنطق منبثق اساساً نتيجة لقياس وضع جغرافي سياسي عسكري، يمتاز بجوانب او معطيات ثابتة يمكن ان تعزز استنتاجات ثابتة منطق محدد ينبثق من قياس هذا الواقع ووفق المنطق المستنبط نرى ان هناك شيئاً ممكناً وآخر غير ممكن داخل أي واقع سياسي عسكري مقترن بطبيعة الجيوسيلوجية ونوعية الصراع او التحدي المفروض عليه.

---

عقلانية اقتصادية: Economic rationalisation

مقولة فلسفية تعتمد في تحديد مفهومي المعرفة والاخلاق على ما يقره العقل الذي هو مصدر كل الافكار فالعقلانية اذن لا تعترف بأي قوة اخرى غير قوة العقل وقد استخدم هذا المصطلح بعد الحرب العالمية الاولى من طرف الاقتصاديين الالمان 1925 وتعني النشاط الانساني في النظم القائم على المعارف والخبرات العملية والتقنية والرامي لرفع مستوى الانتاج والانتاجية وتحقيق معدلات من النمو الاقتصادي تتماشى مع معدل نمو القوى البشرية كماً وكيفاً وذلك بأقل التكاليف وبأسرع وقت ممكن.

عقليون: Rationalisat

انصار المذاهب الفلسفية التي تجعل للعقل الاولية في تحصيل المعرفة ويقابلهم التجريبيون الذين يجعلون الحواس مصدر المعرفة الاولى ومن العقليين افلاطون وديكارت سبينغرزا، لينبيتزا كانط، لكن الكلمة اطلقت على فلاسفة القرن الثالث عشر الذين رفضو اقامة المعرفة على الايمان.

عقوبات: Sanctions

التدابير التي يتم اتخاذها في حالة مخالفة احدى الدول مبادئ القانون الدولي او عدم قيامها بالالتزامات المتفق عليها بموجب المعاهدات والاتفاقيات التي وضعت عليها او امتناعها عند تنفيذ قرارات مجلس الأمن او اعتداءها على اراضي دول اخرى هذا على مستوى القانون الدولي العام.

اما العقوبات على مستوى القانون بشكل عام فهي اجراء اقتصاص يتخذ بحق كل من يخالف القانون، وقد تكون العقوبات ادارية تتخذها السلطة الادارية بحق عمالها وموظفيها وتهدف الى معاقبتهم سواء على شكل حسم او نقل من الوظيفة.

علاقات عامة: Public relation

نشاطات اتصالية ذو بعد اداري تنظيمي يراد به من خلال نقل الافكار والمشاعر لتكوين وتشكيل انطباعات حسنة ازاء مجموعة او جماعة او تنظيم او شركة من خلال ممارسة جانبي نشاط اتصالي هما:

1- التركيز على منتسبي التنظيم بحيث يكون لديهم كيان من المعلومات عن التنظيم نظرة ايجابية

2- توجيه النشاط الاتصالي من قبل التنظيم الى المجتمع خارج ذلك الاطار بقصد رسم الانطباعات الايجابية.

والعلاقات العامة هي نشر المعلومات والاراء والافكار والحقائق مشروحة ومفسرة الى جماهير المؤسسة وهي جهود مدبره وصادقة ومستمرة على خطط تهدف الى تحقيق التفاهم المتبادل بين المؤسسة وجماهيرها ويطلق عليها الهندسة البشرية أي تصميم كيفية التعامل مع البشر او هي احدى وظائف المؤسسة لتعريف جمهورها الداخلي: الموظفين « وجمهورها الخارجي أي العملاء او الزبائن « لسياستها وخدماتها من اجل زيادة الفهم والقبول والتعاون بينهما جميعاً فهي تهدف الى تقوية الاتصال بين الادارة والموظفين داخل المؤسسة من جهة وبين المؤسسة والمستفيدين من خدماتها من جهة اخرى ومن اهم وظائف العلاقات العامة هو معرفة الرأي العام تجاهها بالاضافة الى انها صوت وصورة المؤسسة.

ان العلاقات العامة هي فن مسايرة الناس ومجاراتهم وفن الحصول على رضى الجمهور وثقته وتأييده للوصول الى ذلك عن طريق الاتصال والتفسير الكافيين او هي العلم الجديد في المجتمعات الديمقراطية التي تستهدف اقناع وتنطلق وظائف العلاقات العامة من خلال:

1- اعلام يعطي للجمهور

2- اقناع يوجه الى الجمهور ليعدل من سلوكه ومشاعره

3- جهود لخلق تكافل بين المشاعر والافعال عند هيئة ما وبين مشاعر وافعال جمهور ما والعكس بالعكس.

---

علنية المناقشات البرلمانية:

The public-natuve of the parilimantry – proceeding

قاعدة دستورية ديمقراطية ظهرت في انجلترا أولا واتخذت شكلها المطلق أبان الثورة الفرنسية الكبرى حينما كانت الأحزاب تحضر جلسات المجالس التمثيلية بواسطة مندوبيها من شرفات مخصصة للمستمعين وتقوم بدور فعال في توجيه أعمال المجلس ومقرراته.

وترتكز هذه القاعدة على مبداء إعطاء الشعب صاحب السيادة حق الاطلاع على المناقشات داخل البرلمان من جهة خلال حضور الجلسات أو من خلال نشر محاضرها في الجريدة الرسمية من جهة أخرى.

وقد أصبحت علنية المناقشات البرلمانية اليوم جوهرية في الحياة الديمقراطية الدستورية البرلمانية بحيث تنص اغلب الأنظمة البرلمانية في العالم على تكريسها

---

عمدة: Maire

الحاكم الاول في نظام الدسترة «المجلس البلدي» ويأتي العمدة بالانتخاب ويترأس المجلس البلدي ويدعوه مرة على الاقل كل فصل وهو مطالب ومكلف في تنفيذ قرارات المجلس لتأمين ادارة الموازنة وامال البلدية في مجالات متعددة ومتنوعة جداً تشكل حقل صلاحية «المجلس البلدي» خدمات، طرق نظافة، ثقافة، رياضة، سكن، تنظيم مدن، الامن، ويعهد للعمدة لمساعدته في القيام بمهامه مساعدين بتفويض من الاقسام واللجان

---

المتخصصة بالشباب وبالمرأة والتوظيف وعلى العمدة كوسيط ان يستمع الى السكان وان يأخذ بالحسبات طلبات المجموعات ذات المصلحة المحلية والرابطات ببذل الجهود لعدم اهمال أي معضلة تتعلق بالحياة اليومية للمجلس البلدي والعمدة هو اولاً متعهد بالمعنى الحقيقي.

---

عولمة: Golbbalization

ظهر مصطلح العولمة كظاهرة متميزة منذ اوائل التسعينيات من القرن الماضي أي مع بداية نشوء ما يسمى بالنظام العالمي الجديد الذي دعت اليه الولايات المتحدة الامريكية ويبدوا ان عصراً امريكيا اجتاح العالم مما جعله يتعولم فكلمة العولمة مشتقة في اللغة من العالم والعالمية والعولمة مرحلة من مراحل التفكير الانساني المعاصر بدأت بالحداثة وما بعد الحداثة العالمية ثم العولمة ونحن الان في مرحلة الامركة ثم تأتي بعد ذلك الكوكبة نسبة الى الكواكب الارضية ثم الى الكونية ولذلك فالكونية او العالمية هي التداخل الواضح لامور الاقتصاد الاجتماعي والسياسي والثقافة والسلوك دون اعتداد يذكر بالحدود السياسية للدول ذات السيادة او الانتماء الى وطن محدد او لدولة معينة ودون الحاجة لإجراءات حكومية.

ويعرفها البعض بأن الاتجاه المتنامي الذي يصبح فيه العالم نسبياً أي كرة اجتماعية بلا حدود حيث تكتب العلاقات الاجتماعية نوعاً من عدم الفصل بين الحدود او بعد المسافة حيث تجري الحياة في العالم كمكان واحد ومن ثم فالعلاقات الاجتماعية التي لا تحصى عدداً حيث يتفاعل الناس ويتأثر بعضهم ببعض ويصبح العالم اكثر اتصالاً وأكثر تنظيماً على اساس وحدة الكوكب.

---

## حرف الفاء

فارز الاصوات: Scrntateur

وهم الاشخاص المكلفون بفرز الاصوات وعملية فرز الاصوات مرحلة تعقب مباشرة عملية الاقتراع ويجب ان تجري في اطار قلم الاقتراع من قبل فارزي اصوات يعينهم المرشحون او مفوضوا اللوائح من بين الناخبين الحاضرين « مندوبو الفرز « وهم موزعون على مقاعد يراقبون عملية الفرز وكذلك هناك لجنة للفرز وهم الذين يفرزون الاصوات تعينهم السلطات المشرفة على الانتخابات يتوزعون على الاقل على اربع مقاعد او طاولات ويسهرون على ان يكون المرشحون واللوائح جميعاً ممثلين.

ويبدأ عملهم مباشرة بعد فتح الصناديق وفتح مغلفات الاقتراع وترتيبها ثم تجري عملية الاستنزال وتسجيل النتائج حيث تقرأ الورقة امام مندوبو المرشحين وبصوت عالي وبعد الانتهاء من هذه العملية تسلم النتائج الى قلم الاقتراع او لجنة الاقتراع وتوقع من قبل جميع الفارزين وكذلك الاوراق البيضاء.

---

فتوى - رأي استشاري: Advisory Opinion

الرأي الاستشاري القانوني الذي تقدمه جهة قانونية تشريعية كالحاكم للافتاء في مسألة قانونية خلافية.

---

فدرالية: Federal

نظام سياسي يقوم على بناء علاقات تعاون محل علاقات تبعية بين عدة دول يربطها اتحاد مركزي، على ان يكون هذا الاتحاد مبنياً على اساس الاعتراف بوجود حكومة مركزية لكل الدول الاتحادية وحكومات ذاتية الولايات او المقاطعات التي تنقسم اليها

---

الدول ويكون توزيع السلطات مقسماً بين الحكومات الاقليمية والحكومة المركزية.

## فصل تشريعي: Legislative term

اصطلاح دستوري يقصد به فترة حياة المجلس النيابي المنتخب وهي فترة تختلف بأختلاف ما يقرره الدستور كل دولة ويبدأ الفصل التشريعي من تاريخ اول اجتماع للبرلمان وتعتبر بعض الدساتير ان المجلس النيابي في حالة انعقاد دائم حتى ينتهي الفصل التشريعي بمعنى ان المجلس هو الذي يحدد بنفسه مواعيد الانعقاد ومواعيد العطلة كما هو بالكونجرس الامريكي وقد يحدد الدستور نظام العمل بالمجلس النيابي من خلال تقسيمه الى دورات برلمانية سنوية ينص على مواعيدها في صلب الدستور

## فصل تعسفي: Unfair dismissal

هو فصل العامل دون مبرر يستند الى عقد العمل او الى قواعد التأديب والجزاءات او الى روح القانون عامة.

## فصل السلطات: The saparation of power

مبدأ سياسي يقوم على فصل السلطات الرئيسة للحكم من خلال هيئات تنظيمية مستقلة كل منها عن الاخرى لوقف الاستبداد الذي كرس تركيز السلطة في يد الحاكم.

## فصل عنصري: Racial segregation

احد وجوه العنصرية والتمييز العنصري وهو مبدأ تفرضه الطبقة – الفئة العنصرية الحاكمة المتميزة نفسها عنصرياً بالقوة ومن خلال القانون على العنصر الادنى يقضي بتحديد مناطق سكناها واستخدام مرافق خدمات منفصلة يكون مستواها ادنى في كل الاحوال تشتمل المستشفيات والمدارس واماكن اللهو ووسائل المواصلات العامة والحرمان من فرص العمل وحجب حق الانتخاب والزواج المختلط.

107

فقه: Juris prudence

لغة الفهم والعلم وقانوناً تحليل وشرح القوانين الصادرة عن السلطة التشريعية واحكام القضاء وتأجيل هذه القوانين أي توضيح الفكرة العامة الموجهة والكامنة وراء التشريع واحكام القضاء والفقهاء المستقلون بعلم القانون.

---

فقه دستوري: Constitutional jurisprudence

البحوث والدراسات المتصلة بالفكر الدستوري سواء أكان ممثلاً في صورة عرف دستوري او قانون دستوري مدون، وهذه البحوث والدراسات التي يضطلع بها رجال الفكر والتشريع تتضمن عرضاً للنقص والغموض او التقصير او اشارة الى العيوب والفجوات في التشريع والقضاء وتهدف الى تدارك العيب او سد النقص وان لم تكن هذه الاراء التي تتمخض عنها الدراسات الفقهية ملزمة لأحد ولكن قيمتها الذتية من شأنها ان تحدث تأثيراًَ في الفكر الدستوري بل انها في كثير من الاحيان تشتمل على اراء خلاقة توجه هذا الفكر ويؤخذ القول ان الفلاسفة الاجتماعيين سبقوا في الزمن التطورات الدستورية التي جاءت نتيجة للأراء التي نادوا بها في حياتهم.

---

فليبسترنج: Filibustering

خطة تلجا اليها المعارضة في اعاقة تمرير تشريع ما في البرلمان عن طريق تنظيم سيل دافق من الخطب الطويلة لمعارضة مشروع القرار التشريعي بغية الحيلولة دون عرضه على التصويت في المدة الزمنية المخصصة لمناقشته ولا يمكن احباط هذه الخطة الا بموافقة ثلثي النواب الحاضرين للجلسة.

---

# حرف القاف

قاعدة الاقدمية: Seniority

تقليد متبع في امريكا يتولى اقدم الاعضاء اللجان المنتمين الى حزب الاكثرية الكونغرس رئاسة تلك اللجان وتعرض هذا التقليد الى انتقادات شديدة على اعتبار انه لا يفرز الا اكفاء الاعضاء وانه يمنح مندوبي المناطق الانتخابية المأمونة للاحزاب ارجحية غير مستحقة كأن يمنح الشيوخ الديمقراطيين وهم غالباً من المرجحين المتعاطين مع التفرقة العنصرية ارجحية كبيرة لما عرف عن مناطقهم من محافظة تشمل اعادة انتخاب الشيوخ مرة اخرى.

---

قاعدة ضريبة: Bassis of taxation

المادة المحددة كما ونوعاً والتي بأستحداثها تُحصل الضرائب والرسوم وتشمل هذه المادة عدة عناصر اهمها الاشخاص وتطبق عليهم ضريبة الرؤوس (الجزية) في الشريعة الاسلامية والمداخيل المختلفة ضريبة الدخل والارباح الضريبة على الشركات، «الرأسمال» ويؤدي وجوده الى دفع رسوم التركة على السلع الاستهلاكية وتطبق عليها الرسوم على مجموع المبيعات.

ان استحداث مصطلح وعاء الضريبة او قاعدة الضريبة يجب ان يثبت بشكل قانون أي بعد معاينة قانونية تقرر بانها قابلة لتسليط الضرائب والرسوم عليها.

---

قاعدة شعبية: Popular base

الاساس في أي تشكيل سياسي شعبي يقوم على نظام المستويات الهرمي وقد برز هذا المصطلح مع قيام الاتحاد الاشتراكي في مصر في الخمسنيات اذ يبدأ التنظيم بقاعدة

---

شعبية تتمثل في اعضاء البرلمان او اعضاء الحزب ويقصد بها قواعد الاحزاب وقواعد النواب.

قانون: Law

الاصطلاح اللغوي مقياس كل شيئ واصطلاحاً مجموعة من القواعد اوالاحكام العامة الثابتة يتبعها الناس في علاقاتهم الاجتماعية تصدرها وتنفذها الدولة صاحبة الاختصاص والممثلة بالسلطة التشريعية والقانون الضابط الاكبر للحياة الاجتماعية وضامن تعايش الحريات مهمته تأمين النظام والسلام وتحقيق المزيد من العدالة والمساهمة في ترقية المجتمع او الانسان انه موضوع العدالة وهي فضيلة قوامها اعطاء كل فرد ما يستحقه ويعكس القانون قواعد الاخلاق السائدة في المجتمع وهو يتداخل مع الاعراف والتقاليد والمذاهب الشائعة وفي بعض المجتمعات يرتبط بالدين بشكل عام والاسلام ينوب الشرع مناب القانون في العديد من المجالات فهو الذي يحدد للمسلمين ما يفرض عليهم ما لا يحل لهم اتيانه وقد ولد القانون الى مرحلة ما قبل ظهور الكتابة واقدم التشريعات القانونية قانون او تشريع حمورابي الذي ظهر قبل اربعة الآف سنة.

ان القانون هو مجموعة القواعد التي تضبط علاقات اعضاءالمجتمع الواحد هو في تطور مستمر انه في الواقع يعكس علاقات القوى في المجتمع خلال مرحلة معينة وتدخل في عداد القوى الصانعة للقانون المصالح الفردية والمبادئ الدينية والاخلاقية والايديولوجية والمأثور والعادات والتأثيرات الخارجية بل العواطف في بعض الاحيان الكراهية والحقد، الحسد، الخوف، الرغبة في الثأر، الاخوة. والقانون متطور ومتبدل عبر العصور التاريخية والقانون له مراتب واصناف منها القوانين الاهلية التي تتميز عن الدولة التي يتضمنها عادة القانون الدولي او القانون الدبلوماسي والقانون الدولي الخاص وتقسم القوانين الاهلية الى عام وخاص واهم فرع القانون العام القانون الدستوري وهو الذي يحد شكل ونظام الحكم، القانون الاداري وهو الذي يفصل الاحكام التي تسترشد

بها الاجهزة الحكومية في اداء واجبها، القانون الجنائي وقانون تحقيق الجنايات وتشمل القوانين الخاصة كالقانون المدني وهو الذي يقرر حقوق والتزامات الافراد من حيث العلاقات المادية كالملكية وقانون الاحوال الشخصية والقانون التجاري الذي يختص بالمعاملات بين المشتغلين بالتجارة.

---

قانون الاجراءات الجنائية: Law of criminal procedure

مجموعة القواعد القانونية التي تحدد الاجراءات عند وقوع الجريمة بقصد ضبطها وتحقيقها والحكم على فاعلها وتنفيذ العقوبة فيه والتي تحدد كذلك السلطات المختصة بإتخاذ هذه الاجراءات ولكي يؤدي قانون الاجراءات الجنائية مهمته على الوجه الامثل يجب ان تكفل قواعده للدولة حقها في القصاص من المجرم بغير اخلال بالضمانات الجوهرية التي تصون حرية المتهم وكرامته والتي تمكن البرئ من اثبات براءته وفي الدول التقدمية تنص قوانين الاجراءات الجنائية على ان اخلال السلطات بهذه الضمانات يترتب عليه بطلان الاجراءات التي تكون قد اتخذت بحق المتهم كإجراءات التفتيش والقبض والتحقيق ويتعين عندئذ الحكم ببراءته اذا كانت السلطات قد حصلت الادلة التي تدينه باستخدام اجراءات لم تحترم في استخدامها هذه الضمانات ومن اهم هذه الضمانات ضرورة الحصول على اذن من القضاء او من النيابة العامة قبل القاء القبض على المتهم او قبل تفتيشه في حالة التلبس بالجريمة وضرورة احترام حق المتهم في الدفاع وضرورة الحصول على الادلة التي تدينه بوسائل مشروعة.

---

قانون اجراءات المدنية والتجارية: Civil and commercial procedures

ويطلق عليه قانون القضاء الخاص او قانون القضاء المدني او قانون المرافعات وهو مجموعة القواعد القانونية التي تنظم القضاء المدني والتجاري وتبين وظيفته ووسيلة ادائه لهذه الوظيفة وتشمل قواعدة ثلاثة مواضيع وهي النظام القضائي والاختصاص القضائي واجراءات التقاضي.

---

قانون اداري: Adminstrative law

فرع من القانون يشمل مجموعة القواعد المتعلقة بالادارة العامة من حيث تكوينها واجهزتها المختلفة وانشاء هذه الاجهزة من حيث نشاطها وما تمارسه من اعمال ومن حيث مميزاتها وسلطاتها في ممارستها لنشاطها واعمالها الادارية ومن حيث حقوق الدولة فهو يشمل القواعد التي تحكم نشاط الدولة في قيامها بوظيفتها الادارية.

قانون تجاري: Commericail law

مجموعة القواعد القانونية التي تحكم وتنظم النشاط التجاري في المجتمع وتسري هذه القواعد على التجار وعلى الاعمال التجارية والاموال والشركات التجارية وقد نشأ هذا النوع من العادات والتقاليد التي جى التجار على اتباعها لانها تواجه احتياجاتهم وتراعي ظروفهم.

قانون دستوري: Constitutional law

مجموعة القواعد القانونية الاساسية التي تحدد شكل الدولة سواء أكانت دولة موحدة او اتحادية، ونوع الحكومة سواء أكانت ملكية او جمهورية او دكتاتورية او ديمقراطية او ديمقراطية برلمانية ام غير برلمانية، وكيفية سلطات الدولة العامة في الدولة من حيث تكوينها واختصاصاتها وعلاقاتها ببعضها البعض والحقوق الاساسية للافراد وتنظيم علاقاتهم بالدولة وبسلطاتها

ومصطلح القانون الدستوري مرادف لمصطلح الدستور الذي يعتبر القانون الاساسي في الدولة لانه ينظم المسائل السالفة الذكر وقواعد الدستور تأتي في قمة النظام القانوني في الدولة وهي تسمو على كل القوانين والاجراءات والتعليمات التي تصدرها السلطات العامة بما فيها البرلمان لأن الدستور هو الذي ينشؤها ولذلك يتعين ان تلتزم السلطة التشريعية فيما تصدره من قوانين بمبادئ الدستور والا كانت متجاوزة لسلطاتها

وكانت تلك القوانين نفسها باطلة لمخالفتها الدستور وهذا ما يعرف بمبدأ دستورية القوانين.

## قانون دولي: Internatational Law

وهي مجموعة القواعد التي يضعها المجتمع الدولي المتمثل بالامم المتحدة وذراعها مجلس الامن لتطبيق بنود القانون الدولي او من خلال محكمة العدل العليا الدولية وان تطبيق القانون الدولي مايزال يخضع في معظم الحالات لقوة الذئاب الخمس في مجلس الامن بعيداً عن معايير العدالة الدولية والتوازن الدولي.

## قانون دولي خاص: Internatational Private Law

مجموعة القواعد القانونية التي يضعها المشرع في كل بلد والتي تبين القانون الواجب تطبيقه على العلاقات الخاصة التي يكون عنصر او اكثر من عناصرها اجنبياً والتي تبين كذلك مدى اختصاص القضاء الوطني بالفصل فيها والقانون الدولي الخاص يناقش تنازع القوانين وتنازع الاختصاص القضائي ومركز الاجانب اي ما يتمتعون به من حقوق وما يرض عليهم من واجبات في الدولة وكذلك القواعد التي تحدد وتنظم جنسية البلد.

## القانون الدولي العام: Internatational Public Law

عرف هذا القانون قديماً بحقوق البشر ـ وهو يمثل مجموعة النظم والقواعد الحقوقية المتعلقة بالعلاقات الخاصة ذات الطابع الدولي اي العقود بين الاشخاص ذوي جنسيات متعددة وهو يشمل مجموعة القواعد التي تتشرف وتسهر وتنظم وجود ونمو وتطور الجماعة الدولية فهو يحدد حقوق وواجبات الدول والافراد ويحدد آلية وصلاحية كل منهم وهو نتيجة جهد جماعي لم تصغه دولة واحدة وانما مجموعة كبيرة من الدول وبذلك يمكننا القول ان القانون الدولي العام هو ذلك الجزء من القانون الذي يجمع القواعد

والنظم التي بموجبها ومن خلال تطبيقها تمنع اية دولة من التصرف من جانب واحد ن دون الأخذ بعين الاعتبار مصالح بقية الدول.

## قانون طبيعي: Natural Law

جملة من المعايير المشتقة من طبيعة الانسان وغايته من الحياة او العالم وهو يتألف من مجموعة المبادئ الناظمة لشروط اي مجتمع من المجتمعات لانها تتناسب مع الطبيعة الواحدة المتماثلة في كل انسان.

## قانون العقوبات: Penal Law

مجموعة القوانين التي تحدد الافعال التي تعتبر جرائم وتبين العقوبات التي يقررها المشرع لكل منها وينقسم قانون العقوبات الى قسمين قسم عام يضع المبادئ العامة التي تطبق على كل الجرائم وعلى كل العقوبات وقسم خاص يضع القواعد الخاصة لكل جريمة من الجرائم على حدة « القتل او السرقة او الاحتيال» بما يحدد اركانها ويبين والعقوبة المقررة لها.

## قانون كنسي: Canon Law

مجموعة القوانين الصادرة عن السلطة الكنسية العليا وهذه القوانين تضبط الحياة الاجتماعية داخل الكنيسة فهي تحدد مهمة المؤسسة الكنسية وتعين اجهزة حكمها «البابوية الاسقفية الرعية الخورانية» والوضع القانوني لوكلاء هذه الاجهزة وهي ترعى الشؤون الدينية لاتباع الكنيسة الكاثوليكية وتضبط كل نشاط لرعاياها يتصل بالايمان او بوحدة الكنيسة وكل مسّ بها يعتبر جنحة قد يستحق مقترفها ان ينزل به الجرم الكنسي.

## قانون مدني: Civil Law

مجموعة القواعد القانونية التي تنظم العلاقات التي تنشأ بين الافراد في المجتمع

وينطبق القانون المدني على كافة هذه العلاقات سواء تعلقت بحالة الخص واسرته وبالعلاقات العائلية وهو ما يطلق عليه بالاحوال الشخصية ام تعلقت بالاموال وبالروابط المالية وهو ما يطلق عليه الاحوال العينية، وبالمناسبة فإن القانون المدني يعتبر هو القانون العمومي الذي يجب تطبيقه على العلاقات القانونية التي تنشأ بين الافراد ما لم توجد نصوص خاصة في قوانين اخرى تحكم تلك.

---

قانون مرسوم او مرسوم قانون: Decree law

يطلق على القرارات التشريعية والتنظيمية الصادرة عن الحكومة استثنائياً بعد تفويض من السلطة التشريعية ففي ظروف وحالات تمر بها البلاد يرى المشرع ان تفوض الحكومة بإتخاذ التدابير التشريعية هو اكثر فاعلية فتصدر عن الثانية تدابير تعارف على تسميتها مراسيم بقوانين.

---

قدح: Defamation, Slandering

كل عملية ادعاء او اسناد لفعل من شأنها ان تسئ الى مكانة او شرف الهيئة او الشخص الذي يسند اليه هذا الفعل، والقدح غير الاهانة التي يعرفها القانون على وجه العموم بانها تعبير مهين او كلمة ازدراء اوشتيمة لا تنطوي على اسناد لفعل ولا يعتبر القدح جنحة الا اذا كان علنياً اي اخذ شكل نص مكتوب او رسم ساخر او خطاب ملقى علناً ولا يعتبر قدحاً الجدل الذي يدور في المجالس النيابية والمحاضر التي تنقله ولا المرافعات القضائية والتقارير التي تسجلها لكن القانون يحمي من القدح الاشخاص العاملين والافراد العاديين على حد سواء وقد يكون الاشخاص العامون جماعيين «محاكم، جيش، مؤسسات دستورية، ادارات» وقد يكونون فرديين رئيس الجمهورية وزراء دبلوماسيين وكذلك الامر بالنسبة للاشخاص غير العاملين فقط يكون المواطنين او الاشخاص المعنويين.

---

قرار قدح: Descision

مظهر من مظاهر القوة والسلطة باتلنظرر لكونه يقطع الخيط الرفيع الذي يربطه بالارتباك والحيرة والقرار يدرس من الناحية النفسية والفلسفية كلحظة من لحظات الارادة فهو يلغي التردد ويسبق عملية التنفيذ مع كل ما ينجم عن ذلك من نتائج وان عملية اتخاذ القرار يعني ان تظهر سلطة وليس ان تؤكد على حقيقة ولا سيما وان الحجج العقلانية قد لا تجدي في موقف من المواقف، ويستمد القرار قوته من الارادة التي توجهه ويتأتى من الظروف التي تولده ولذلك في هذه الحالة لا يوجد قرار موضوعي بل قرار آني فالقرار السياسي الذي يتخذه صانع القرار السياسي يستهدف الجماعة او الفرد وكل قرار سياسي يستند الى الجماعة قبل اي شيء آخر ولهذا فإنه يتطلب ادراكاً وفهماً وفطنة وذكاء وتوازناً لان عدم اتخاذ القرار في ظروف مناسبة يوازي في خطورته اتخاذه في ظروف غير مناسبة ويحقق القرار لصاحبه امتيازاً كبيراً لو اتخذ في اللحظة الحاسمة لأنه يضع الخصم في وضع حرج ويتدخل في القرار عدة عوامل اهمها: الارتباط بالهدف السياسي، وبحدس النتائج، والقرار السياسي له علاقة بالكفاءة وكذلك المسؤولية السياسية.

---

قرار تحكيم: Arbitral Award

القرار الصادر عن المحكمة او هيئة التحكيم او محكمة التحكيم الدولية المتضمن حلاً للنزاع القائم بين دولتين او اكثر والمعروض على اتحكيم بوافقتهما.

---

قضاء دستوري: Jurisdiction-constituutlel on nnelle

يدل هذا المصطلح على مجموعة السلطات القضائية المكلفة بمهمة العدالة الدستورية وهي المحاكم التي تتولى هذه المهمة وعلى رأسها المحكمة العليا الدستورية في امريكا وكذلك المحاكم والمجالس الدستورية في النظام الاوروبي هي جميعاً قضاء دستوري

وينتمي القضاء الدستوري الى اسرة القضاء الذي يمثل سمات رئيسية غير انه يتميز داخل هذه العائلـة عـن النماذج الاخرى من السلطات القضائية «عدلية او ادراية» بعدد معين من الخاصيات تتعلق بصورة خاصـة بنظامه ووضعه تجاه السلطة العامة.

قيود دستورية:  Constitutional-LImmitation

اخضاع الدولة لقيود معينة لا يمكنها بموجب احكام الدستور ان تتجاوزها.

117

# حرف الكاف

كابيتول: Capitol

اسم كان يطلق على معبد للإله جوبتر اقيم على احد التلال السبعة التي تحيط بمدينة روما وفي هذا المعبد كان الرومان يحتفظون بالوثائق الرسمية كما كان يستقبل في الكابيتول القادة الرومانيون بعد عودتهم منتصرون والكبيتول في الاصطلاح المعاصر يقصد به مقر الكونجرس الامريكي في واشنطن وقد شيد عام 1793 وتمت هذه الانشاءات عام 1800 وبعد ثلاثة اعوام احرقه البريطانيون فإعيد بناؤه واضيفت اليه اجنحة جديدة فبلغت مائه واربعة افدنة وطوله 250 متر وارتفاعه من قاعدته 95 م ويبلغ امتداد قاعة مجلس الشيوخ 38 متراً وعرضها 27 مترا وقاعة مجلس النواب 47 متراً طولاً و21 عرضا والجدران الداخلية مكسوة بالرخام ويطلق على كابيتول مقار المجالس التشريعية.

---

كتل برلمانية: Parliament Dlocs

وهي مجموع النواب الذين تكتلوا في كتل اطلق عليها كتل برلمانية بسبب عدم وجود احزاب سياسية تمثلهم في البرلمان لتحقيق مصالح شخصية فقط.

---

كرملين: Kremlin

نوع من القلاع في عدة مدن روسية كان يستخدم للادارة ومركزاً دينياً وكان في الوقت نفسه حصناً لصد الغارات الحربية في العصور الوسطى ومن اشهر هذه القلاع « كرملين، استرخان، قازان، موسكو.

---

كلمة سر: Password

مصطلح يستخدم بين العسكريين يقصد به كلمة او جملة متفق عليها يشترط الافضاء بها الى الحراس حتى يسمح للاشخاص بالمرور في المناطق المحرمة وتكون بذلك دليل على صدق النية.

وكلمة سر من التقارير التي تستخدم في التنظيمات السرية فلا يسمح بالدخول الى امكنة الاجتماع بدونها كما تستخدم في التنظيمات التي تهدف الى انقلابات عسكرية فتستخدم كلمة سر معينة بين المتآمريطلق عليها ساعة صفر اي الموعد المحدد لتنفيذ الانقلاب فالاحاطة بهذه الكلمة يعتبر دليلاً على صدق الاشخاص المشتركين في الانقلاب.

كفالة: Cautionnement

ايداع الكفالة المفروضة على المرشحين ولوائح المرشحين الانتخاب لضمان جدية مسعاهم ومن الاساسي الا يكون لمقدارها مفعول تثبيط عزيمة المرشحين ذلك بأن هذا يضر بحرية الانتخاب.

كنيست: Knesset

الهيئة التشريعية او البرلمان الاسرائيلي ويتكون من 120 عضواً ويحتل الكنيست اهمية دستورية شكلية كبرى نظراً لعدم وجود دستور مكتوب في اسرائيل، وقد صدر عام 1958 نص على انتخاب الاعضاء بالتمثيل النسبي من قبل الشعب الاسرائيليين.

كتلة سياسية: Blocs Policy

سياسة تقوم على اتباع عدد من الدول لخط مشترك في مجال السياسة والدفاع والاقتصاد والتجارة ويكون في اغلب الاحيان موجها ضد مجموعة اخرى من الدول

تضطرها هي الاخرى لإنتهاج خط مشترك لمجابهة المجموعة الاولى في المجالات نفسها وسياسة التكتل تكاد تكون من ابرز سمات الحياة السياسية والعسكرية في القرن الماضي في العلاقات الدولي.

---

كسب غير مشروع: Gravy

كل مال حصل عليه شخص يشغل وظيفة عامة ً او مكلفا بخدمة عامة او له صفة نيابية بسبب اعمال او نفوذ او ظروف وظيفته او مركزه او بسبب استغلال شيء من ذلك، ويعتبركسبا غير مشروع كل زيادة يعجز مقدم اقرار الثروة عن اثبات مصدرها وكذلك يعتبر كسباً غير مشروع كل مال حصل عليه شخص طبيعي او اعتباري عن طريق تواطئه مع اي شخص آخر على على استغلال وظيفته او مركزه.

---

كوتا: Quota

تعبير يدل على حصة «اقتصادية او سياسية او انتخابية» والكوتا هي مجموع الحصص.

---

كورتيز: Cortez

اسم يطلق على البرلمان الاسباني اي المجلس النيابي ويعتبر السلطة التشريعية العليا التي تقترح وتصدر القوانين اما التشريعات الاساسية والتي تشمل قانون وراثة العرش وقواعد النظام البرلماني وغيرها من التشريعات العامة ويرجع فيها بعد موافقة الكورتيز الى الاستفتاء الشعبي.

---

كوريير: Courier

كلمة فرنسية بمعنى رسول او مبعوث اطلق على احد الاقمار الامريكية السرية وعرف بأسم« كوريير ي ب» لتحقيق اهداف عسكرية اطلق في 4 تشرين اول 1961.

---

كونجرس: Congress

كلمة انجليزية بمعنى مؤتمر وتطلق كذلك على اي اجتماع ذي صفة دولة هامة كما يطلق الاسم على الهيئات التمثيلية والنيابية وبصفة خاصة على المجلس التشريعي في الولايات المتحدة وكذلك على المجالس التشريعية الامريكية الاخرى التي تتألف من مجلسين النواب والشيوخ.

ويتألف الكونجرس الامريكي من مجلسين الشيوخ او السينات وهو يمثل الولايات الخمسين على قدم المساواة باعتبار شيخين عن كل ولاية والنواب ويتألف من 435 عضواً على اساس دوائر انتخابية يتراوح عدد المواطنين من 25 الف و 45 ثلثاهم من الناخبين.

---

كونفدرالية: Confedration

الاتحاد التعاهدي او الاستقلالي حيث تبرم اتفاقيات بين عدة دول تهدف لتنظيم بعض الاهداف المشتركة بينها كالدفاع وتنسيق الشؤون الاقتصادية والثقافية واقامة هيئة مشتركة تتولى تنسيق هذه الاهداف كما تحتفظ كل دولة من الدول بشخصيتها القانونية وسيادتها الخارجية والداخلية ولكل منها رئيسها الخاص بها.

---

## حرف اللام

لائحة انتخابية: Liste Electorale

قائمة بأسماء الاشخاص اصحاب الحق في الانتخاب توضع في مكان عام سواء مركز محافظة او مركز بلدية حسب الترتيب الابجدي، وهي عنصر اساسي من اهم عناصر او مراحل العملية الانتخابية حيث انها تتيح مراقبة صفة الناخب ولذلك على الناخبين الاطلاع عليها والاعتراض او وجد هناك وجود اسماء غير صحيحة او غير دقيقة.

---

لائحة داخلية « النظام الداخلي»: Internal regulations, Rules of procedure

في الاصطلاح الدستوري اللائحة الداخلية البرلمانية هي قانون الاجراءات بالنسبة للمجلس التشريعي، بمعنى انها مجموعة الاحكام مكملة لنصوص الدستور فيما يتعلق بنظام العمل في المجلس التشريعي اذ انها تبين كيفية قيام المجلس بوظيفته وهو تفصيل لا مكان له في صلب الدستور لهذا يتضمن الدستور المكتوب عادة نص يفيد هذا المعنى. وتتضمن الاعمال التي تدخل في نطاق اللائحة الداخلية للمجلس التشريعي ما يلي:

1- تشكيل مكتب المجلس او المكتب الدائم اي الرئيس ونوابه
2- طريقة عرض المشروعات والقوانين
3- تشكيل الجان الدائمة للمجلس

---

لا دستوري: Liste Electorale

كل قانون يصدر عن السلطة التشريعية يتناقض نصاً او روحاً مع مجموع القواعد والاصول المثلى التي تعبر عن ضمير الامة والتي صيغت في قوانين تنظيم شؤون الجماعة

---

وتحدد حقوقهم وواجباتهم وتشكل ما تعارف على تسميته بالدستور.

## لا مركزية: Decentarlusation

عرف هذا المصطلح من منظورين الاول سياسي والثاني اداري فالاول يعني نوعاً من انواع التنظيم الدستوري وتنظيم الحكم في الدولة اما الثانية فهي مجرد اسلوب يتصل بتيسير الوظيفة الادارية في الدولة.

وتتحقق اللامركزية السياسية في الدولة الاتحادية اي في الاتحاد الفدرالي او المركزي فهذه الدولة تتكون من دويلات او ولايات تفقد كل منها شخصيتها الدولية لمصلحة الدولة الاتحادية التي تكون لها وحدها الخصية الدولية وكل دولة او ولاية تحتفظ بقدر كبير تاو ضئيل من السلطات التشريعية والتنفيذية والقضائية على اقليمها.

او اللامركزية الادارية تعني اسلوب من اساليب الادارة اي تفويض صلاحيات المركز الى الاطراف.

## لاهوت التحرر او التحرير: The ology of liberation

اسم يطلق على تصور جديد لدور الكنيسة الكاثوليكية ولدور الدين في المجتمع، فصّله وروج له عدد من الكهنة الشباب في امريكا اللاتينية.

## لجنة استشارية: Advisory Commission

لجان دائمة او خاصة يشكلها الجهاز التنفيذي او التشريعي او كلاهما معاً في حكومة ما وذلك بقصد دراسة مشكلة حكومية وتقديم توصياتها بشأنها, واللجنةالاستشارية التي تتولى الرأي والمشورة عندما يطلب اليها ذلك على ان يقتصر رأيها في الموضوع المطروح علماً بأن رأيها غير ملزم.

لجان برلمانية: Parlaimanlsm Committee

لجان داخلية متخصصة تشكلها المجالس النيابية من بين اعضائها وتقوم بدراسة القوانين دراسة مستفيضة تمهيداً لعرضها على المجلس لأخذ قرار بشأنها وهي المطبخ التشريعي للبرلمان وتشكل البرلمانات لجان دائمة ومؤقتة وتختلف اللجان النيابية في كل دولة عن الاخرى بإختلاف الظروف التي تمر بها كل دولة كظروف الحروب والازمات الاقتصادية وابرز اللجان النيابية المالية والاقتصادية والقانونية والحريات العامة والتربية والثقافة والشؤون الخارجية.

لجان تشريعية: Comission Liegislatives

جمعت تحت هذا العنوان فئتان من اللجان وهما اللجان الخاصة واللجان الدائمة وابرز اللجان الخاصة لجان التحقيق والرقابة واللجان الدائمة هي لجنة الشؤون الخارجية والامن والدفاع والمالية والاقتصادية والحريات العامة والزراعة والثقافة والتربية والصحة والمياه.

واللجان التشريعية تنتخب انتخاباً سرياً وهي بمثابة المطبخ لطهي القانون والتشريعات

لجنة تخطيط الدولة: State Planning Commission

مصطلح يطلق على السلطة المركزية للادارة والتخطيط الاقتصادي في الدول الشمولية وهي تختلف من بلد لآخر.

لغط نيابي: Incidents

وهي الكلام القاسي والجارح الذي يلجأ اليه بعض البرلمانيون ومن هنا فإن اللغط النيابي غير محرم من اي وسيلة للتدخل فمن منطلق ان النائب غير مؤاخذ في تصريحاته

124

وخاصة تحت قبة البرلمان وهذا اللقط يعتبر انفعال غير اخلاقي يلجأ اليه بعـض النـواب وهـو غـير مبرر.

## حرف الميم

مبادرة: Inititative

يدل هـذا المصطلح على المبـادرة التشـريعية أي عـلى الحـق في احالـة نـص الى الهيئـة التشـريعية «البرلمان» او الى الاستفتاء العام فإذا ما تم اقراره اصبح قانوناً.

والمبادرة التشريعية قابلةلأن تمارس بشكل منفصل من قبل كل نائب ومن قبل كل عـين وشـيخ بـيد انها غالباً ما تكون جماعية وتصدر بشكل متواتر حتى عن مجموعة كتل سياسية.

---

مبادرة برلمانية: Inititative Parlementair

حق يتمتع به اعضاء البرلمان يخولهم تقديم مشاريع القوانين او تعـديلها الى مكتـب المجلـس وهـو امر متلازم مع تطور النظام البرلماني.

---

مبادرة حكومية: Inititative Governement

حق تتمتع به الحكومة يخولها تقـديم مشاريع القوانين او تعـديلها امـام البرلمان وهـو اجراء منوط بالنظام البـرلماني تعبيراً عن التعـاون والتوازن ما بين السلطات وفي الوقت الراهن فان مـا بين 90-95 بالمئة من مشاريع القوانين المصوت عليها ذات منشأ حكومي.

مبادرة الدفاع الاستراتيجي حرب النجوم: «Staategic Defence Initativestar war»

مشروع اطلقه الرئيس الامريكي الاسبق رونالد ريغان 1983 يرمي من خلاله الى جعل الاسلحة النوويـة عاجزة  وبالية وقد اطلقت عليه وسائل الاعلام الامريكية حرب النجوم لانه اقرب الى الخيال من الحقيقة.

---

مبادرة شعبية: Inititative Populeir

اسلوب ديمقراطي شبه مباشر يتيح للمواطنين الطلب لتبني قانون ما او تعديل الدستور اواجراء اواستفتاء حول قضية محددة وهي اسلوب الديمقراطية شبه المباشرة وهو الذي يعطي سلطة التدخل مباشرة في سن القوانين, يمكن ان يتعارض مع قانون اعده المشرع العادي واما ان يكون المحرض المباشر على التشريع. حيث يجري الكلام في الحالة الاولى عن حق نقض شعبي وفي فرضية كهذه يجب ان تجمع العريضة عدداً معيناً من التواقيع يحدده القانون او الدستور فينظم بعد ذلك استفتاء لمنع سريان قانون صوت عليه المجلس النيابي «سويسرا، ايطاليا».

وفي الحالة الثانية يجري الكلام عن مبادرة تشريعية شعبية فيحرر عدد معين من الناخبين مشروع قانون ويطلب اجراء استفتاء عام على هذا النص فإذا جرى اقراره يخضع في الغالب لموافقة المجلس النيابي للبلد وبالمقابل فإن هناك خلاف او تعديل للنص يتم تنظيم استفتاء آخر وهذه الحالة في كل من سويسرا، ايطاليا والولايات المتحدة.

## وتقسم المبادرات الى قسمين

● **مباشرة** وهي المبادرة التي يتم من خلالها يتم تجميع اقتراح عدد من التواقيع المنصوص عليه في الدستور او القانون ويخضع لقرار الناخبين مثل الاقتراح الكاليفوري المعروف بأسم اقتراح «JARVIS» حول تخفيض الضرائب عام 1978.

● **والمبادرة غير المباشرة** وهي المبادرة التي تنطلق عندما تطلب العرائض التي تحمل عدد التواقيع اللازمة الى الهيئة التشريعية اقرار اقتراح قانون حيث يعرض النص على الناخبين عندما لا تنجح الهيئة التشريعية في اقراره في مهلة يحددها الدستور وقانون الاقليم والولاية.

ان نتائج المبادرة الشعبية كما في العزل الشعبي ليست في مستوى الآمال.

مبعوثان: Envoys

اسم كان يطلق على الهيئة التشريعية إبان حكم الدولة العثمانية، الحكم على أساس دستور 1877 الذي وضعه مدحت باشا بعد أن عدله السلطان عبدالحميد وشهد تأليفه أول انتخابات تشريعية في تركيا وتولى رئاسته وفيق باشا، ثم حله السلطان 1878.

مجلس الرئاسة: Presidential Counci l

نظام دستوري يمثل سلطة عليا في الدولة يتألف من رئيس الجمهورية ومن مجلس رئاسه ويرأس المجلس رئيس الجمهورية وهو الذي يقرر السياسة العامة للدولة في جميع الميادين السياسية والاجتماعية والاقتصادية والإدارية ويراقب تنفيذها وهو أعلى سلطة في الدولة على الإطلاق.

مجلس وصايا: Council and the commandments

مجلس يؤلف في الدولة الحاكمة في حالة وفاة الملك الشرعي وعدم وجود من يخلفه في حالة عدم بلوغ ولي العهد سن الرشد، ويتألف المجلس من عدد من الأعضاء بينهم.

في العادة بعض أمراء البيت المالك كما يكون رئيس هذا المجلس من الأسرة الحاكمة.

مجتمع مدني: SocietyCivil

انطلقت هذه الكلمة مع ارسطو وراجت عند المنظرين السياسين الغربيين حتى القرن الثامن عشر بمعنى مجتمع المواطنين الذين لا تربطهم علاقة استزلام بعائلات او عشائر سياسية، ثم فصّل هيجل المجتمع المدني عن مفهوم الدولة وتبعه في هذه الخطوة الماركسيون الذين رأوا في المجتمع المدني طرفا مختلف عن الدولة ومناقضاً لها في توجهاته السياسية.

واليوم المجتمع المدني يعني طوباوياً جميع القوى الشعبية والبرجوازية التي لا تجد في

الدولة الراهنة الحريات وتنفتح الطاقات التي تصبو اليها، فالمجتمع المدني مناهض ومعارض للدولة التي يتهمها بالهرم والتحجر وخاصة في الغرب.

مجلس امة: Concil Natin

اسم يطلق على المجلس التشريعي في بعض الدول وهو يتألف من مجلسين احدهما يدعى النواب والآخر الاعيان او الشيوخ.

مجلس الاعيان: Privy Council

مصطلح بعني المجلس الخاص، وهي مؤسسة قديمة عرفها النظام الملكي البريطاني وهذه المؤسسة كانت في الاصل مجلس تنفيذي يمارس بعض السلطات وتتكون في الوقت الحاضر من 500 شخصية عامة ويدخل في تشكيلها اعضاء مجلس الوزراء البريطاني وقادة الاحزاب الذين لأحزابهم نواباً يكفي عددهم لتكوين وحدة برلمانية يخصص لها وقت للكلام داخل البرلمان.

ويطلق على مجلس الاعيان بأنه مجلس الملك الخاص واعضاء مجلس الاعيان يتم تعيينهم في بعض الدول وينتخبوا في دول اخرى وهم اكبر سناً واكثر حنكة.

مجلس وزاري: Conceil Intererministeriel

وهو المجلس المحصور في اجتماع برئاسة رئيس الجمهورية للوزراء وكبار الموظفين، وبعض هذه المجالس لها طابع دائم كمجلس الدفاع مثلاً وبعضها الآخر يمكن ان يدعو اليها رئيس الدولة حول موضوع خاص مثلاً في حالة ازمة داخلية.

مجلس تنفيذي: Executive Board

مجلس يمثل الهيئة الادارية العليا يتألف من الوزراء وله رئيس يعرف برئيس المجلس التنفيذي وقد يكون على مستوى المحافظين والحكام الاداريين.

مجلس خاص: Privte Concil

هيئة استشارية للتاج البريطاني ويرجع وجوده الى القرون الوسطى ومن خلال هـذا المجلـس ينبثـق نظام مجلس الوزراء الذي يعتـبر اليـوم قطاعـاً مـن المجلـس المخصـص اذ ان جميـع اعضـاءه مـن الـوزراء السابقين كما يضم الشخصيات السياسية والعسكرية والامنية والعشائرية والدينية البارزة وتعتـبر عضـوية هذا المجلس من قبيل المناصب الشرفية وتلحق اسمائهم بالحرفين «K. C».

---

مجلس دولة: State Concil

وهو الاسم الذي اطلق في الصين في نهاية سبعينيات القرن الماضي على مجلس الوزراء ونوابه العشرة وثمانية عشر وزيراً ونوابهم الذي يبلـغ (110) نـواب وفي بعـض الـدول يعتـبر مجلـس الدولـة اعـلى هيئـة تنفيذية في البرلمان.

---

مجلس سيادة: Council of the rule

مجلس يتألف من عدد من الاعضاء يمثل مجتمع الرئيس الاعلى للدولـة وتكـون لـه السـيادة العليـا خلال فترة انتقالية هي في العادة لتحويل نظام سـياسي مـن الحمايـة الى الاسـتقلال او يـأتي نتيجـة انقـلاب عسكري الغى نظام الحكم القائم.

---

مجلس شعب: Hause of the people

وهو المجلس التشريعي في الدولة وهو يمثل الشعب في بوتقة واحدة ويضم النـواب المنتخبـين مـن قبل الشعب ومهمته مراقبة اداء الحكومة والتصديق على قرارتها.

---

مجلس شيوخ: House of sentases

وهو المجلس الاعلى في النظام البرلماني واعضاءه اقل عـدداً مـن مجلـس النـواب ويتكـون شـكلاً مـن اعضاء معينين ومنتخبين وهم اكبر سناً وحنكة.

---

مجلس قيادة ثورة: Revolution Command Council

المجلس الذي يقوم او قام بالثورة ووصل الى الحكـم بالطريقـة الانقلابيـة وهـو المجلـس العسكري للحكم.

مجلس نواب: House of pepresentatives

هم الاعضاء الذين يتم انتخابهم مباشراً من الشعب فهم ممثلوه.

محافظة او محافظية: Conservatisme

حركـة ثقافية وسياسية للعصر الحديث الـذي ولـدت فيـه وبـه ومـن ثـم اصبحت ضـده فالعقيـدة المحافظية تكون قد نشأت من اجل الدفاع عن النظام السياسي والاجتماعي التقليـدي الاوروبي فالمحافظـة الصامتة هي التقليدية، وقد ولدت المحافظية كرد فعل على الثورة الفرنسية أي انهـا مضـادة للثورة ففكـر المحافظين يناقض عصر التنوير وحقوق الانسان وخاصة المشروع السياسي الحديث.

محكمة عليا دستورية: Supreme Court constitutional

محكمة مهمتهـا الرقابـة عـلى دسـتورية القـوانين التـي تسـنها السـلطة التشريـعية وكـذلك شرعيـة القرارات التي تصدرها السلطة التنفيذية.

محكمة العدل الدولية: International Court of Jastic

الجهاز القضائي للامـم المتحـدة وتتـألف مـن خمسـة عشرة قاضيـاً يتـولى انتخـابهم مجلـس الامـن والجمعية العامة كل على حدة وهي تتولى الفصل في المنازعات القضائية بين الدول التي تعرض عليها.

مخالفة دستورية: Violation of the constitution

اجراء قامت به السلطة التشريعية في صورة قوانين اصدرتها او السلطة التنفيذية في صورة لـوائح واوامر ادارية قراراتها منافية لنص من نصوص الدستور ويعتبر الفقهاء هذه المخالفة سـابقة دستورية لهـا اثارها القريبة والبعيدة في نظام الحكم.

ويقوم عنصر المخالفة على اساس مبدأ الدستور وعلوه بأعتباره القانون الاساسي الـذي يرسـم طريـق الدولة وتقوم عليه السلطة في جميع علاقاتها مع الافراد كما يبين شروط ممارستها لهذه السـلطة ومـن ثـم كل انحراف عن هذا الطريق يعتبر انتهاكاً للاساس الذي تقوم عليه الدولة، وبالتـالي يصـبح مـن الضـروري ايجـاد ضـمانات لتأكيـد السـيادة الماديـة والشـكلية للقـانون الدسـتوري منعـاً للوقـوع في مخالفـات دستوريةوتأخذ المخالفة الدستورية صورتين شكلية ومادية أي الاولى من حيث الشكل والاجراءات المقررة لاصدار التشريع والثانية مطابقة الدستور في مادته وموضوعه للقانون الذي تصدره السلطة التشريعية او التنفيذية وتتم هذه الرقابة على دستورية القوانين اما بـالنص عـلى قيـام هيئـة دسـتورية عليـا يكـون لهـا دستورياً الحق في مراجعة التشريع قبل اصداره او الالتجاء اليها للفصل في نزاع دستوري او تتم الرقابة عـن طريق القضاء الذي عليه ان يستبعد تطبيـق القانون الـذي يتضـمن مخالفة دستورية سواء مـن ناحيـة المضمون او الشكل وبذلك تحمي الرقابة مبدأ سيادة الدستور.

مذهب جمهوري: Republican doctrine

مذهب سياسي يهدف الى وضع السلطة في يد الجمهور أي الشعب.

مركزية الديمقراطية: Democratic centralism

مفهوم اشتراكي يحكم البنيان التنظيمي لبعض الاحزاب الشيوعية والاشتراكية ويعني سيطرة القيـادة العليا على زمام الامور من جهة وعلى حق الاعضاء في مناقشة

القرارات وسياسة الحزب من جهة اخرى.

مساواة دستورية: Constitutional equality

المساواة القانونية للافراد في الدولة الديمقراطية أي حصول جميع الافراد على حماية القانون دون تمييز بينهم وهذه الحماية تعني بالتبعية والمساواة في الخضوع للتكاليف التي يفرضها القانون وتعتبر المساواة من ناحية والحرية من ناحية اخرى الركنين الاساسيين اللذين تقوم عليها جميع الحقوق التي يتمتع بها الانسان في مجتمع ديمقراطي.

مسؤولية وزراية: Responsibility and Zraip

مسؤولية الوزارة سواء اكانت جماعية او فردية هي مسؤولية سياسية امام البرلمان وتعتبر المسؤولية الوزارية هي الركن الذي تقوم عليه الحكومة البرلمانية ففي ظل النظام البرلماني غير الرئاسي يباشر الوزراء سلطاتهم التنفيذية بينما هم في الوقت ذاته اعضاء في البرلمان ويمثلون في العادة الاغلبية البرلمانية ولهم رأي في مداولات المجلس النيابي.

يقوم مبدأ المسؤولية الوزارية في الحكومة البرلمانية على اساس ان رئيس الدولة سواء أكان ملكاً او رئيساً للجمهورية يستعمل سلطاته الدستورية عن طريق هيئة الوزارة وتتمثل المسؤولية الوزارية في هيئة مجلس الوزراء مجتمعاً وفي الوزراء المنفردين , ولهذا تنص الدساتير البرلمانية على ان الوزارة او الوزير لا يبقى في الحكم الا اذا كان حائزاً على ثقة البرلمان فإذا فقدها الزم دستورياً بالاستقالة.

مصوتون: Votants

هم ناخبون استعملوا فعليا حقهم في التصويت ويتعلق الامر بالناخبين المسجلين اسمائهم في اللائحة الانتخابية والذين استحصلوا من قاض الدرجة الاولى على قرار يجيز تسجيل او ابطال اسمائهم على حد سواء وتحدد المقارنة بين عدد الناخبين المسجلين وعدد المصوتين عدد المنتفعين ويتيح تقدير مستوى المشاركة.

معارضة: Opposiition

مصطلح يستعمل في القانون الدستوري وفي علم السياسة ويقصد به الاحزاب والجماعت السياسية التي تناضل للاستيلاء على الحكم، وغالباً ما تمارس المعارضة في الاطار الشرعي وضمن المؤسسات الثابتة، ففي التشريعات البريطانية يتيح التشريع الرسمي في الدولة للمعارضة ممارسةنشاطها بملئ حريتها غير ان المعارضة قد ترفض احياناً النظام السياسي القائم فتتمرد على قواعده واصوله مما يضفي عليه طابع التطرف، والمعارضة هي تعادي نهج وسياسات الحكومة سواء أكانت معارضة جزئية او شاملة.

مناقشات البرلمانية: The Public nature of Parilmantry –Proceeding

قاعدة دستورية ديمقراطية ظهرت في انجلترا اولاً واتخذت شكلها المطلق ابان الثورة الفرنسية الكبرى حينما كانت الاحزاب تحضر جلسات المجالس التمثيلية بواسطة مندوبيها من شرفات مخصصة للمستمعين، وتقوم بدور فعال في توجيه اعمال المجلس ومقرراته وترتكز هذه القاعدة على مبدأ اعطاء الشعب صاحب السيادة حق الاطلاع على امناقشات داخل البرلمان من جهة من خلال حضور الجلسات او من خلال نشر محاضرها في الجريدة الرسمية من جهة اخرى.

وقد اصبحت علنية المناقشات البرلمانية اليوم جوهرية في الحياة الديمقراطية الدستورية والبرلمانية بحيث تنص اغلب الانظمة البرلمانية في العالم صراحة على تكريسها.

مؤتمر: Conerence

مصطلح سياسي يعني اجتماع للتشاور او المعالجة لشأن من الشؤون العامة التي لا يتيسر ـ حلها الا بالمفاوضة والاتصال الشخصي، فإذا كان الشأن يعني هيئات ومنظمات داخلية اعتبر المؤتمر وطنياً اما اذا كان يمثل مصالح عدد من الدول اعتبر دولياً.

وهذا المعنى السياسي للمصطلح، ويسمى المؤتمر بإسم المدينة التي يعقد بها او نوع

الاختصاص للاعضاء المشتركين به او الاسم القاري للدول الشتركة او الخط السياسي او الاجتماعي والاقتصادي للمشتركين او الغاية المستهدفة من المؤتمر او الصفة الاقليمية او الوطنية او الصفة العقائدية الدينية او الصفة التشكيلية او الصفة التنظيمية.

---

مؤتمر برلماني: Palralmism conference

اصطلاح دستوري يستخدم في حالة تكوين البرلمان « الهيئة التشريعية من مجلسين النواب والاعيان او النواب والشيوخ ويقصد به عقد مجلس يشترك به اعضاء المجلسين معاً اواعضاء مجالس اقليمية «الاتحاد البرلماني العربي،؟ او مجالس دولية الاتحاد البرلماني الدولي ويكون ذلك في احوال معينة كأفتتاج الدورة البرلمانية الجديدة.

---

مؤتمر دستوري: Conention constitatonnelle

يشكل المؤتمر الدستوري مراجعة سياسية للدستور اوعلى حال أي حال تفسيراً تسامحياً الى حد ما يفرض نفسه بفضل اتفاقات واضعيه السياسيين كمعيار الزامي طالما بقي التوافق وطالما لم تستبدل به مراجعة قانونية صريحة وهذا التعبير مستمد من الدستور البريطاني الذي نشره A.V.Dicey عام 1885 لتحليل الاعراف والممارسات الدستورية الانجليزية في بلد بدون دستور مكتوب والانحرافات بالنسبة الى حرفية الدستور في الانظمة الاخرى والممارسات غير المنصوص عليها او تفسيرات القواعد من قبل صانعي اللعبة السياسية كانت في الغلب معتبرة كشطط وانحراف مدانين على انه مع الوقت وخاصة فرنسا خلال السنوات 1970-1990 فرضت فكرة نفسها في انه دستوراً مالم يكن مجرد قواعد مكتوبة وعلنية وانما هو ايضاً ممارسات توافقة موضوعة او مصادق عليها «فيما بعد يرضي الصانعين الرئيسسين الدستوريين والسياسين.

---

مقرر: Rapporteur

الفاعل الاساسي في المناقشات التشريعية وهو النائب او العين او الشيخ الذي

---

تكلفه اللجنة التي ينتمي اليها تقديم التقرير، وتطلق التسمية على مقرر اللجان الدائمة.

مكتب سياسي: Politocal Bureau

هيئة سياسية اوجدها لنين عام 1917 وكرست رسمياً في المؤتمر الثامن للحزب في اذار 1919 وهي الهيئة العليا التي ترسم سياسة الحزب الشيوعي وتتولى الاعمال التنفيذية وتتكون من النخبة المركزية وينتخب المكتب السياسي مع السكرتير الاول او السكرتير العام من قبل اللجنة المركزية في الحزب خلال انعقاد مؤتمر الحزب ولكن في بعض الاحزاب يتم انتخاب المكتب السياسي من قبل مؤتمر الحزب نفسه.

ملك مخلوع: Deposcl soverigin

الملك الذي يقصى عن عرشه او عرش بلاده اما لإخفاقه في القيام بواجباته او لخيانته او بانقلاب عسكري او احتلال وقديسمح للملك المخلوع بالإقامة في الخارج او يسجن او يحال للمحاكمة او يقتل.

مواد جدول الاعمال: Items

هي المواد التي تدرج على جدول الاعمال ويتم بحثها ومناقشتها اوايجاد حلول لها قبل عقد الاجتماع او المؤتمر ويشترط احياناً الاتفاق عليها مسبقاً ويجوز لأحد الوفود الطلب لإضافة مادة الى جدول الاعمال اثناء ويجاب على طلبه اذا وافق عليه الطرف الثاني او اغلبية الوفود.

مندوب المرشح: Delegate candidate

يمكن لكل مرشح او لائحة تسمية مندوبين لمراقبة الاعمال الانتخابية واحتمالياً مراقبين رديفين ويمكن تسمية مندوب واحد لعدة اقلام اقتراع.

منطقة اقتصادية: Zone Economic

جزء قريب من البحر يمتد الى ما بعد البحر الاقليمي وهو لا يشتمل على المياه فحسب وانما يتعداه الى الاعماق البحرية، وعلى هذا الجزء تحتفظ الدولة الواقعة على نهر بحقوقها في السيادة وهذه السيادة لا تنطبق الا على الثروات الاقتصادية المتجددة كالاسماك والطحالب او غير المتجددة كالمعادن.

اما مدى المنطقة الاقتصادية فقد تحدد بـ 200ميل بدءً من الشواطئ وهذه المسافة زادت في بعض الاحيان ونقصت في اخرى والواقع  ان المنطقة الاقتصادية في مفهومها الحديث قد وصلت مكان المناطق القديمة التي كان يقتصر النشاط فيها على الصعيد البحري بيد انها توسعت فيما بعد.

---

ميزان تجاري: Trad Balance

بيان او حسابات تسجل الدولة فيه ما ينشأ لها من حقوق وايرادات وما يترتب علها من مدفوعات بسبب تصدير واستيراد السلع بين المقيمين ين فيها والمقيمين في الخارج خلال مدة معينة يجري العمل على ان تكون سنة , ويسمى ميزان التجارة المنظورةاو العمليات المنظورة لأن السلع المصدرة والمستوردة تمر تحت نظر رجال الجمارك فيحصونها ويسجلونها في بياناتهم والميزان التجاري هو قسم من اقسام ميزان المدفوعات, ولذلك لا يمكن الحكم على مركز بلد في معاملاته بالخارج بناء على الميزان التجاري وحده فقد يكون الميزان التجاري في عجز مع الخارج وضد مصالح الدولة بمعنى ان البلد يستورد اكثر مما يصدر من السلع المادية ومع ذلك تبقى بقية المعاملات في الاخرى الخارج والتي يشملها ميزان المدفوعات كافية لتغطية هذا العجز او لتوليد فائض.

---

ميزان المدفوعات: Palance of Payments

بيان يسجل قيمة الحقوق او الايرادات والديون والمدفوعات المتولدة لبلد معين

وعليه بسبب كل المبادلات والمعاملات الاقتصادية التي تنشأ بين المقيمين فيه وبين المقيمين في الخارج خلال فترة سنة.

والمعاملات الدوليةالتي تقيد في ميزان المدفوعات متعددة ومتنوعة وتشمل:

1- تصدير واستيراد السلع المادية او التجارة المنظورة.

2- تصدير واستيراد الخدمات «خدمات النقل والبنوك.

3- السياحة بين البلدين.

4- الفوائد والارباح المستحقة للبلد او عليه بسبب رؤوس الاموال الوطنية المستثمرة في الخارج او رؤوس الاموال الاجنبية المستثمرة فيه.

5- التعويضات والهدايا والهبات والمساعدات المالية بين الدولة والخارج.

6- رؤوس الاموال الاتي تنتقل من الخارج للبلد بوصفه عملية دولية.

ومن هنا فإن مجموع الحقوق التي للبلد من هذه البنود جميعاً اكبر من الديون التي عليه بسببها يكون ميزان المدفوعات في صالحه أي في حالة فائض ويكون في غير صالحه «أي في حالة عجز» في الحالة العكسية.

---

ميزانية عامة: General budget

بيان رقمي يتضمن مقابلة بين النفقات العامة والايرادات العامة للدولة خلال فترة زمنية تعرف بالسنة المالية وتمثل السياسة المالية للدولة في ضوء العلاقة القائمة بين بابي الميزانية ويتضمن هذا البيان تفصيلاً تقديرياً عن مصادر الايرادات ووجوه انفاقها، فالموازنة هي التي تحقق توازناً بين الايرادات وجملة الانفاق وفي حالة زيادة الاولى على الثانية يحول الفائض الى الاحتياطي العام، اما في حالة الزيادة لارقام المصروفا على الدخل الفعلي يقال ان الميزانية تعاني عجزاً ولكن لا يعني العجز في كل حالة انهياراً في اقتصاديات الدولة، كما اذا كانت الدولة تمر خللا مرحلة تقوم فيها بتنفيذ خطة تنمية لا

تحقق عائداً الا بعد فترة طويلة.

وهناك فرق ما بين الميزانية العامة والحساب الختامي فالاولى تقوم على تقديرات نقدية مستقبلية لا سيما في ابواب الايرادات وتعتمد في وضعها على خبرة المسؤولين عن تدبير ميزانية الدولة في ضوء الميزانيات السابقة لهذا قد تكون هذه التقديرات عرضة للخطأ نتيجة لعوامل طارئة لم تكن في حسبان مخططي الميزانية.

بينما الثانية «الحساب الجاري» فهو بيان للنفقات والايرادات التي تحققت فعلاً خلال فترة زمنية ماضية لهذا يعتبر تقرير الحساب الختامي وثيقة هامة للتعرف على الموقف المالي للدولة واعتماد الميزانية العامة في الدولة الديمقراطية منوط بالبرلمان ولا تبدأ الحكومة في تنفيها الا بعد اعتمادها واقرارها والتصويت عليها.

## حرف النون

نخبة: Elite

مجموعة او فئة قليلة من الناس يحتلون مركزاً سياسياً او اجتاعياً مرموقاً كما يطلق التعبير على مجموعة تفوقت او اكتسبت شهرة في مجال معين، وتجمع هذه الفئة اعظم الكفايات في مجال تخصصها وقد تكون النخبة حاكمة او غير حاكمة.

والمصطلح بحد ذاته تعبير عن الامتياز والتفوق وقيمة قيادية في مؤسسة او في المجتمع، وفي المجال السياسي مصطلح النخبة مرتبط بنظريات النخبوية والاستقراطية وبطولة دور الفرد في التاريخ على حساب المجموع، كما ان المصطلح في ادبيات الفكر الاشتراكي فتستخدم مصطلح طليعة الذي يفيد انتماء القيادات الى الطبقات الكادحة وبتحقيقها لرسالتها من خلال نضالها في صفوف الجماهير مصدر الفعل التاريخي يمتد عند تحقيق اهدافها.

---

نخبوية: Elitism

نظرية سياسية تقوم على فكرة النخبة تدعو الى اقامة نظام سياسي وهو ما يسمى بحكم النخبة او النخبة الحاكمة على اساس انه الشكل الوحيد او الممكن في العصر الحديث. وقد ذاعت نظرية النخبة في نهاية القرن التاسع عشر وبداية القرن العشرين الماضي بتأثير تطور الفكر السياسي والاجتماع آنذاك وبالذات انتشار الافكار الاشتراكية والماركسية ونظرية النخبة وتناقض النظرية الماركسية لتقترح ضرورة التسليم بأن في كل مجتمع فئتين فئة نخبة حاكمة قليلة العدد , وفئة محكومة كثيرة العدد.

---

نصاب قانوني: Quorum

يدل هذا التعبير على عدد الناخبين المحسوب بالنسبة الى المسجلين الذين يجب ان يصوتوا لكي يمكن اعتبار الانتخاب شرعياً يمكن للنظام الانتخابي المطبق على فئة من الانتخابات ان يفرض او لا يفرض نصاباً كهذا.

---

نظام الاحزاب: System pepqrtis

مجموعة بنيوية مكونة تارة من علاقات معارضة وطوراً من تعاون بين الاحزاب السياسية التي تعمل على المسرح السياسي لبلد واحد ويمثل نظام الاحزاب بالنسبة لعلماء السياسة ذوي الحساسة الوظيفية «sorauf» او النهجيين «sartari emieuxe» نظاماً فرعياً للنظام السياسي ويعتبر معظم المتخصصين في الاحزاب السياسية بما فيهم سارتوري ان انظمة الحزب الوحيد الاحتكاري تشكل نظام احزاب والحال ان كلمة حزب تحيل الى قسم وجزء وقطعة من مجموع شمولي «sartari» ان نعت الاحزاب بنظام الحزب الواحد هو تناقض ولكي يكون هناك بالضرورة تعددية للاحزاب ولو كانت مجرد واجهة ومفهوم نظام الاحزاب قديم قدم الدراسةالعملية للاحزاب السياسية ويمكن الاعتبار ان اللورد James Bryce «هو الاب الروحي للاحزاب، فالنظام الذي تكونه الاحزاب السياسية بالنسبة اليه هو للمؤسسات وهي بمثابة العضلات والاعصاب للعظام ولكن معاصري» Michels,ostragorski, Broce يوليان نظام الاحزاب انتباه عينه ولم تتم دراسته الا من قبل موريس ديفرجيه ومنذ ذلك الحين غدا موضوع ابحاث دائمة للفلاسفة الذين تساءلوا حول تصنيف انظمة الاحزاب وطبيعتها واسبابها وكذلك الاثر الحاسم الذي تحدثه في نمط الحكم في كل بلد.

---

نظام انتخاب نسبي: Proportional Electoral system

اسلوب انتخاب اعضاء المجلس التشريعي البرلمان على اساس نظام القوائم او نظام

الدائرة الانتخابية الواحدة حيث يقدم كل حزب قائمة مرشحيه لمقاعد البرلمان جميعها او بعضها على ان يختار الناخب بصرف النظر عن مكان اقامته قائمة انتخابية بكاملها وليس مرشحين محددين ليتم تمثيل كل حزب او قائمة في البرلمان اذا ما حصل على نسبة معينة من الاصوات كحد ادنى من اصوات الناخبين ونسبة هذه الاصوات من المجموع العام تحدد نسبة المقاعد في البرلمان. وانقسم المفكرين السياسيين وعلماء الاجتماع السياسي على هذا النظام فمنهم من اعتبره يقدم الاتجاهات والبرامج الفكرية والسياسية على حساب الاشخاص الا ان هذا ليس مطلقا بل نسبياً والذين انتقدوا هذا النظام اعتبروه انه يدعم البيروقراطية الحزبية المتمثلة في قيادات الاحزاب ولجانها المركزية والتنفيذية لانها تقوم بإختيار المرشحين وتحدد ترتيب الاشياء وبالتالي اولويات المقاعد في القوائم.

كما ان انصار هذا النظام اعتبروه انه يساهم في اظهار الاحزاب الصغيرة نسبياً والمنتشرة في جغرافية مختلفة فرصة التمثيل في البرلمان وكذلك قدرته على تشجيع اقامة التحالفات الحزبية ذات طبيعة المؤقته ويمنع في الغالب هيمنة الحزب الواحد بشكل مطلق في البرلمان ويطبق على سبيل المثال في فرنسا واسرائيل.

---

نظام الجمعيات النيابي الاساسي: Reglement pes Assemblees

وهو النظام الاساسي لكل جمعية نيابية هو القرار الذي تصوت عليه الجمعية المعنية ويتضمن مجموعة الاحكام المتعلقة بتنظيم اعمالها وتأليف اجهزتها ومهامها ويشتمل على تدابير ذات طابع داخلي أي نمط تعيين اجهزة الجمعية النيابية وانضباط المداولات ووقت الكلام ووضع اجراءات يجب اتباعها لحسن انتظام المناقشات وانماط التصويت مثلاً وكذلك احكام تتعلق بالسلطات العامة الاخرى.

---

نظام رئاسي: Presidential system

نظام انتخابي مباشر في اختيار رئيس الدولة أي رئيس الهيئة التنفيذية للحكومة في

ظل مبدأ الفصلبين السلطات ولما كان الرئيس منتخبا انتخاباً مباشراً من قبل الشعب فان الحكومة التي يعينها لا تكون مسؤولة امام البرلمان كما هو الحال في النظم البرلمانية دون ان يكون للحكومة حق حل المجلس النيابي.

هذا النظام يجمع الرئيس بين رئاسة الدولة ورئاسة الحكومة، ومع ذلك فإن للمجلس النيابية سلطات مهمة في التشريع والرقابة على اعمال الحكومة ومنع الاموال التي تطلبها لاغراض معينة فتحقق بذلك مبدأ التوازن في الحكم في ظل الفصل بين السلطات ولعل اشهر نظام رئاسي هو النظام الرئاسي الامريكي كما ان النظام اللبناني يجمع بين البرلماي والرئاسي.

---

نظام المجلس الواحد: Unicamehal system

حيث يتولى السلطة التشريعية مجلس واحد «مجلس الامة» الكويتي تركيا.

---

نظام المجلسين: Bicamehal system

حيث يتولى السلطة التشريعية مجلسان،مجلس النواب او مجلس الشيوخ، مجلس العموم واللوردات، مجلس النواب مجلس الاعيان، مجلس النواب أو مجلس الشعب

وهذا النظام هو احد اشكال الانظمة البرلمانية يشكل من مجلسين،مجلس اسفل وهو منتخب بنسبة السكان ومن قبل الدوائر الانتخابية وآخر لا يخضع للتمثيل النسبي، وقديكون منتخباً ًمن قبل الولايات كما هو الحال في مجلس الشيوخ في الولايات المتحدة الامريكية او يالتعيين كما هو مجلس اللوردات في بريطانيا ويتوخى نظام المجلسين تمثيل اقليم او فئات اجتماعية وطبقية لا تتمتع بالتمثيل الكافي في المجلس الاسفل فيجيئ تمثيلها في المجلس الاعلى ليعوض هذا النقص.

ويساهم هذا النظام في منع التسرع في التشريع وتخفيف حدة الصراع ما بين الحكومة والبرلمان.

---

### نظام نيابي: Regime Parlementaire

يدل هذا التعبير المسمى ايضاً حكم الوزارة « كابينت» على النظام السياسي الذي تتعاون فيه السلطات العامة وتتبع كل سلطة السلطات الاخرى وبتعبير آخر حياة الاسرة «ليون بلوم».

وقد سادت التجربة ظهوره في بريطانيا وعلى سبيل سهولة التسلسل الزمني يرى انه كان قد تكون عام 1782 مع الاستقالة الجماعية للحكومة التي كان يرأسها اللورد نوث الذي واجه عدائية مجلس العموم ثم كان لهذا النظام بعد ذلك ازدهار يحسد عليه

---

### نظرية النخبة او علية القوم: Elitist theory

اتجاه في الفكر يهدف الى تفسير طبيعة المجموعات التي ترتكز فيها سلطة اتخاذ القرارات وتنطلق عادة من فرضية اساسية وهي انه لكل او في كل مؤسسة انسانية جهاز قوة منظم وفي هذا الجهاز مجموعة تمارس الهيمنة بطريقة مباشرة او غير مباشرة على الجزء الاكبر من اعمال السلطة وفي العموم فإن النظريات النخبوية الحديثة ركزت على دور وطبيعة الفئة الحاكمة في الدول عامة وعلى النخبة التي تساهم في عملية التحديث في الدول النامية وعلى النخب المختلفة التي تعمل في مجتمع تعددي على المستويات المحلية الاقليمة والوطنية.

---

### نفعية: Utilitarianism

مذهب يتخذ من درجة المنفعة المادية والمعنوية للاشياء مقياساً للحكم على قيمتها، وقد نادى بهذا المذهب على اساس اخلاقي قوامه اكبر منفعة لأكبر عدد ممكن من الناس كل من «جيرمي بنتام وجون ستيورات ميل».

وعرفت المنفعة على اساس انها ما حقق لذة او دفع المآ والصعوبة في امر هذا المذهب هو انه كمي في حين يصعب قياس الكمية المعينة.

وهذا المصطلح احد روافد المذهب الفكري الاشتراكي الحديث ومن التيارات التي اثرت في فكر كارل ماركس.

نفقة عامة: Public Expenditure

مبلغ نقدي ينفقه شخص عام بقصد اداء خدمة ذات نفع عام.

وهي تقوم على ثلاث عناصر:

1- مبلغ نقدي

2- صادرة عن شخص عام

3- الهدف منها تحقيق نفع عام

وقسمت النفقات العامة الى مايلي:

1-القسيم العلمي للنفقات العامة: وهو الذي يقول به فقهاء المالية العامة ويقوم على معايير علمية وتتضح فيه الطبيعة الاقتصادية للانفاق العام، ووفقاً لهذه المعايير تنقسم النفقات العامة الى حقيقية وتحويلية وعادية وغيرعادية وقومية ومحلية.

2- التقسيم الوضعي: وهو الذي تأخذ به الدول في الميزانية العامة استناداً الى اعتبارات واقعية في عملية خاصة بكل دولة على حده مثل تقسيم النفقة العامة في الميزانية الى نفقة ذات اعتماد دائم ونفقة ذات اعتماد متجدد وتستخدم النفقة العامة في الدولة الحديثة لتحقيق اهداف اقتصادية واجتماعية واهماه زيادة حجم الدخل القومي واعادة توزيع الدخل لمصلحة الطبقات ذات الدخل المحدود، والقضاء على البطالة والمحافظة على ثبات مستوى الاسعار.

ويحكم النفقة ثلاثة ضوابط تندرج على النحو التالي:

1- ضرورة توجيه النفقة العامة نحو تعظيم النفع العام.

2- تجنب كل تبذير او اسراف في النفقة العامة.

3- ضرورة اتباع الاجراءات القانونية المنصوص عليها في الموازنة والقوانين واللوائح المالية في كلما يتعلق بصرف النفقة العامة على مختلف اوجه الانفاق.

---

نواب « مجلس»: Parlman

اسم يطلق على المجلس التشريعي او على المجلس الادنى في البرلمان المزدوج ويعرف كذلك بأسماء اخرى «مجلس النواب، والاعيان، والشعب وجمعية وطنية، والكونجرس، مجلس العموم، مجلس الامة. ويتميز مجلس النواب انه يأتي بالانتخاب او الاقتراع العام.

وفي حالة وجود برلمان مزدوج يراعى اختلاف مجلس النواب من حيث التشكيل او الاختصاص عن المجلس الاعلى من ذلك ان عدد اعضاء مجلس النواب المنتخب يزيد عن العدد المقر لمجلس الشيوخ او الاعيان وفي العادة يعادل هذا الاخير النصف او الثلثين.

---

نهاية التاريخ: Lafinde I,hitoive

عبارة تعني ان التاريخ بكل ما يحويه من تراكيب وصيرورة سيصل الى نهايته في لحظة ما فيصبح سكونياً تماما ًخالياً من التدافع والصراعات، اذ ان كل شيء سيرد الى مبدأ عام واحد يفسر كل شيء وسيسيطر سيطرة كاملة على بيئته وعلى نفسه سيحدث حلولاً نهائية حاسمة لكل مشاكله وآلامه.

وهذا المصطلح ينتمي الى عائلة من المصطلحات التي تصف بعض جوانب منظومة الحداثة الغربية، والتي تعني انتهاء شيء ما والقضاء عليه وغالباً ما يكون هذا الشيء هو الجوهر الانساني كما ظهر متعيناً من التاريخ واستخدم هذا المصطلح نهاية لتاريخ بشكل اكثر شمولية في كتاب نهاية التاريخ «لفرانسيس فوكوياما» الامريكي الجنسية والياباني الأصل الذي يرى ان كلاً من هيجل وماركس كانا يريدان ان التاريخ سيصل الى نهايته حتى تصل البشرية الى شكل من اشكال المجتمع الذي يشبع الحاجات الاساسية والرئيسة

---

للبشر، فهو عند هيجل الدولة الليبرالية وعند ماركس المجتمـع الشيوعي ولكـن العـالم بـأسره قـد وصـل الى مايشـبه الاجـماع بشـأن الديمقراطيـة الليبراليـة كنظـام صـالح للحكـم بعـد ان الحـق الهزيمـة بالايدلوجية المنافسة وهذا يعود الى الديمقراطية الليبرالية خالية مـن التناقضـات الاساسـية الداخليـة التـي شابت اشكال الحكم السابقة.

نيابة: Parlementarism

يدل هذا التعبير على كيفية ممارسة النظام التمثيلي الذي تكونه بطريقة عملية في بريطانيا في نهاية القرن الثامن عشر وانتشاره في الزمان والمكان اضفى عليه سلطة لا مثيل لها بحيث انه يماثل في قسـم هـام منه بالديمقراطية السياسية.

ولهذا النمط من العلاقات بين مندوبي الشعب وحاكمية تاريخية كأطار مكان تبادلات وبتعبير اخر المجلس النيابي الذي يجري على مسرحه تداول شؤون الامة بشكل علني ووجاهي ويتم تحليل النيابة ايضاً في حكم الرأي ما دام المبدأ في العمل يكمن بشكل اساسي في مسـاهمة اجهـزة الدولة بتألف الأكثريـة الانتخابية فالمجالس النيابية هي الحلبة حيث تتجادل السلطات Royer- Collard.

نيابة معقلنة: Parlemntarism Rationlis

هذا التعبير وضعه «Boris Mirkine-Guetzevitch» عل كيفية معاصرة ظهرت في عـام 1919 مـع دستور Wemar الالماني الذي كان له في هذا الشأن جميع وسائل الرغد العصري فوجد ان النظام النيابي بذلك نفسه مقنعاً فيه وقواعده المنهجية واحكامه مفسرة وفقاً للحاجة وقد وضعت لغة المجتمع هـذه بالاجمال بتصرف طبقة سياسية كانت لاسباب سياسية تجهل سير العمل واكـثر مـن ذلك روحيتـه وافضل دليل دستورية اوروبا عام 1918 ودستورية الظهور المعاصرة لدكتاتورية المانيا او اليونان او اسبانيا.

147

نيابة امن الدولة: State Security Court

هيئة قضائة عليا تكون تابعة للنيابة العامة او مكتب النائب العام ويتم تشكيلها للنظر في الجـرائم التي تتعلق بأمن الدولة وسلامة البلاد وتعرف بمحكمة امن الدولة وتنظر بالجرائم السياسية التـي يعتبرهـا قانون العقوبات والجنايات خطراً على النظام والامن.

## حرف الهاء

هيئة انتخابية: Corps Electoral

وهي الهيئة التي تتكون من الاشخاص المستفيدين من حق التصويت فتأليف الهيئة الانتخابية هو اذن مرتبط باعطاء حق الاقتراع الذي توسع تدريجياً بواسطة النظال السياسي في القرن التاسع عشر. ويعد الهيئة الانتخابية اليوم بتغييره تبعاً لقيمتين ثابتتين:

1- طبيعة الانتخاب الذي يمكن ان يكون وطنياً او محلياً او مهنياً.

2- طابع الانتخاب الذي يمكن ان يكون مباشراً او غير مباشر.

وينزع تأليف الهيئة الانتخابية مع الاقتراع العام المباشر الى الاختلاط بتأليف الامة وصفة الناخب بصفة المواطن، ان تحديد الهيئة الانتخابية بالنسبة للانتخابات المحلية او المهنية يتضمن عنصراً مخفضاً للارتباط بالجماعة المعنية وتحتل الهيئة الانتخابية مكاناً اساسياً في سير عمل المؤسسات السياسية منذ اعلان السيادة الديمقراطية انها تشكل اول اجهزةالدولة طالما ان ارداتها حاسمة وان الاجهزة الاخرى جميعاً عن طريق الانتخاب تصدر عنها مباشرة او بصورة مباشرة انها عامل الممارسة للسيادة بإمتياز بل ان البعض اعتبر ان الهيئة الانتخابية احدى السلطات العامة طالما ان الدستور يحدد المبادئ التي يخضع لها تأليفها ويوليها صلاحيات كما في الدستور الفرنسي لعام 1958.

ان الوظيفة الاول للهيئة الانتخابية هي تعيين الممثلين الذين سيقررون ويعملون بأسمها غير ان الفكرة هي بإمكان الهيئة الانتخابية ان تتخذ بنفسها قرارت فرضت نفسها بصعوبة اكبر الى ان مشاريع التعليم والاعلام حول القضايا السياسية قادت اليوم الى اعتبار الاستفتاء كمؤسسة طبيعية على الاقل في بعض المجالات وضمن بعض الحدود وينزع القانون المعاصر اذا الى ايلاء الهيئة الانتخابية وظيفة تداولية حتى ولو بقيت في اطار

استعمال محدود واستثنائي الى جانب وظيفتها الانتخابية التقليدية اتي لا تزال مسيطرة.

هيمنة: Heqemonie

عرفها الاغريق القدماء بأنها سيادة مدنية اوشعبية على مدن وشعوب اخرى وتعتبر الهيمنة مرادفة لمفهوم التسلط والتفوق بل التسلط العسكري وهذا المصطلح ذو طبيعة سياسية ايدولوجية واقتصادية وثقافية وفي العصر الحديث مارست الولايات المتحدة ابشع اشكال الهيمنة على شعوب العالم الثالث وخاصة في كوبا وفيتنام والعراق وافغانستان ولبنان وفلسطين.

فالهيمنة الامريكية تعني التسلط ونهب مقدرات الشعوب الفقيرة وجاء مصطلح الهيمنة في نظر الابواق الاعلامية الامريكية بانها قيادة العالم الحر للعالم الدوني.

# حرف الواو

وحدة القانون: Law Unit

نظرية في القانون الدولي تقول بأن التشريع الذي تتضمنه المعاهدة او اتفاقية ينسخ التشريع الذي يتضمنه القانون الوطني حتى ولو كان عقد المعاهدة والاتفاقية سابقاً لصدور التشريع المحلي بإعتبار ان المعاهدة تستمد قيامها من قواعد القانون الدولي الذي له الاسبقية في السيادة بالنسبة للقانون المحلي، ومن ثم يعتبر أي نص يرد في تشريع محلي يخالف اتفاقية عقدتها الدولة تشريع غير دستوري.

---

واجبات دولية: International obligations

تعتبر شائعة في لغة القانون الدولي العام للدلالة على الالتزامات القانونية التي تتقيد بها الدول وتراعيها في علاقاتها المتبادلة ومنها واجب احترام السيادة والامتناع عن التدخل في شؤون الغير واللجوء الى الوسائل السلمية لتسوية المنازعات والالتزام بالمواثيق والواجبات الدولية وهي الالتزامات التي ينبغي على الدول مراعاتها في علاقاتها بغيرها من الدول ويميز الفقهاء القانون الدولي بين مجموعتين من الواجبات الدولية.

**الاولى: الواجبات القانونية:** وهي التي تقوم على اساس ان لكل دولة حقوقا ثابتة مقررة وفقاً لقواعد القانون الدولي ينبغي على غيرها احترامها وصيانتها فمن ثم كان التلازم ما بين الحق والواجب على مستوى العلاقات بين الافراد ولهذا فإن هذه المجموعة من الواجبات تستدعي في حالة الاخلال بها اكراه الدولة المخلة بالتزاماتها واجبارها على مراعاة هذه الالتزامات بشتى الوسائل التي يقرها القانون الدولي والتي تتضمنها مواثيق المنظمات الدولية او نصوص المعاهدات الجماعية الشارعية.

ومن هنا فإن الواجبات الدولية القانونية تشمل:-

1- مراعاة قواعد القانون الدولي

2- تنفيذ الالتزامات الناشئة عن المعاهدات وغيرها

3- الامتناع عن التدخل في الشؤون الداخلية للدول

4- تسوية المنازعات بالوسائل السلمية

5- الامتناع عن مساعدة دولة تلجاء الى الحرب

6- الامتناع عن الاعتراف بأي كسب اقليمي على اساس الغزو والاحتلال.

**الثانية: الواجبات الدولية الاخلاقية:** فهي الالتزامات التي لا تستند الى حق معترف به او قانون دولي ولكنها تقوم على اساس المبادئ العامة للعدالة او الانسانية او المجاملات المرعية ولذلك فالدولة التي لا تراعي هذه المثل لا عقاب عليها ولا مسؤوليات الا بما تستثيره نقمة الرأي العام العالمي عليها هذا بدوره عقاب ادبي اخلاقي اويكون هذا الجزاء بتطبيق مبدأ «المثل بالمثل» اذ لا يقرر هذه الواجبات سوى العرف او الاتفاق لهذا فإن نظامها فضفاض وان الحدود بينها وبين الواجبات الدولية القانونية غير مستقرة اذ كثيراً ما يتحول العرف الدولي الى قاعدة قانونية منتظمة للمعاملات بين الدول.

---

واجبات تنظيمية سلوكية:

قواعد تنظيم السلوك تأتي لكل مجموعة من البشر - ابتداء من العائلة وانتهاء بالأمة - قواعد السلوك هذه تحكم حياة أفرادها. فقد يكون هناك عرف في عائلة ما مثلاً حيث يتطلب حضور جميع أفرادها في أوقات معينة لتناول وجبة الطعام ومن خلال هذا العرف يتمكن أفراد العائلة من تناول الطعام مجتمعين، ثم الانتشار لشؤونهم الخاصة. فيكون الهدف من هذ هو جعل حياة المجموعة تجري في نسق معين وبهدوء .

أما القواعد والأعراف التي تضعها مجموعة ما، فهي في حقيقتها قرارات في

---

موضوعات تؤثر في المجموعة ككل، وترمي إلى المطالبة بأنواع معينة من السلوك أو تشجيعها، أو منع أفراد المجموعة عن أنواع أخرى من السلوك غير المحببة.

---

ورقة اقتراع: Ballot paper

وهي الورقة التي تسلم للناخب اثناء عملية الاقتراع لكي يكتب اسم المرشح الذي يختاره لتمثيله في البرلمان، وقد تأخذ هذه الورقة شكل كشف يتضمن اسماء جميع المرشحين في الدائرة الانتخابية ويقوم الناخب بوضع علامة معينة امام اسم او الاسماء التي يختارها ويوافق عليها.

---

وزراء: Ministers

وهم اكبر وكلاء السلطة التنفيذية التي يتولاها رئيس الدولة في حدود الدستور وهم المباشرون لهذه السلطة والمسؤولون عن نشاطاتها امام ممثلي الشعب او امام رئيس الدولة سواء أكان ملكا او اميراً او رئيساً للجمهورية حسب نظام الحكم.

واعضاء الحكومة او الوزارة الحاكمة في الدولة يمثلون السلطة التنفيذية ويمارسونها في النظام البرلماني ويتوزعون على الوزارت بالتعيين او يحملون الحقيبة الوزارية وقد يكون الوزير بلا حقيبة او بدون وزارة والوزراء يتحملون المسؤولية امام مجلس النواب ولجانه المختلفة او يتولاها عنهم رئيس الحكومة ممثلاً الوزارة ككل ويطلق على الوزير في البلدان «الانجلو سكسونية» اسم سكرتير.

---

وزارة: Ministry

الوزارة احدى اهم الوحدات الكبرى التي تتكون منها الهيئة التنفيذية في الدولة الحديثة وتختص بجانب من اختصاصات السلطة التنفيذية كالصحة والتعليم والدفاع والمواصلات ويرأسها وزير ويطلق عليه في النظام الرئاسي سكرتير وتطلق عليه في النظام البرلماني على مجموع تلك الوحدات حيث يجتمع الوزراء في صورة مجلس يتولى رسم السياسة العامة للدولة ويطلق عليه مجلس الوزراء.

وهيئة الوزارة او مجلس الوزراء عرف اولاً في النظام الانجليزي كهيئة متجانسة متضامنة في المسؤولية في عهد شارل الثاني ثم عرفته الولايات المتحدة الامريكية فأنشئت وزارة الخارجية لتحل محل وزارة الشؤون الخارجية وهي اقدم وزارات الاتحاد وكانت مسؤولة عن تخطيط السياسة الخارجية الامريكية وتنفيذها بتوجيه من الرئيس الامريكي.

---

وزارة ائتلافية: Ministry of coalition

كل حكومة تضم في اعضائها عدد من الوزراء ممثلين عن شتى الفئات والاطياف والاحزاب السياسية وغالباً ما يكون سبب تشكيلها ان أي واحد من الاحزاب السياسية لا يملك بمفرده اكثرية صريحة في المجلس التشريعي «النيابي» مما يحمل الرئيس المكلف بتشكيل الحكومة يمكن اعتباره وسيلة للاستعانة بالكفاءات ذات صفة استشارية لكنه ينشأ في الوزارات الائتلافية التى تحاول تمثيل اكبر عدد ممكن من الاحزاب والكتل البرلمانية في الحكم واللجوء اليه يتم في الازمات السياسية او المحاولة لتوسيع التمثيل واسترضاء كافة المستوزرين على تمثيل الكتل الاخرى وتأليف وزارة تتمثل في عدة اتجاهات بحيث يستطيع نيل ثقة البرلمان والحصول على التأييد الكافي للممارسة المسؤولية وادارة شؤون الحكم كذلك تلجأ كثير من الدول في اوقات الحروب والازمات السياسية ذات الاثر الخطير في حياة البلد الى تشكيل وزارة ائتلافية حتى تشترك كل الاحزاب السياسية في رسم سياسة البلد في هذه الاوقات وفي تحمل مسؤولية هذه السياسة.

---

وزير دولة: State Minister

هو الوزير الذي يختاره رئيس الوزراء او رئيس الدولة عضواً في الوزارة دون ان تسند اليه حقيبة وزارية معينة، أي انه وزير بلا وزارة، ولكنه يشارك في جلسات مجلس الوزراء وقد يعمد رئيس الدولة الى تحديد اختصاص عمل وزير الدولة او يطلب اليه اهتمام بمتابعة ملف ما واعداد دراسة عنها.

---

## حرف الياء

يسار: Left

مصطلح ظهر تاريخياً مع قيام الجمعية الوطنية الفرنسية عام 1789 حيث كان الاشراف من اعضاء الجمعية يجلسون في مكان الشرف الى يمين رئيس المجلس النيابي بينما كان يجلس ممثلوا الشعب الى اليسار واصبح جائز في المجالس النيابية الاوروبية ان تتجمع العناصر الراديكالية التقدمية في المقاعد اليسرى من المنصة بينما يجلس المحافظون في المقاعد اليمنى.

ومصطلح اليسار من المصطلحات التي ارتبطت بنظم الحكم والمذاهب والاحزاب السياسية المعاصرة

---

يسار جديد: New Left

حركة ماركسية حديثة وانتقائية متغايرة الصفات تطورت افضل مايكون في الولايات المتحدة الامريكية اكدت على الحقوق المدنية وعلى الديمقراطية المشاركة المباشرة والنقابية والمسالمة والتطرف وهي تعارض النظام الاجتماعي التقليدي في الدول الرأسمالية والاشتراكية الرئيسة وخاصة التباينات الاجتماعية المتطرفة والتمييز العنصري والمجتمعات الصناعية - العسكرية ورأسمالية الدولة والستالينية والعقائد الايدلوجية.

وقد نشأت حركة اليسار الجديد في اوخر الخمسينيات في اواسط الاكادميين الصغار السن والطلاب ووصلت ذروة تطورها واشتهار نفوذها في اوآخر الستينيات من القرن الماضي ويجزم زعمائها ان الطبقة العاملة اذعنت لعملية التحول نحو البرجوازية ولم تعد قوة ثورية هامة، وان على المفكرين ان يوفروا القوة الثورية الجديدة الدافعة.

كما انهم يؤكدون ان قبول التقدم المادي يتنازع الى حد بعيد مع الاولويات الانسانيةالاخرى ايديولوجياً وقد انطلقت الحركة من روح كل من« كارل ماركس

---

وماتتس تونغ وماركوز وكاسترزا وجيفارا وهوشيه منه «كـما انهـا ازدادت قـوةعن طريـق حركات التحرر الوطنية وحرب فيتنام والثورة الثقافية العمالية العظمى وقد تراوحت وسائل اليسار الجديـد بـين الانسحاب التام من المجتمع القائم والاحتجاجات والعمل المباشر وتدمير الممتلكات والعنـف عـلى عكـس اليسار الكلاسيكي.

ويعرف اليسار الجدد بنطاق واسع من الاراء الايديولوجية المتناقضة والافتقار الى النظام والنشاطات غير المنسقة وعدم استقرار القيادة ومواقف ميالة الى المخاطرة وغياب برنامج واضح للاصلاحات لمجتمع مثالي.

وقد لقي اليسار الجديد تقبلاً مختلطاً في الاقطار الاشتراكية ومن ناحية اخرى يرحب بمبادئ اليسار الجديـد المنشـقون الماركسيـون والمعارضـون للتسـلط والارهـاب والفاشية والقمـع وعـدم احـترام الـدول الاشتراكية لحقوق الانسان.

---

**يمين دستورية: Constitutional right**

قسم يؤديه رئيس الدولة وأعضاء الحكومة وكذلك أعضاء السلطة التشريعية قبل مباشرتهم العمـل أو مهام منصبهم وذلك بناء على نص وارد في الدستور أو على أساس عرف دستوري جار.

---

# المصطلحات الدبلوماسية

.

حرف الالف

إتيكيت: eliguette

مصطلح أوروبي، يعني فن التعامل، أو الآداب العامة في التعامل مع الأشياء، ومرجعيته هي: الثقافة الإنسانية الشاملة، ويعنى بشؤون الحياة كافة ويختلف من بلد لآخر.

وكلمة إتيكيت في اللغة العربية جاءت بمعانٍ متنوعة: الذوق العام، أو الذوق الاجتماعي، أو آداب السلوك، أو اللياقة، أو فن التصرف في المواقف الحرجة.

ويعتبر الإتيكيت من السلوكيات الإنسانية التي يجب على المرء أن يضعها في اعتباره أينما ذهب، أو حيثما جلس، أو تحدّث مع جلسائه في موضوع من المواضيع. وأصبح للإتيكيت أسس وقواعد معروفة يُعمل بها في المجتمعات المتحضرة.

ويُدرّس الإتيكيت الآن في المعاهد المختصة, وفي الدوائر التابعة لوزارة الخارجية، أو دائرة البروتوكول في رئاسات الدول.

واشتهر في هذا المجال الإتيكيت البريطاني، والفرنسي، والروسي، وهي المدارس السائدة اليوم، وترى بوضوح في الاحتفالات والمناسبات والاجتماعات والسهرات والسفرات والاستقبالات والجلسات.

ومن هنا فلا بد لكل شخصية دبلوماسية مرموقة من معرفة فن الاتيكيت، وتطبيقه في المجال الدبلوماسي، وفي حياته بشكل عام، فواجب الدبلوماسي يتطلب التعامل مع الشخصيات التي يلتقيها ويتعامل معها، ويدعوها ويلبي دعواتها؛ لذلك كان لزاماً عليه التعامل معهم بكل لباقة، وأن يتقن آداب هذا التعامل وأصوله من خلال فن الإتيكيت ليجنب نفسه الإحراج.

إبرام أو تصديق: Ratification

اصطلاح ديبلوماسي وقانوني معاً. إذ ينطوي على اصدرا صك يوقعه رئيس الدولة، يؤكد فيـه موافقـة المجلس التشريعي على المعاهدة المعقودة، ويتعهد بتنفيذ أحكامها بصدقٍ وإخلاص.

---

اتخاذ تدابير جماعية: To take collection measures

التدابير المشتركة التي تتخذها عدة دول، أو الدول الأعضاء في منظمة دولية لمجابهـة حالـة معيشـة، وقد تكون التدابير سياسية، أو اقتصادية، أو عسكرية، أو دبلوماسية فقط لقطع العلاقات الدبلوماسية.

---

اتفاق أولي لعقد معاهدة: Preliminary agreement for a treaty

مصطلح مشتق من اللاتينية يعني أنّ الاتفـاق الأولي يتضـمّن تعهـداً بعقـد معاهـدة تتنـاول بعـض الأمور أو الموضوعات التي تمّ الاتفاق عليها، وهو ملزم للأطراف المعنية.

---

اتفاق الجنتلمان: Gentlemen-Agreement

التئام بين شخصين أو أكثر يتنازل فيه الأطراف أو أحدهم عن بعض حقوقه دون وجود عقد مكتوب أو نص يربط بين الفرقاء، وحيث يكون الشرف والإخلاص والصدق أساسـاً في تنفيـذ هـذا الاتفـاق وتطبيـق بنوده.

واتفاق الجنتلمان هو اتفاق ثنائي ذو طابع أدبي، يقوم على تعهدات غير رسمية تـتم شـفهياً. أو تـتم بتبادل المراسلات بين الدولتين دون توقيع أي اعتماد رسمي مما لا يترتب عليه أي التـزام قـانونيّ، ويضـطلع بهذه المهمة القائمون على الشؤون الخارجية للدولتين، ويدور الاتفاق عادة حول الموقف الذي تتخذه كـلّ من الدولتين بالنسبة لوضع دولي معين ومثاله: اتفاق الجنتلمان الذي عقد بـين بريطانيـا وإيطاليـا الفاشـية قبل الحرب العالمية الثانية.

---

اتفاق ضمني: Accord-Implicit

وهو الاتفاق الحاصل بين شخصين أو أكثر بطريقة غير معلنة، أو غير مباشرة، أي بوسيلة لا تتفق والمألوف بين الناس في الكشف عن الإرادة، ولكن يمكن أن تستنبط منها دلالة التعبير في ضوء الظروف الحالية، وليس هناك فارق ما بين الاتفاق الصريح والاتفاق الضمني من حيث النتيجة، غير أنّ القانون أو العرف يتطلب أن يكون الاتفاق صريحاً في بعض الأحيان، كأن يكون مفرغاً في شكل خاص، كم في التصرفات والعقود الشكلية التي يفرض لها القانون صيغة معينة أو تعابير محدّدة.

---

اتفاق وقتي: Deal of my time

هو كل التقاء إرادتين لإنتاج آثار قانونية وإلزامية محدّدة كعقد الإيجار، أو كعقد الشركة مثلاً، وقد ينصّ.. هذا الاتفاق على التجديد عند انتهاء المدّة بصورة ضمنية أو بإعلان أحد الفرقاء عند رغبته في التجديد خلال مهلة معينة، وفي القانون الدّولي: هو اتفاق قصير الأجل يعمل به خلال المفاوضات الطويلة إلى أن تعقد تسوية نهائية ويتمّ التصديق عليها.

**والهدف منها:** معالجة الصعوبات الوقتية التي لا تحتمل التأجيل.

---

اتفاق هدنة: Armistice convention

اتفاق بين دولتين متحاربتين أو أكثر، ينسق إبرام معاهدة الصلح بينهما، ويتقرر بمقتضاه وقف العمليات القتالية، كما يتقرر بموجبه الإجراءات والشروط التي تتبع إلى أن يتم الاتفاق على شروط الهدنة النهائية.

إنّ اتفاق الهدنة يهدف إلى وقف القتال والجلوس على طاولة المفاوضات دون إنهاء الحرب من الناحية القانونية، وتعني اتفاقية الهدنة إعادة وضع خطوط فاصلة، وتعيين منطقة مجردة من السلاح، وإباحة نقل المحاربين خلف خطوطهم، وتموين المواقع المحايدة، وتبادل الأسرى، والانسحاب من المناطق التي خسرها أحد المحاربين.

### اتفاق وُدّي: Agreement

كلّ اتفاق يحصل بين الفرقاء لحلّ خلافاتهم ونزاعاتهم بطريقة ودية دون اللجوء إلى القوة أو الأصول القانونية، وبعيداً عن النصوص الملزمة، ويجري هذا النوع من الاتفاق بين الأفراد، وغالباً ما يحصل في حلّ الخلافات القائمة بين الدّول في نزاعاتها على الحدود وفي خلافاتها السياسية والاقتصاديّة.

وهذا الاتفاق غير مكتوب بين الفريقين لغرض الحدّ من أخطار المنافسة؛ بأن يتمّ الاتفاق بينهم على تحديد السعر الأدنى، أو تحديد كمية الإنتاج التي تعرض في السوق، أو توزيع أسواق التصريف فيما بينهم، وهذه الاتفاقيات الوديّة معروفة وشائعة بين الشركات الاحتكاريّة الكبرى التي تسيطر على سوق سلعة معينة، والتي تستهدف جميعها استغلال المستهلكين إلى أبعد الحدود الممكنة اقتصادياً.

---

### اتفاقية: Convention , Treaty

تتضمّن المعنى العام للاتفاق، ولكنها تتناول مسائل أكثر أهميّة، ويترتب عليها التزامات حقوقية أقوى، وإن كانت هذه لا ترتقي إلى مصاف المعاهدة، وتكون بعض الاتفاقيات سريّة، أو ثنائيّة، أو متعدّدة الأطراف، أو مفتوحة؛ بحيث تتيح للدّول غير المتعاقدة فرصة الانضمام اللاحق، أو محدّدة الأمد زمنيّاً، ومنها ما هو محدّد الموضوع، كالاتفاقية العسكرية، أو اتفاقيّة تحديد المصير، أو اتفاقية تحديد التجارب النّوويّة، أما من النّاحية الإجرائيّة فتشمل المفاوضات والتوقيع والإبرام والنشر.

كما أنّ فقهاء القانون يعتبرون اسمَ الاتّفاقيّة يقتصر على غير الشّؤون السياسية، والمسائل الحيويّة الهامّة، وفي هذه الحالة يفضّلون استخدام اسم (معاهدة)، ولكن التفريق بين المعاهدة والاتفاقيّة ليس له نتائج عمليّة، ومن المصطلحات التي تحمل هذا المعنى: البروتوكول، التصريح، العهد، الميثاق.

---

اتفاقيّة دفع: Agreement to pay

اتفاقيّة اقتصاديّة تعقد بين دولتين لتنظيم عمليات التبادل التّجاري بينهما، وذلك بأن يُفتح حساب جارٍ لكلّ منهما يُبَيّن فيه حجم المديونيّة بينهما على أساس عمليات الاستيراد والتّصدير الجارية، وتحدد الاتفاقية مدة سريانها لتسوية الحساب بينهما.

---

أجانب: Foreign

وهم الأشخاص الذين لا يتمتعون بقانون الجنسيّة للموطن الذي يقيمون فيه إقامة مؤقتة أو عاديّة. ويقابل الأجنبيّ الوطني، أو المواطن الذي تكون حقوقه والتزاماته أكثر من الأجنبيّ.. والأجانب: هم المختلفون جنسيةً ووطناً.

وتُخْضِعُ الدولُ قبولَ الأجانب لبعض الشروط، والمعاملات؛ لكي تحافظ على مصالحها العامّة، كما ويخضع الأجانب للقوانين المرعية في البلاد التي يستوطنوها، ولا يستثنى من هذه القاعدة إلاّ الهيئات الدبلوماسيّة.

لكنّ القانون الدّولي يفرض على الدّولة: أن تكفل للأجنبيّ الحريات العامّة والشّخصيّة والقانونيّة، والحقوق الملازمة لها، والحقوق الخاصّة الناشئة عن الرّوابط العائلية والمعاملات الماليّة، والحقوق الذهنية، ولا تمنح للأجانب الحقوق السياسيّة التي يتمتّع بها المواطنون.

ويستفيد الأجانب من المرافق العامة، إلاّ من بعض المرافق ذات الصّبغة الوطنيّة كالوظائف العامّة، والضّمان الاجتماعي، والتأمين الصّحي، وهذا الأمر ليس مطلقاً. ولا يُكلّف الأجنبيّ أداء خدمة العلم، وللدولة حق إبعاده..

---

احتواء: Containment

مصطلح أطلقه جورج كينان رئيس قسم التخطيط السياسي في وزارة الخارجية الأمريكيـة، أي: ضرب حصار طويل الأمد، وسياسة حازمة ضد دولة تمهيداً لترويضها، واحتواء سياسته التوسعية. وهـدف الاحتـواء هو فرض الهيمنة بالوسائل السياسية المدعومة بالتهديد العسكري المبطن.

---

اختلال التوازن: Lack of Balance

حدوث فجوة في ميزان القوى بين الدّول الكبرى مـا أوجـد طفـرة تكنولوجيـة كبـيرة في التسـليح أو زيادة في الإمكانيات الاقتصادية الدّولية عن دولة أخرى من الدّول العظمى ما يهدّد بنشوب حرب إقليميـة أو عالميّة.

---

الأخلاق الدّولية: International

مجموعة من مبادئ سلوكية عامّة، وأفكار خلقية معنوية يفترض مراعاتها في علاقات الدّول المعاصرة فيما بينها حرصاً على مصلحة البشريّة كمجموع وحماية لحقوقها ومصالحها، عليها أن تتعايش مـع بعضـها البعض وأن تتبادل المنافع من خلال التعامل المستمر، وتشمل هذه المبادئ الاحترام المتبادل في الاسـتقلالية والتقدم، وحق هذه الدّول في تقرير مستقبلها بنفسها، واحترام العهود والابتعاد عن الخداع ومراعاة كرامـة الدّول الأخرى، وإبداء التضامن، وتحقيق الروابط والتفاهم عن طريق تحقيق التعاون المتبـادل في مختلـف الميادين السياسية والاقتصادية والاجتماعيّة.

---

إدارة المراسم: Protocol Department

تعتبر إدارة المراسم في وزارة الخارجية المرجع الرئيسي لمراسم الدولة واختصاصاتها ليسـت محصـورة كما يعتقد البعض من الناس تنظيم الحفلات والمآدب فحسب بل إنها تمارس في الواقع اختصاصـات واسـعة في المجال الدولي والإداري والقانوني، وتتولّى مسؤوليات جسيمة وتواجه مواقف حرجة للغاية.

---

أساس المحادثات: Basic of Discussions

مجموعة من المبادئ والقواعد والأحكام التي تقرر الحكومة المعنيّة اتخاذها نقطة انطلاق لمناقشة موضوع معين عن طريق المفاوضات الدبلوماسيّة أو الاجتماعات الدولية، وذلك بعد إجراء الدراسة اللازمة والاطلاع على مختلف وجهات النّظر والملاحظات المتعلّقة بالموضوع.

---

أسبقية: Priority

جاء هذا المصطلح من وجهتي نظر؛ فالدبلوماسية اعتبرته ترتيب رؤساء البعثات الدبلوماسية من حيث التقدم والصدارة في الاستقبالات الرّسمية والحفلات والمراسم، ويرجع العرف الدبلوماسي في احترام هذه القواعد إلى لائحة «فينا» التي وضعت عام 1815م، وبروتوكول إكس لاشابل عام 1818م، إذ قسم الرؤساء إلى ثلاثة مراتب، **الأولى: مرتبة السفراء**، ويقابلها درجة القاصد الرسولي. بالنسبة للتمثيل البابوي، **والثانية: مرتبة المبعوثين** فوق العادة والوزراء المفوضين ويقابلها درجة وكيل القاصد الرسولي ورؤوساء هاتين الفئتين يمثلون رئيس الدولة ,والثالثة: القائمين بالاعمال الذين يعتبرون مبعوثين من وزراء خارجية دولهم لدى وزير خارجية الدولة المبعوثين اليها.

وتسبق كل مرتبة المرتبة التي تليها من حيث التقدم في الحفلات والمقابلات الرسمية وتكون الاسبقية بين افراد المرتبة التي تليها من حيث التقدم في الحفلات والمقبلات الرسمية, وتكون الاسبقية بين افراد المرتبة الواحدة تبعا للاقدمية التي تحتسب اما ابتداء من تاريخ وصول المبعوث رسميا او من تاريخ تقديم اوراق اعتماده.

اما من الناحية الاقتصادية فهي تعني الاولوية والاهمية النسبية التي تعطى لجوانب معينة من الاقتصاد على جوانب اخرى, وترتيب هذه الجوانب على اساس بحسب الاولوية لكل منها بحيث يحصل كل جانب من الموارد والاموال التي تتناسب مع

اولوياته.

استدعاء: Call

مصطلح ديبلوماسي يعني انهاء مهمة المبعوث الدبلوماسي, وهو عادة رئيس البعثة, وذلك باستدعائه من جانب دولته, ويقضى العرف الدبلوماسي بان يقدم لرئيس الدولة المعتمد لديها او لوزير خارجيتها إذا كان من درجة قائم بالاعمال خطاب الاستدعاء مستأذنا بالسفر, وتنص المادة 43 من اتفاقية فيينا على ان مهمة المبعوث الدبلوماسي تنتهي باخطار من الدولة المعتمد لديها الى الدولة المعتمدة, اما اذا كان سبب الاستدعاء هو احتجاج الدولة التي يمثلها المبعوث على امر تشكو منه دولته فيكتفي عند ائذ بطلب جواز سفره دون ان يقدم خطاب الاستدعاء.

استراتيجية ديبلوماسية: diplomatic iscount

مجموع الاساليب والطرق التي تطبقها الدول بواسطة ممثليها الديبلوماسيين في سبيل تحقيق هدف معين, ويراعى فيها اختيار الوقت المناسب والطريقة الملائمة لاتخاذ المبادرة او التقدم باقتراح او اصدار بيان يتضمن التأييد او الاستنكار او التريث بالاجابة عن موضوع معين ريثما تتجلى الحقائق وتستقر الظروف او عدم الاجابة مطلقا او تجاهل الموضوع او كشف الستار عن معلومات خفية, او التأجيل او التسويف او التخدير او المماطلة او اللجوء تارة اخرى الى المسايرة او الملاينة و التحذير والتنبيه او استدراج الجهة الاخرى الى افراغ ما في جعبتها او القيام بحملة اعلامية واسعة النطاق او قطع العلاقات الديبلوماسية مع جهة دون غيرها او تقديم المساعدات المالية او وقفها او عقد اجتماع قمة او دعوة شخصية كبرى او هيئة رسمية والمبالغة في تكريمها رسميا وشعبياً.

استفزاز: Provocation

محاولة اثارة السخط او التحريض بهدف سياسي, وهو من مقرزات ثقافة الاستعمار او

من مخرجات الاستعمار بل انه المبرر للاستعمار او الاحتلال الـذي تلجـاء اليـه الـدول الاسـتعمارية, وطـرق الاستفزاز كثيرة اقلها قطع العلاقـات الديبلوماسـية, واكـثر سـخونة ابعـاد رعايـا الدولـة المتنـازع معهـا او اخذهم رهـائن او مصـادرة امـوالهم او وضـعهم تحـت الحراسـة, ويصـل الاسـتفزاز الى اسـتخدام سـلاح المقاطعة الاقتصادية او المناوشات العسـكرية, وهنـاك اسـتفزاز عـلى الصـعيد المحـلي حيـنما يلجـاء رجـال السياسة والاحزاب الى اتخاذ حادث معين سببا للقيام بحملات هجومية ضد الآخر.

---

اطراف سامية متعاقدة: high cont acting parties

الدول المتعاقدة على تنفيذ اتفاقية معينة, وقد جرى العرف على ذكر اولها في مقدمة المعاهدة.

---

اعارة خارجية: assistance_ forgen_ technical

اعارة الخبراء والاخصائيين للعمل في بعض البلدان الاجنبية, وذلك امـا تنفيـذ لا تفاقيـة ثقافيـة بـين البلدين او تأكيدا للصلات الودية بينهما.

---

اعتراف: recognition

قرار صادر عن احد الدول تقبل بموجبه التعامل مع سلطة جديدة كدولة ذات كيان سياسي تتمـتع بالاهلية القانونية, ومستكملة من حيث المقومات للدولة وهو يمنح الدولـة الجديـدة في المجتمـع الـدولي حقوقا مختلفة, كحق تبادل التمثيل الديبلوماسي, وحق الانضمام الى عضوية المـنظمات الدوليـة الاقليمـة, وحق المفاوضات مع الدول الاخرى, كما يلقي عليها بالمقابل واجبات والتزامات.

---

اعتراف بالوضع الجديد: recognition_ of new situation

اعتراف دولة او عدة دول بكيان جديد قائم فعلا بطرق شرعية, ويتمتع بمقومات

الدولة, وتشمل الاجراءات تسلم اجابات الدول وتسجيل اسماء الوفود المشتركة العاملة او المراقبة واثبات صفة ممثلي كل دولة.

اعتراف بالدولة: recognition of state

اعتراف دولة او عدة دول بكيان جديد قائم فعلا بطرق شرعية, ويتمتع بمقومات الدولة.

اعتراف بالاستقلال: recognition independnance

الاقرار بنشاءة دولة جديدة ووجودها مع مراعاة جميع النتائج القانونية والدولية المترتبة على ذلك, لا سيما اذا انفصلت هذه الدولة عن دولة اخرى, واوجدت كيانا مستقلا, يتمتع بجميع خصائص الدولة ومقوماتها.

اعتراف دولي: regcognition international

اقرار الدول بوجود جماعة بشرية فوق اقليم معين تتمتع بتنظيم سياسي واستقلال كامل وتقدر على الوفاء بالالتزامات نحو القانون الدولي, وهو عبارة عن شهادة بقية الدول بظهور دول جديدة , والاعتراف الدولي يكون فرديا تقوم به كل دولة على حده, وقد يكون جماعيا يصدر عن عدة دول عن طريق مؤتمر دولي او معاهدة دولية والتعبير الصادق عن الاعتراف الدولي هو اقامة علاقات ديبلوماسية بين الدول الناشئة وبقية الدول, والاعتراف الدولي يعرف كذلك بانه اعتراف دولة او عدد من الدول بوجود دولة جديدة لها مقومات الدولة من حيث ان لها اقليما معينا وحدودا معينة, وانها مستقلة عن غيرها, وانها قادرة على الوفاء بالتزاماتها تجاه القانون الدولي, او هو موافقة كل الدول الموجودة او بعضها على التعامل مع الدولة الجديدة كعنصر جديد في المجتمع الدولي له حقوق وعليه واجبات.

ويعتبر الاعتراف الدولي ضروريا لتمتع الدولة الجديدة بالعضوية وبدونه لا يمكن لا

يكون للدولة الجديدة أي اساس في القانون الدولي والاعتراف الدولي يقسم الى قسمين:

1- اعتراف سيا سي.

2- اعتراف آني او وقتي, وهذا لا يعتبر اعترافا قانونيا.

---

اعلان الحرب: declaration of war

تصريح رسمي سياسي تقوم به الدولة نتيجة قرار متخذ بالمجابهة العسكرية ضد دولة او مجموعة من الدول نتيجة خلاف دولي خطير تعذر حسمه بالوسائل السلمية, ويصدر على شكل اخطار بالحرب او انذار نهائي يذكر فيه اعتبار الحرب قائمة اذا لم تجب الدولة التي وجه اليها الانذار طلبات الدولة التي وجهته, واعلان الحرب هو اعلان يكون على صيغة التعليل او اللاتعليل, فالتعليل مقيد بشرط الانذار المسبق الذي يتضمن طلب القيام باعمال معينة او الامتناع عنها خلال طلب القيام باعمال معينة او الامتناع عنها خلال مدة محددة وينشاء اعلان الحرب تحول حالة السلم الى حالة حرب وقطع العلاقات الديبلوماسية بين البلدين, وكذلك بطلان المهاهدات المعقودة بين الدول المتحاربة او تعليقها.

---

اعمال تحضيرية: Preparatory work

هي الاجراءات التي تسبق عقد المؤتمر او توقيع معاهدة, وتشمل الاجراءات الاتية:

1- اجراء الممثلين الديبلوماسيين المعنيين للمحادثات الاولية للاتفاق على الموضوعات التي سيبحثها او يعالجها المؤتمر او النقاط التي ترد في المعاهدة مع تحديد زمكان الاجتماع.

2- توجه الدول الداعية او احدى المنظمات الحكومية او الدولية او الاقليمية الدعوة الى الدول المعنية لحضور هذا المؤتمر او الاجتماع الدولي.

3- عقد المؤتمر واقرار جدول الاعمال.

4- اصدار القرار او البيان المشترك او توقيع المعاهدة.

---

اعمال السيادة: Acts of sovereignty

هي الاعمال التي تصدر عن الهيئة التي تتولى الحكم في الدولة تبعا لنظامها السياسي باعتبار ان الدولة هي صاحبة السلطان على اقليمها ورعاياها ما دامت لهذه الهيئة القوة او النفوذ ما يمكنها من ممارسة هذا السلطان في الاشراف على شؤون الدولة الداخلية وعلاقاتها الخارجية.

---

أغاخان: Aga Khan

لقب يطلق على رئيس الطائفة الإسماعيلية منحته حكومة لندن لقب صاحب السمو ويمكن الأخذ بهذا اللقب على اعتبار أن الآغاخان ليس من رجال الدين.

---

القاب رسمية: Formal titles

اللقب هو الاسم الفخري الذي يخلع على حامله الشرف والاعتبار والاحترام, وقد كان له في الماضي اهمية خاصة وتسلسل في الاسبقية, اذا كان مركز الامبراطور على سبيل المثال يفوق مركز الملك غير ان هذه الاعتبارات قد زالت جميعها في عصرنا الحاضر, واصبح جميع الرؤوساء متساويين تبعا لمبداء مساواة الدول الذي اقرته المواثيق الدولية الحديثة.

غير ان ثمة اعتبارات خاصة تميز بعضهم عن بعض عاطفيا كالصداقة الشخصية في الجوار والانتماء الى عنصر واحد كالعرب, او مذهب سياسي عقائدي كالرأسمالية او الشيوعية او الاشتراكية او الى حلف واحد كحلف الناتو, او الى قارة واحدة كالكتلة اللاتينية والوحدة الافريقية او سبب اهمية الدول من الناحية الاستراتيجية والقوة النووية.

---

القاب شعبية: Popular titles

وهي القاب تمنح لرؤوساء الدول والجمهوريات من طرف الرأي العام واعترافا بما ادوه من خدمات جليلة, وهي تشير عادة الى المناسبات التي استوجبت هذا المنح, والامثلة كثيرة على هذه الالقاب في التاريخ, فعلى سبيل المثال اطلق الامريكيون الجنوبيون على «تشي- جيفارا» المواطن العظيم, وماريانا يحمل لقب المستحق الشكر لله, واطلق الاتراك على كمال اتاتورك لقب ابو الاتراك, وفي الوطن العربي اطلق السوريون على الرئيس شكري القوتلي المواطن العربي الاول بسبب جهوده في تحقيق الوحدة بين سوريا ومصر عام 1958, اذا تنازل في هذا السبيل للرئيس الراحل جما ل عبد الناصر.

---

امير: «prince »

ويشترط ان يكون حامل هذا اللقب منحدرا من اسرة ملكية, وتدعى زوجته اميره, «prince».

---

انتهاء مدة المعاهدة: ter minaation of the treat

مصطلح يعني الطرق التي من خلالها تنتهي المعاهدة وهي:

1) حلول اجل انتهائها, أي تلقائيا اذا كانت معقودة لمدة محددة سواء كانت غير قابلة للتجديد ام رفضت الاطراف المتعاقدة تمديد مفعولها.

2) رغبة احد الاطراف المتعاقدة في التحلل من التزاماته.

3) ارادة الطرفين المتعاقدين أي الالغاء, وهو ما يتم باتفاق خاص, او ينشاء عن تنفيذ شروط او شرط مدرج على المعاهدة.

---

اندماج او تكامل: integration

تحويل وحدات منفصلة الى عناصر نظام.

---

انذار نهائي: ultimamtam

اعلان مشروط للحرب.

---

انسحاب: Withdrawal

ترك دولة من الدول عضوية هيئة او منظمة عالمية بارادتها, وهو يقابل الفصل أي الزام دولة بـترك المنظمة وتنص المعاهدات الجماعية الموقوته بفترة معينة على حق العضو في الانسحاب, هذا على المستوى الدولي, اما على المستوى العسكري فالانسحاب يعني تـرك الجيـوش المحتلـة والاراضي التـي احتلهـا خـلال المعارك الحربية من اقليم الدولة المعادية والتراجع الاستراتيجي ابان الحرب في بعض الظروف ونظرا للمتطلبات الحربية.

---

انضمام: accession or link up

الصك القانوني الذي تصبح بموجبه احدى الـدول خاضعة الى احكـام معاهـدة دوليـة خاصـة او بموجب بيانات متبادلة او بمقتضى بيان صادر من احـد الاطراف, والانضـمام هـو اجـراء قـانوني يقصـد بـه اشتراك دولة ما في مقاطعة او معاهدة او منظمة دولية معينة, وعملية الانضـمام تحتـاج الى اتخـاذ اجـراء خاص من جانب الدولة الراغبة في الانضمام يسمى طلب الانضمام الى المنظمة الدولية.

---

انضمام الى الحلف: accession to the alliance

انضمام احدى الدول الى منظمة اقليمية او الى حلف بموجب معاهدة خاصة

---

انفراج في العلاقات الدولية: relation of international realations

مصطلح يستخدم عادة في مباحثات نزع السلاح, ويقصد به تهدئة العلاقات السياسية والعسكرية المتوترة بين الدول او الشعوب, وذلك عن طريق عقد مواثيق عدم

الاعتداء, وحظر التجارب النووية, وعقد القمة وما شابه ذلك.

انهاء حالة «الحرب»:  End the war:

مفهوم في القانون الدولي لاحلال السلم بين طرفين متنازعين ويتطلب ذلك الكف نهائيا عن العمليات العسكرية, والامتناع عن اتخاذ الاجراءات الاستثنائية التي كانت تعتبر شرعية بموجب قانون الحرب كالتسلح والمرابطة على الحدود ومساندة القوات الغير نظامية والمقاومة الشعبية المسلحة والتغاضي عن عملها داخل الاراضي التي يسيطر العدو عليها, وتأمين الحماية لها, هذا من الناحية العسكرية, اما من الناحية السياسية فتتضمن عند اللجؤ الى المقاطعة الاقتصادية والحصار وحرمان العدو من استخدام طرق المواصلات الارضية والجوية والمائية.

ايرال: earal

أي كونت, ويحمل صاحبه لقب lord وزوجته لقب lady, ويلقب الاخوان الذكور «honourable», كما وتحمل اخوته لقب lady , وذلك في المناسبات الرسمية على ان يضاف اليه اسمهن الشخصي ـ وتستعمل في الكتابة اليه العبارات الاتية « the right honourable », lord yor lord ship , my lord,«.

اوراق اعتماد: Credentials

وهي الوثائق والمستندات التي يصبح بفضلها اشتراك المندوبين في أي اجتماع او مؤتمر اويصبح تمثيلهم لدى دولاى شرعيا, ويكون لكل مؤتمر او اجتماع او دولة حق الموافقة على قبول اوراق الاعتماد او رفضها اذا كان هناك اختلاف او خلاف حول صحتها او كانت هناك اكثر من جهه واحدة تدعي انها تحمل نفس اوراق الاعتماد التي تحملها جهات اخرى.

حرف الباء

173

باب خلفي: Rear door

اسلوب العمل السياسي الذي يتميز بقيام اشخاص غير مسؤولين بتوجيه سياسة الدولة, وقد جاء هذا المصطلح من حياة القصور التي كانت تدار فيها شؤون الحكم عن طريق النساء او الخدم الذين يستخدمون الابواب الخلفية في دخولهم وخروجهم.

---

باب مفتوح: open door policy

اسلوب سياسي تنتهجه بعض الدول في سياستها الخارجية, ويقوم تاريخيا على تعهد الدول العظمى او الكبرى بعدم انفراد أي دولة بالحصول على امتيازات تجارية او صناعية او سياسية, وقد نشاء هذا الاصطلاح بعد حرب الصين في القرن التاسع عشر نتيجة لمحاولة بعض الدول الغربية الاستئثار بامتيازات تجارية خاصة في الصين.

---

بدل تمثيل: peresentaion allowanace

وهو الاجر الذي يستحقه الدبلوماسيين وكافة الموفدين والمبعوثين السياسين لقاء تمثيل بلدهم لدى بقية الدول, وهذا الاجر لايقتصر فقط على رجال السلك الديبلوماسي للدولة بل يتعداه الى موفدي المنظمات الدولية وسائر المنظمات التابعة لها, كما ان هناك تمثيل خاص بالهيئات المعنوية كالمنظمات والشركات يستحق من يقوم به اجرا يدعى بدل التمثيل.

ان بدل التمثيل هو اجراء مالي يقصد به المرتب الاضافي, الذي يصرف لاعضاء السلك الديبلوماسي والقنصلي لمواجهة النفقات الاستثنائية التي يستلزمها تمثيل بلادهم في البلاد الموفدين اليها تمثيلا لائقا ويصرف بدل التمثيل اثناء قيام المبعوث بعمله في الخارج.

بروتوكول: Protocol

---

تستعمل كلمة بروتوكول للدلالة على مجموعة من القرارات والرسائل والمذكرات الحكومية كما تدل على مجموعة من الإجراءات والقرارات الصادرة عن مؤتمر أو جمعية، واشتق مصطلح بروتوكول من اللفظ اللاتيني Protocollum وهي بدورها مشتقة من الكلمة اليونانية Protocollon المؤلفة من لفظين هما «Protos وKolla» ومعناها الأول «الصق» وكانت تطلق على الورقة الأولى الملصقة على العهود والمواثيق، ومن اللفظة الأولى Protos انبثق في اللغة الفرنسية وفي الاصطلاح الدولي مفهوم الأولوية والأسبقية والصدارة والتي تعتبر حجر الزاوية في قواعد المراسم، والعقبة الكؤود التي ما زال يعمل بها أحياناً مديرو المراسم في معظم البلاد ولا سيما الملكية والعريقة التي ما زالت تعترف بالألقاب النبيلة والفخرية ويشير مصطلح البروتوكول كذلك من وجهة نظر القانون الدولي على مجموع الإجراءات والاستعدادات المتخذة على أثر التوقيع على معاهد ما أو اتفاقيات مؤقتة تكون نافذة لفترة معينة أو اتفاقات موجزة الصيغة، كما يقصد بها الوثائق والضابط التي تحرر عن اجتماع أو مؤتمر أو اتفاق أو جانب منه ويقصد به كذلك أي اتفاق يعقد بين ممثلي دولتين أو أكثر ولا يحتاج عادة إلى اعتماد حكومة كل منهم، كما يقصد بالبروتوكول وثيقة تحرر عن اتفاق جزئي في أثناء إجراء محادثات لتوقيع معاهدة أو لإجراء تفسير متفق عليه.

وفي العرف الديبلوماسي فإن البروتوكول يعني المراسم والقواعد المرعية في الاحتفالات والحفلات والمآدب والاجتماعات ووالاستقبالات الرسمية وهي عادة تقاليد غير مكتوبة يقررها العرف أو السوابق وآداب المجاملة والضيافة تخصص برعاية هذه الواجبات إدارة من إدارات الشؤون الخارجية تعرف بإدارة المراسم أو إدارة البروتوكول.

وعلى ضوء ما تقدم فإن لمصطلح البروتوكول ثلاثة معاني أخرى مستعملة في العرف الدولي وهي:

المعنى الأول: وتطلق على الصك الذي يتضمن اتفاقاً أقل شأناً من المعاهدات

والاتفاقيات وقد يكون مستقلاً عنها أو متمماً لها.

المعنى الثاني: تطلق على المحضر الذي يتضمن خلاصة المباحثات والمناقشات التي جرت في اجتماع دولي.

المعنى الثالث: البروتوكول وهو إحدى إدارات وزارة الخارجية المختصة بالسهر على حسن تنفيذ قواعد المجاملة الدولية ورعاية امتيازات وحصانات الدبلوماسيين والموظفين الدوليين والشخصيات الدولية الزائرة وتنظيم مختلف الحفلات والمناسبات ذات الطابع الدبلوماسي أو الدولي وتهيئة عقد المؤتمرات الدولية وممارسة الاختصاصات المتعددة.

بروتوكول أو اتفاق إضافي: Additional – Protocol

اتفاق متمم للمعاهدة الأصلية، تذكر فيه أحكام غفل المفاوضون في صلب المعاهدة أو اقتضت الأحوال الطارئة إضافتها لها. ويعد بياناً بأسماء الدول أو أسماء رؤساء الدول المتعاقدة، والأسباب الموجبة لعقد المعاهدة، وبيان الغرض من عقدها أو الأهداف التي ترمي إليها. وتتضمن مقومات المواثيق الكبرى بعض المبادئ الإنسانية والسياسية والدولية التي تؤمن بها الدول المتعاقدة، أو تتمسك بها والسير على هداها، أو العمل على تحقيقها.

بروتوكول التحكيم: Protocol of Arbitration

الاتفاق المعقود بين دولتين متنازعتين على عرض النزاع الطارئ على تحكيم إحدى الهيئات الدولية أو القضائية والقبول مسبقاً بالحكم الذي ستصدره.

بعثة دبلوماسية: Diplomatic Mission

الوفد الدبلوماسي الذي ترسله دولة قائمة يمثلها لدى بقية الدول والتمثيل الدبلوماسي هو حق لكل دولة تامة السيادة في أن توفد بعثات دبلوماسية إلى بقية الدول وتقبل منها مثل هذه البعثات ويسمى ذلك بالتمثيل الدبلوماسي الإيجابي، أما إذا كانت الدولة تامة السيادة كأن توجد تحت الحماية فلا يكون من حقها عادة أن توفد بعثات دبلوماسية إلى سائر الدول بل يبقى لها أن تقبل منها مبعوثين دبلوماسيين وهذا ما يسمى بالتمثيل الدبلوماسي السلبي، والى وقت قريب كانت البعثات الدبلوماسية مقتصرة على الدول التامة السيادة ثم اعترف للمنظمات الدولية بتقبل البعثات وبحق التمثيل الدبلوماسي السلبي وبعد شيء من التطور أصبح لها حق التمثيل الإيجابي أي حق إيفاد البعثات إلى بقية الدول وليس ما يمنع عليها هذا الحق ما دامت تعتبر من الشخصيات الدولية.

حرف الباء

تبادل أسرى: Exchange of prisoners

إعادة المحاربين الذين وقعوا في أسر العدو إلى سلطات دولتهم، ويقوم هذا الإجراء بناءً على اتفاق يحدد شروط هذا التبادل كأن يراعى مبدأ التكافؤ في عدد الأسرى الفريقين أو رتبهم ويشترط عادة أنه لا يجوز للأسرى المفرج عنهم العودة إلى القتال حتى نهاية الحرب التي أسروا خلالها، ويعتبر إعادة الأسرى من الشروط التي تتضمن اتفاقيات الصلح.

---

تبادلية: Mutuality

يعني هذا المصطلح المعاملة بالمثل بالعلاقات الشخصية أو الدولية أو تبادل الواجبات والحقوق ضمن جماعة محلية.

---

تبادلية متوازنة: Reciprocity

وهي تبادل يشتمل على قيم متساوية في الكم والنوع خلال فترة قصيرة من الزمن.

---

تبادلية معممة: Generalized reciprocity

وهي تبادل لا تتساوى به القيم لا كماً ولا نوعاً ولا تجري في فترة زمنية محددة.

---

تجديد ضمني: Automatic - Renewal

تجديد المعاهدات والاتفاقيات حكماً ودون إجراء خاص، إذا كانت تتضمن نصاً على تجديدها تلقائياً لمدة تعادل المدة الأولى إذا لم ينقضها أحد الطرفين المتعاقدين قبل انتهائها بفترة منصوص عليها، كأن تكون شهراً أو عدة أشهر.

---

تجريد الجنسية: Abstraction Nationality

إسقاط الجنسية عن المواطن وذلك لاعتبارات تتضمنها القوانين الجنسية الخاصة بهذا البلد أو ذاك.

## تحالف: Alliance

أي علاقة تعاقدية بين دولتين أو أكثر يتم من خلالها اتخاذ خطوات الدعم المتبادل في حالة حدوث حرب وهي بديل لسياسة الانعزال التي ترفض أي مسؤولية تجاه سلامة دولة أخرى ولقد ارتبطت تاريخياً سياسة التحالف بسياسة توازن القوى ونقدت من حيث المبدأ والدلائل التاريخية على أنها تزيد من احتمال وقوع الحرب وانتشارها.

## التحالف الأمبريالي الصهيوني: Imperialist-Zionist Alliance

مجمل العلاقات والروابط والأهداف والمخططات المشتركة بين القوى والمصالح الأمبريالية الغربية وبين الصهيونية فكرة وتنظيماً وكياناً وذلك على حساب شعوب العالم الثالث وخاصة العرب.

## تحالف دفاعي: Defensive Alliance

الاتفاق الذي يعقد بين دولتين أو أكثر للتعاون فيما بينها عسكرياً في حالة هجوم أو اعتداء دولة أخرى على أراضيها أي متهماً.

## تحالف مقدس: Holy Alliance

اصطلاح تاريخي يطلق على الحلف الذي أبرم مع ملوك أوروبا عام 1815 بعد هزيمة نابليون وعقد مؤتمر فينا لفرض الدفاع عن النظام الملكي ضد الثورات الشعبية التي ألهمتها الثورة الفرنسية وأيدت هذا الاتفاق معاهدة «اكس لاشابل» 1818 التي نصت تدخل الملكيات لقمع أي حركة ثورية تهدد نظام الحكم القائم وبذلك جعلت هذه الدول من نفسها منظمة دولية لحماية الأمن والسلام واستمد هذا الحلف اسمه من الدين

باعتبار أن الغرض من هذا التحالف هو تطبيق مبادئ العقيدة المسيحية حتى تبدو كل حركة شعبية مناهضة لقواعد الكنيسة.

تحديد الحدود: Delimitation of Boundaries

ترسيم الحدود إما بالتراضي بموجب اتفاقيات خاصة أو قسرية بواسطة معاهدات صلح أو بموجب قرار تحكيمي قضائي، ويرفق كل ذلك بخرائط تبين الحدود المقررة وتتولى تخطيط الحدود عملياً لجان فنية مؤلفة من مهندسين وخبراء تراعي في مهمتها العناصر التقليدية لتعيين الحدود واحترام وحدة المدن وأوضاع الاستقلال المحلية، وعدم تجزئة الأراضي الزراعية، ثم تضع دعائم الحدود وتسوى كل ما يتعلق باستعمال الطرق وصيانتها ومجاري المياه والجسور وتحرر محضراً بأعمال تسلمه إلى السلطات المختصة بالبلدين.

تحفظات: Reservations

القيود والبيانات الاحترازية التي يتقدم بها أحد الأطراف المتعاقدة ويطلب إثباتها في نص العقد أو المعاهدة كشرط للتوقيع عليها أو تصديقها، وهو اصطلاح سياسي يقصد به قيد تضعه الدولة أو دولة من الدولة بالنسبة لبعض نصوص معاهدة أو اتفاقية وتعتبره شرطاً لتوقيعها أو التصديق عليها وأكثر ما تكون التحفظات في الاتفاقيات الثنائية بين دولتين وقبول التحفظ يستهدف من ناحية ضماناً للدولة ومن ناحية أخرى محاولة لتذليل العقبات التي تعترض عقد الاتفاقيات ما دام التحفظ لا يتعارض مع طلب الاتفاقية أو الغرض منها.

تحقيق دولي: International Investigation

وسيلة من الوسائل تهدف إلى تسوية النزاعات بين الدول بصورة ودية لحل الخلافات أو خلافات تنشب بين الدول ومن ثم يكون الفصل في صحتها أو حصرها في

حدود الحقيقة مما يسهل تسوية النزاع سلمياً وتقوم بهذه المهمة في الأغلب لجنة يعهد إليها تقصي الحقائق والوقائع وسردها في تقرير خاص بحيث يحدد كل طرف موقفه منها.

## تحكيم: Arbitration

وهي طريقة لتسوية النزاعات الناشئة بين الدول بواسطة رئيس الدولة أو شخصيات رسمية أو دبلوماسية أو قضائية أو لجنة مختلطة على أساس احترام الحق والعدالة وهو أيضاً وسيلة من وسائل التصالح بين المتنازعين وذلك بواسطة فريق ثالث يقضي في النزاع بينهم بناءً على طلبهم أو هو سياسة دولية تتبعها دولتان أو أكثر لفض المنازعات والمشكلات التي تنشأ بينهما عن طريق محكمة أو هيئة تقبل قرارها للبعد ما أمكن عن اتخاذ طريقة العنف والحرب، وقد رسم ميثاق الأمم المتحدة التحكيم كوسيلة سليمة لفض المنازعات بين الدول كما نشأت محكمة العدل العليا الدولية للقضاء بين الدول التي تقبل حكمها، وقد حلت هذه المحكمة بدلاً من المحكمة الدائمة التي نشأت بمقتضى عهد عصبة الأمم.

والتحكيم هو: تسوية المنازعات بين الدول عن طريق قبول الأطراف المتنازعة بالأحكام إلى أطراف ثالثة مثل الشخصيات الرسمية المرموقة أو اللجان السياسية والهيئات القضائية المختلفة على أساس التواصل إلى اتفاق خاص يفصل النزاع القائم ويسمى عقد التحكم ولذلك يتطلب في المحكمين صفات الحياد والعلم والإلمام بالقانون الدولي وتصدر قرارات التحكيم في حيثيات معللة وبتواقيع أكثر المحكمين وتعتبر هذه القرارات نهائية من غير أن تكون تنفيذية وتخضع للمراجعة في حالات قليلة تطلب التفسير إذا اختلف الطرفان على مضمون القرار أو طلب الإصلاح إذا تجاوز التحكيم اختصاصه.

تحقيق إجباري: Achieve the mandatory

نوع من التحكيم يجبر فيه الفريقين المتنازعين على القبول به والالتزام بحكمه.

تحكيم دولي: International Arbitration

وسيلة قضائية لتسوية المنازعات الدولية بعد فشل الوسائل الدبلوماسية الودية كالوساطة والتحقيق والتوفيق، ومن ثم يختلف التحكم عن هذه الوسائل التي تنتهي مهمتها عند العرض والاقتراح باعتبار أن القرار الذي يصدره الحكم أو هيئة التحكيم التي يلجأ إليها المتنازعون هو قرار يلتزمون بتنفيذه.

تحليل المحتويات: Analysis of Contents

وهو أسلوب منهجي لدراسة مضامين وسائل الاتصال بين البشرـ وذلك من خلال تحليل معاني ومدلولات العبارات الواردة في وسائل الإعلام المختلفة وخاصة التوجيه السياسي.

تدخل سافر: Gross Inter feverence

تعرض دولة للشؤون الداخلية لدولة أخرى، بهدف زعزعة الاستقرار والأمن الداخلي لها، والمساس بنظامها السياسي وكيانها كدولة مستقلة ذات سيادة.

تدويل: Internationalization

إخضاع إقليم لنظام إدارة دولية بموجب معاهدات متعددة الأطراف.

ترضية: Compromis

أسلوب دبلوماسي لإزالة سوء التفاهم وتهدئة الخواطر بين الدول والجماعات والأفراد يتم اللجوء إلى الترضية في حالات وقوع الضرر الأدبي من جراء الإخلال بالتزامات معينة أو بسبب التقاعس عن تأدية واجب ما وتحصل الترضية لدى إعلان

182

الدول تنصلها من تصرفات أحد ممثليها الدبلوماسيين.

---

**تسجيل المعاهدات: Registration of treaties**

إجراء دولي يقصد منه الإعلان عن إبرام معاهدة من المعاهدات وإحاطة الـدول بمضـمونها حمايـة للدولة من المؤامرات والخطط النافية للعدالة والشرف التي تتضمنها المعاهدات السرية والتي تهدد السلم والأمن الدولي.

---

**تسليم المجرمين: Extradition treaty**

اتفاقية يقضي بتخلي الدولة عن شخص موجـود في إقليمهـا لدولـة أخـرى تطالـب بتسـليمه إيـاهـا لمحاكمته عن جريمة منسوب إليه ارتكابها و لتنفيذ عقوبة صادرة عن جهة قضائية.

---

**تسوية: Settlement**

اتفاق دولي مهما كان شكله يؤدي إلى تسوية نزاع قانوني حول موضوع معين.

---

**التسوية بالتحكيم: Settlement of arbitration**

إخضاع نزاع دولي معين بالتحكيم، اتفاق يحـدد طبيعـة أعضـاء لجنـة التحكيم والموضوعات التـي متشابهاً فيها مواعيد وأمكنة الاستماع إلى البيانات.

---

**تسوية تاريخية: Historical Compromise**

تهيئة المناخ السياسي لصيغة حكومية ائتلافية شعبية حزبية اجتماعية دولية.

---

**تسوية سليمة: Peace Full Settlement**

حـل النزاعـات والصراعـات الدوليـة دون اللجـوء إلى القـوات المسـلحة وذلـك باسـتخدام الوسـائل السياسية والدبلوماسية كالمفاوضات والمباحثات والوساطة والتدقيق

والتحكيم والمحاكم الدولية من خلال المنظمات والهيئات الدولية.

---

## تسوية سلمية لنزاع دولي: Peace Full Settlement of Dispute

الإجراءات التي تتم من قبل المنظمة الدولية أو القارية أو الإقليمية بهدف إيجاد حلول للنزاع الدولي الناشئ بين دولتين أو أكثر وتكون ضده التسوية طبقاً لطبيعة النزاع، فإذا كان النزاع قانونياً، كالاختلاف على تفسير نص معاهدة ثنائية ممكن الرجوع أو اللجوء إلى محكمة العدل الدولية لإعطاء التفسير العادل، وإذا كان النزاع موضوعياً كالخلاف على الحدود الإقليمية فيكون إجراء التسوية من خلال تشكيل لجان التحكيم، أما إذا كان النزاع متعلقاً بتصرفات استفزازية فيلجأ إلى لجان تحقيق.

---

## تسوية ودية: Friendly Settlement

الوصول إلى اتفاق بين الأفراد أو الجماعات أو الدول على سبيل فض المشكلة والتصالح. والوساطة هي إحدى السبل للتسوية الودية لفض النزاع بالطرق السليمة دون اللجوء إلى الإكراه أو القوة وقد نصّ ميثاق الأمم المتحدة على ذلك، حيث تتخذ الوسائل السياسية والقانونية والدبلوماسية مثل المفاوضات والمساعي الحميدة للتوصل لحل النزاعات الدولية.

---

## تصديق: Leyalisation

المرحلة الأخيرة من مراحل تصديق المعاهدات الدولية وهو القبول أو التبني الرسمي من جانب دولة ما لمعاهدة وقعها ممثلوها ويتم التصديق بتبادل وثائق الإبرام بين الدول المعنية ويعني قبول المعاهدة أو الاتفاقية رسمياً من السلطة التي تملك عقد المعاهدة نيابة عن الدولة.

---

## تصريحات استفزازية: Provocative Declaration

هي التصريحات التي يدلي بها رجل دولة مسؤول أو ممثل دبلوماسي ومن شأنها إثارة السخط وتحريض دولة ما لأغراض سياسية وحملها على اللجوء إلى اتخاذ إجراءات قسريةاو انتقامية أو حشد الجيوش وقد تسبب بإعلان الحرب.

---

تصعيد: Escalation

رفع درجة التوتر وتوسيع ميدان الواجهة وزيادة الضغط بصورة مطردة في حوار.

---

تضامن دولي: International solidarity

مجموعة العلاقات التي تربط دول العالم ببعضها البعض وهي علاقات قائمة على أساس وحدة الطبيعة الإنسانية وساعد على ذلك الاحتياجات العالمية للثروات المختلفة في شتى بقاع العالم أو تبادل المصالح والمنافع وما سواها.

---

تعديل: Amedment

التغيير الذي يطرأ على مشروع المعاهدة أو الاتفاق قبل إقرارها أو بعد إكسابها الصفة القانونية، خاصة إذا تبين بعد صدورها ما يقتضي إضافة نص أو إلغاءه ويتناول التعديل مشروعات القرارات التي تهيئها اللجان المختصة في المؤتمرات الدولية.

---

تفسير معاهدة: Interpretation of the Treaty

إيضاح بعض العبارات الواردة في المعاهدة، أو لغموضها أو تناقضها الصريح مع نص آخر أو تحديد كيفية تطبيق أحكامها في موضوع معين أو لبيان القاعدة الواجب التقيد بها في الحالات التي يرد ذكرها في المعاهدة أو لتحديد حقيقة متوخاة من عقد المعاهدة.

---

تفويض: Authorization

أمر تحريري يعطي لشخص ذي رتبة وصلاحية انضباط في القوات المسلحة أو أحد قيادي الحزب السياسيين أو هو الرتبة والصلاحية المعطاة بمثل هذا الأمر.

تعديل: Amendment

وهو التغيير الذي يطرأ على مشروع المعاهدة أو الاتفاق قبل اقرارهما أو بعد إكسابها الصفة القانونية، إذ تبين بعد صدورهما ما يقتضي إضافة نص أو إلغاءه، ويكون التعديل وفق الطرق القانونية التي جرى بها إصدارهما أو البينة في الاتفاق أو الدستور أو الميثاق، ويتناول التعديل في المجال الداخلي الدستور نفسه أو بعض القوانين القديمة والحديثة، على أن تكون موجبات التعديل قانونية واضطرارية وتوافق عليه السلطات المختصة وقد يتناول التعديل مشروعات القرارات التي تهيئها اللجان المختصة في المؤتمرات الدولية.

تعليمات دبلوماسية: Diplomatic Instruction

التوجيهات الخطية أو الشفهية التي يتلقاها الممثل الدبلوماسي أو المندوب المفوض من حكومته للعمل بموجبها وعلى هداها بحيث لا يحقق له الخروج عنها تحت طائلة المسؤولية التي قد تصل إلى حد الإقامة.

وإذا طرأ عند المباحثات أو المفاوضات ما يقتضي تعديل هذه التعليمات فعليه أن يشرح الحالة الجديدة ويقرنها بالحجة والبرهان طالباً تعديل التعليمات السابقة وعلى الممثل أو المندوب أن يكون جريئاً وحكيماً فلا يخرج عن تعليمات حكومته ولا يتقيد بأي صورة عمياء إذا اقتضت مصلحة بلده تعديلها.

تمثيل دبلوماسي: Diplomatic representation

186

مظهر من مظاهر سيادة الدولة واعترافها المتبادل بأنظمة حكوماتها يتم في قيـام الدولـة المسـتقلة بتعيين مبعوث لتمثيلها لدى دول أخرى على نحو متبادل وهو يعني إيفـاد وقبـول مبعـوثين يمثلـون دولـة لدى إحدى الدول الأخرى وهو حق من حقوق الـدول تامـة السـيادة يؤكد وجودهـا القـانوني واسـتقلالها السياسي في مواجهة الدول الأخرى على أن تكون حكومة هذه الدولة معترفاً من جانب الدولة التي ترغـب بإقامة علاقات دبلوماسية معها اعترافاً صريحاً أي الاعتراف القانوني الذي لا يستنتج ضمناً وإلا فإن مبعوثي هذه الدول يعتبرون وكلاء عن حكوماتهم لرعاية مصالحها وليس لها امتيازات التمثيل الدبلوماسي.

تمديد المعاهدة: Proyoyation of tuitreaty

أي تمديد مدة المعاهدة قبل انتهائها بمدة كافية بمذكرات متبادلة سواء نصت على إمكانيـة ذلـك أم لم تنص، وهناك معاهدات تتمدد تلقائياً لمدة تعادل المدة الأولى إذا كانت تتضمن بنداً يسمح بـذلك مـا لم ينقضها أحد الطرفين المتعاقدين قبل مدة منصوص عليها في الاتفاقية قبل تاريخ انتهائها.

تعهد دولي: International undertaking

ضمان إقرار أو متابعة سلامة تنفيذ بنود الاتفاقية المنصوص عليها بين الأطراف المتعاقدة مـن قبـل المجتمع الدولي.

توقيع: Signed

تـدوين أسـماء المنـدوبين المفوضـين لإبـرام اتفاقيـة أو معاهـدة ويكون التوقيـع في أسـفل نصـوص المعاهدة وكذلك تحت الملحقات التي تضاف إليها لغـرض الاستيضـاح والتفسـير، ويفيـد التوقيـع حصـول الاتفاق ولكنه غير ملزم إلا إذا كانت وثائق التفويض التي يحملها المندوبون تجيز نفاذ الاتفاق مـن تـاريخ التوقيع عليه. ويراعى في ترتيب التوقيعات عدم

منافاتها لمبدأ المساواة بين الدول ويكون التوقيع بحسب الأحرف الهجائية لأسماء الدول المشتركة أو بالتناوب في النسخ الرسمية للمعاهدة أو أن يكون لكل دولة الأولوية في التوقيع بالنسبة للنسخ الرسمية التي تحتفظ بها، وقد يكون التوقيع بالأحرف الأولى لأسماء المندوبين وذلك حين يكون التصديق عليها ضرورياً من السلطات المختصة في الدولة.

حرف الثاء

ثنائي: Bilateral

المعاهدات أو الاتفاقيات المعقودة بين دولتين.

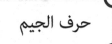

حرف الجيم

جدول أعمال: Agenda

برنامج لعمل الموضوع أمام هيئة معينة لدراسته وإقراره ثم تنفيذه، وقد أصبح لكل اجتماع رسمي جدول أعمال يضبط مناقشته ومقرراته.

---

جلسة الافتتاح الرسمية: Formal Opening Meeting

وهي الجلسة الأولى التي تتبادل فيها كتب التفويض، وانتخاب رئيس المؤتمر أو إلقاء كلمة ترحيب مشفوعة بتمنيات التوفيق، مع عرض فكرة عامة عن أهداف المؤتمر، والأمل بالوصول إلى اتفاق في وقت قصير، وتكون جلسة الافتتاح عادة علنية يحضرها المدعوون الرسميون، وفي مقدمتهم رؤساء البعثات الدبلوماسية، فضلاً عن الصحفيين والصوريين ومندوبي وكالات الأنباء.

---

جلسة ختامية: Final Sitting

وهي الجلسة التي تنهي أعمال المؤتمر أو الاجتماعات الدولية سواء بالإخفاق أو بالنجاح وفي هذه الحالة توقع المعاهدات أو الاتفاقيات، وبعض الوثائق، كمحضر الجلسات والعقد الختامي، ويجوز في مؤتمر القمة أو المؤتمرات الصغيرة إصدار بيان يؤكد اتفاق وجهات النظر أو الاتفاق على معظم القضايا التي تناولتها الأبحاث والمناقشات.أو تأجيل النظر فيها.

---

## حرف الحاء

حرب اهلية: civial war

حالة صراع مسلح يقع بين فريقين او اكثر في دولة واحدة نتيجة لنزعات حادة وتعذر ايجاد ارضية مشتركة لحلها بالتدرج او بالوسائل السلمية ويكون الهدف لدى الاطراف السيطرة على مقاليد الامور وممارسة السيادة, اما اسباب الحرب الاهلية فتتنوع ما بين الاسباب السياسية او الطبقية او الدينية او العرقية او الاقليمية او مزيج من هذه العوامل, ويعتبر اللجؤ الى الحرب الاهلية حالة قصوى من حالات دفع الظلم والثورة على حكومة او فئة حاكمة اخلت بحقوق الشعب والمواطن كما جاء في دستور الثورة الفرنسية الصادر عام 1793 او بموجب مبادىء حق الشعوب في تقرير المصير بنفسها المتضمن في ميثاق الامم.

حسن التفاهم: Goodunderstanding

أسلوب التفاهم القائم على الاحترام في المناقشات التي تتم بين الوفود ويترتب عليها نجاح المؤتمر، والوصول إلى نتائج مرجوة.

حصانة: Immunity

أي أن يصبح الفرد بعيداً عن متناول القضاء لأي سبب من الأسباب، وهذه الحصانة تستدعي أو تراعي في معاملة أعضاء السلكين السياسي والقنصلي وسفراء ووزراء مفوضين وقناصل يباشرون مهامهم بخطابات اعتماد كأعضاء السلك السياسي لبلادهم، ويتمتعون بإعفاءات جمركية ولا تسري عليهم قوانين البلاد التي تستضيفهم إلا بشروط معينة، وتعتبر السفارة وما إليها جزء من أرضي بلادهم.

حصانة دبلوماسية في القانون الدولي: Diplomatic Immunity in International Law

أي حماية صاحبها من إلقاء القبض عليه والتوقيف أو الخضوع للإجراءات المدنية أو

191

الإدارية أو الجزائية أو الخضوع للضرائب وتشتمل الحصانة على حظر الدخول إلى منزل دبلوماسي أو تفتيش وثائقه أو مستنداته أو أوراقه أو مراسلاته ضمن نطاق معين.

---

حق إعلان الحرب: Just Belli

عبارة لاتينية تشير إلى الحق الذي كانت تتمتع به كل دولة في شن الحرب على غيرها شريطة مراعاة الأحكام المنظمة للقتال.

---

حقيبة دبلوماسية: Diplomatic Pouch

وسيلة من وسائل الاتصال بين الدولة ومبعوثيها الدبلوماسية في الخارج وأينما وجدوا، وتتمتع الحِقيبة الدبلوماسية بالحصانة فلا يجوز سلطات الدول الأخرى أو تحجزها كما يتمتع الرسول الديبلوماسي الذي يحملها ويرافقها بالحصانة الشخصية وفي حالة استخدام الحقيبة في أغراض غير مشروعة كالتهريب فيجوز للدولة الموفد إليها الديبلوماسي أن تحتج وتطالب بسحبه أو تأمره بمغادرة أراضيها باعتباره شخصاً غير مرغوب فيه.

---

## حرف الخاء

ختم الوثائق: Seal Records

مصطلح يشير إلى عملية وضع ختم أو طابع على الوثائق لبيان عائديتها أو إلى وديعة أرشيفية عامة ومن أشهر الأختام التي استخدمت في هذا الغرض الختم الكروي الذي يكون عادة على هيئة كرة مصنوعة من المعدن الذهب أو الفضة أو الرصاص...، وكانت الوثائق الدينية والسياسية تختم بواسطته.

خط الأحمر: Red Line

يطلق هذا المصطلح بشكل عام على الخط الهاتفي الذي يجري ما بين الولايات المتحدة والاتحاد السوفياتي وخاصة بعد أزمة الصواريخ الكوبية وهو خط يجريه زعماء الدول لإجراء الاتصالات العاجلة لمواجهة الأزمات الدولية الخطيرة لإزالة سوء التفاهم وتسوية القضايا الدولية.

حرف الدال

دبلوماسية: Diplomacy

كلمة يونانية بمعنى طوى للدلالة على الوثائق المطوية والأوراق الرسمية الصادرة عن الملوك للرؤساء والأمراء ثم تطور معناها لتشمل الوثائق التي تتضمن نصوص الاتفاقات والمعاهدات وبذلك فإن الدبلوماسية كلمة تعني مجموعة المفاهيم والقواعد والإجراءات والمراسم والمؤسسات والأعراف الدولية التي تنظم العلاقات بين الدول والمنظمات الدولية والممثلين الدبلوماسيين بهدف خدمة المصالح العليا للدولة الاقتصادية والسياسية والأمنية والسياسات العامة للدول وللتدقيق بين مصالح الدولة بواسطة الاتصال والتبادل، وإجراء المفاوضات السياسية وعقد الاتفاقيات والمعاهدات الدولية وهي من أبرز أذرع السياسة الخارجية.

---

دبلوماسية برلمانية: Parliamentary diplomacy

برزت الدبلوماسية البرلمانية إلى حيز الوجود مع تزايد إحساس الحكومات بمسؤوليتها تجاه الرأي العام ومع تدعيم رقابة السلطة التشريعية على كافة أعمالها بما في ذلك قطاع السياسة الخارجية نفسه، وأيضاً مع التحسن الضخم في كفاءات عمليات الاتصال الدولي مما تتيح عنه أن الدبلوماسية أصبحت علنية ومفتوحة.

والدبلوماسية البرلمانية هي التي يقودها البرلمان وسميت لما يبينه العمل فيها والعمل في البرلمانات الوطنية متشابهاً

---

دبلوماسية ثنائية: Diplomatic criminal

وهي أقدم صور العمل الدبلوماسي ويقصد بها تنظيم العلاقات بين دولتين على أساس مفاوضات ثنائية بينهما.

---

دبلوماسية حماية: Diplomatic Security

من المبادئ المعترف بها أن الدولة تقوم بعمل غير مشروع ينسجم عنه ضرر يصيب الآخرين تتحمل هي مسؤولية الدولية وتلتزم بتقديم الترضية أو التعويض للجهة المتضررة، ومن حق الدولة التي وقع عليها الضرر أن تقاضي الدولة المسؤولة وتطالبها بالترضية أو التعويض لها أو لأحد رعاياها.

## دبلوماسية الخطوة خطوة Step by Step Diplomacy:

مفهوم وأسلوب في إجراء المفاوضات ومعالجة المشاكل الدولية شاع استخدامه على أثر نشوب حرب 1973 ومبتكر هذه الدبلوماسية هنري كينجر وانطلقت من مقولة تعذر تسوية الصراع العربي الإسرائيلي تسوية شاملة من خلال التقدم في تقريب المواقف عن طريق تسويات جزئية ومحدودة للتغلب على الحواجز النفسية وإقامة شروط الواقع السلمي تدريجياً لكن هذه الدبلوماسية انطلقت من افتقاد العرب خياراتهم العسكرية وتفتيت الوحدة العسكرية التي تحققت أثناء الحرب وضرب العمل العربي المشترك التي تمثل بحظر تصدير النفط العربي كرد فعل للدولة الداعمة لإسرائيل حيث تمكنت أمريكا وإسرائيل من توقيع معاهدات واتفاقيات سلام جزئية مع العرب، كامب ديفيد، وادي عربة، غزة، أريحا «أوسلو».

## دبلوماسية الدولار Dollar Diplomacy:

تعبير شعبي لوصف مجمل السياسات الأمريكية الحكومية الراقية لتسخير الوسائل السياسية والدبلوماسية الرسمية لتوسيع وحماية المصالح المالية والتجارية الأمريكية الخاصة في الخارج وكذلك استخدام الحكومة العربية للمال والقروض العامة والخاصة للدول والشخصيات القيادية والمؤثرة بقصد التأثير على تلك الشخصيات والدولة لصالح تحقيق أهداف السياسة الخارجية الأمريكية المختلفة.

## دبلوماسية رسول Envoy Diplomacy:

مبعوث خاص ترسله الدولة أو رئيسها في المهمات الخاصة للقيام بواسطة مباحثات ذات أهمية قصوى مع ممثلي دول أخرى.

## دبلوماسية شمولية: Comprehensive diplomatic

وهي نمط خاص وفريد من أنماط الدبلوماسية الدولية وقد انشقت خصائها من صميم الممارسات التي طبقتها نظم الحكم الشمولي في مناطق مختلفة من العالم، إذ استخدمت كافة الوسائل العسكرية والدعائية من أجل بسط نفوذها كسلاح فعّال في الضغط والتأثير وبصورة جعلتها تختلف اختلافاً جذرياً وشاملاً من حيث أهدافها واتجاهاتها ووسائلها عن الدبلوماسية الديمقراطية، فالدبلوماسيون الذين انيطت لهم هذه المهام لن يكونوا مجرد حلقات اتصال بين دولهم وبين الحكومات الأجنبية المعتمدين لديها، وإنما قاموا بدور العملاء لهذه الأنظمة ينفذون كل ما تعهد به إليهم من أعمال تفتقر إلى بسط المبادئ الأخلاقية المتعارف عليها دولياً مثل الخداع والتآمر والتجسس، وبذلك تعمل الدبلوماسية الشمولية إلى خلق التوترات وتفجير المواقف وتوسيع الثغرات والنفاذ منها إلى حيث تريد هذه النظم الشمولية أن تصل إليه من إخضاع الغير ودفعهم للأذعان كما يطلب منهم قبوله، ومن هنا فإن الدبلوماسية الشمولية تنتعش وتنجح في ظروف الصراع والتوتر وفي ظروف السلم والاستقرار.

## دبلوماسية علنية: Public diplomacy

وهي الدبلوماسية التي تلجأ إلى الأسلوب العلني والصريح، وفي السابق كان تعامل الدول في مفاوضتها واتفاقها على أساس من السرية وقد أضفى من قيام الشكوك فيما بينها وعلى جعل جو العلاقات الدولية أمراً مضطرباً وغامضاً ولا تعرف فيه ماذا قد خبأت لها الدول التي تختلف معها من تحالف واتفاقات سرية تجهل كنيتها، إلا أن النظرة الجديدة المتطورة للمجتمع الدولي جعلتها علنية لأنها جاءت استجابة لإرادة الشعوب في ظل الأنظمة الديمقراطية التي تجعل منه الحكومات مسؤولة أمامها في كل تصرف على

196

اعتبارها صاحبة الاختيار والقرار النهائي أي أن الدبلوماسية العلنية تحتاج إلى شرطين:

1-    يجب ألا يكون هناك اتفاقات سرية.

2-    يجب أن تدور المفاوضات في العلن.

فالشرط الأول معقول وله جذور في النظرية الديمقراطية، أما الثاني فقد أثبت أنه محرج، فعندما يصرح الدبلوماسيون بمطالبهم الوطنية علناً فإنهم في العادة لا يستطيعون الاتفاق على حل وسط دون إراقة ماء وجههم أي أنهم بعبارة أخرى لا يستطيعون أن يفاوضوا.

---

دبلوماسية قانون: Diplomatic law

أحد فروع القانون العام يختص بتنظيم العلاقات الخارجية بين الدول وبيان طرق تمثيل كل منها والأساليب المستخدمة في إدارة الشؤون الدولية كالمشاورات والمفاوضات كما يشمل دراسة العمل في وزارات الشؤون الخارجية مع معرفة بمراتب السلك الدبلوماسي والقنصلي والامتيازات والحصانات الدبلوماسية المقررة له بالإضافة إلى الإحاطة بالمراسم «البروتوكول» والإجراءات الدبلوماسية المدونة أو التي ترجع إلى العرف، وكذلك هو فن الدبلوماسية أو قواعد تطبيقية تستمد وجودها من العرف والتقاليد والاتفاقيات.

---

دبلوماسية قمة: Summit diplomacy

هي تلك المؤتمرات الدبلوماسية التي يعقدها رؤساء الدول والحكومات فيما بينهم والتي يتوصلون فيها إلى قرارات أو بعض القرارات السياسية الهامة أو عقد بعض الاتفاقيات التي تخدم المصالح الوطنية.

وهذا الأسلوب من التعامل الدبلوماسي قد شاع في السنوات الأخيرة وبالدرجة التي اعتبر معها علامة بارزة من علامات الانفراج في أزمة الحرب الباردة وحلول مبدأ

التفاوض والتشاور محل سياسات الحافة والمواجهة، إلا أن دبلوماسية القمة ليست بالأمر الجديد في تاريخ الدبلوماسية الدولية إذ كانت تعرف بالدبلوماسية الشخصية.

دبلوماسية المحالفات: Diplomatic alliances is tightening

برزت هذه الدبلوماسية بعد التوسع في إقامة الأحلاف العسكرية ومواثيق الأمن الجماعي ومعاهدات الدفاع المشترك في عالم ما بعد الحرب من خلال:

1- مقتضيات التوازن العسكري والدولي.

2- الأهداف والمصالح والاحتياجات المشتركة فضلاً عن تقارب القيم والنظم والمؤسسات وهذه عوامل تغذي الميل نحو التجمع والتحالف لصونها والدفاع عنها في مواجهة كل مظاهر التهديد والخطر المشترك.

3- إن الاتجاه نحو التحالف الخارجي قد ينتج فقط عن الرغبة في تحقيق الحد الأقصى من الكسب في نطاق الظروف القائمة ويتحقق ذلك بالانحياز إلى مجموعة أو إلى تكتل دولي يعتقد أن لديه من الموارد والقدرات ما يمكنه من كسب صراع يدور مع الخصوم ومن هنا تكون المزايا المتوقعة "عامل الانتهازية السياسية" هي لقوة الحركة لعملية التحالف.

4- إن المحالفات قد تظهر في حدود الدافع نحو الردع أو الدفاع وحده دون أن تتجاوز إلى غيره من الاعتبارات السياسية أو الاقتصادية أو السعي نحو تحقيق مزايا إقليمية أو التوسع.

5- إن الاتجاه نحو التحالف قد ينبع من بعض الخصائص الذاتية في شخصية الأمة المعنية، فالدول التي من طابعها عدم الثقة والشك في نوايا الدول الخارجية قد تفضل العزلة والتقوقع على الدخول في علاقات تحالف مع دول خارجية، أما الدول التي لا ينتابها مثل هذه الشكوك فإنها تكون أكثر استعداداً وتقبلاً لفكرة

التحالف.

6- عامل الخبرة التاريخية حيث يقوم بدور مؤثر في دعم الميل إلى التحالف الخارجي أو إضعافه.

7- إن الدول حديثة العهد بالاستقلال السياسي تكون أكثر من غيرها على تجنب الانحياز الذي يأخذ صورة التحالف الخارجي الذي يعتبر من وجهة نظرها مصدراً أساسياً من مصادر التهديد للاستقلال السياسي ومصادرة الإرادة الوطنية الحرة.

8- إن عدم الاستقرار الداخل قد يدفع النظام الحاكم إلى البحث عن علاقة تحالف خارجي وذلك بهدف الحصول على دعم دولي يمكن استثماره في الحيلولة دون انهيار النظام فالعزلة الدولية لمثل هذه الأنظمة غير المستقرة أو التدخل الأجنبي ضدها قد تكون من العوامل التي تعجل بوقوعها وانهيارها.

---

## دبلوماسية مثلثة الأطراف: Triangular Diplomacy

التوازن الدقيق في علاقات الولايات المتحدة بالصين والاتحاد السوفيتي منذ أواخر الستينات وهو مصطلح مستجد في العلاقات الدولية أمكن التوصل إلى هذا التوازن في ضوء تفاقم الصراع الصيني - السوفياتي وحاجة الولايات المتحدة المتزايدة لإقامة أسس جديدة للتحالفات الدولية لتعديل ميزان القوى الدولية.

---

## دبلوماسية المكوك: Shuttle Diplomacy

أسلوب محدد في إجراء المفاوضات بين طرفين متحاربين يتعذر لقاؤها المباشر فيقوم الوسيط بمناقشة المقترحات وإجراء الحوار حول ردود الفعل عليها مع كل من الطرفين المتنازعين بالتوالي بهدف التوصل إلى تسوية مؤقتة وجزئية تعود بالنهاية إلى توفير شروط التواصل إلى مراحل متقدمة في التسويات السياسية بين الأطراف المعنية، ويعتمد هذا الأسلوب على سرعة الحركة وشرح مواقف الطرف الآخر وظروفه وكذلك على امتلاك وسائل الترغيب أو التهديد الخفية والمعلنة والمساعدة على الدفع في اتجاه تذليل العقبات

والتوصل إلى نتائج عملية.

---

دبلوماسية الأزمات: Diplomatic crisis

وهي الدبلوماسية المهتمة إبان مراحل الأزمات الدولية وبالذات إبان مرحلة الانفراج والوفاق الدولي وقد برزت إبان الحرب الباردة، وقد ازدهرت دبلوماسية الأزمات بعد ضعف دور مؤسسات الأمم المتحدة.

---

دبلوماسية اقتصادية: Economic diplomacy

تعد الدبلوماسية الاقتصادية أداة هامة من أدوات التعامل السياسي الدولي، وتعددت أدواتها من خلال الآتي:

1- تطبيق روابط التبادل التجاري في قطاعات استيراد وتصدير السلع.

2- التركيز على سياسات الرسوم والضرائب الجمركية إما كإجراءات وقائية مانعة أو على أساس مبدأ المعاملة بالمثل، كما تأخذ الدولة بمبدأ الرسوم التفضلية التي تعني التمييز في المعاملة الضريبية لمصلحة بعض الدول نظراً لوجود روابط مصلحية أو سياسية خاصة معها.

3- فرض قيود على التحويلات الخارجية أو فرض ضرائب على الاستثمارات الأجنبية أو تقديم بعض الإغراءات والحوافز لها عن طريق إعفائها من تلك الضرائب وتسعى الدولة من وراء ذلك إلى اجتذاب رؤوس الأموال والخبرات الأجنبية.

4- تقويم المنح والقروض لبعض الدول الخارجية بتسهيلات ائتمانية خاصة أو بمعدلات فائدة تقل عن السوق.

5- التعديل في الشروط التي تحكم انتقالات رؤوس الأموال أو حركة التجارة إلى الخارج سواء بالتقييد أو بالأخلاق مما يترتب عليه بالتالي التعديل في هيكل

العلاقات الاقتصادية الخارجية للدول.

دبلوماسية شعبية: Public diplomacy

عملية مخاطبة الجماهير بشكل مباشر أو غير مباشر خارج الحدود الإقليمية بواسطة وسائل حضارية جديدة في مقدمتها الإعلام والمؤتمرات والمنظمات الدولية والهيئة ورجال العلم والثقافة والدين بهدف المساهمة في تشكيل الرأي العام الدولي سواء عن طريق الإقناع أو من خلال بعض الأنصار والموالين.

وتركز الدبلوماسية الشعبية جل اهتمامها على إقناع قادة الرأي العام أو شريحة محددة من الموظفين الحكوميين في البلدان الأخرى بمميزات فكرة معينة أو موقف سياسي محدد للتأثير على سلوك وقرارات الدوائر السياسية والقيادية التي يعملون فيها وقد برز عام 1870 إلا أن وجودها على المسرح السياسي تم في العقد الثامن من القرن الماضي حيث أقامت مجلة واشنطن «كووتدلي» ندوة المائدة المستديرة لمناقشة موضوع الدبلوماسية الشعبية وتحديد الوظائف السياسية للقنوات الرئيسية لهذا النوع الدبلوماسي وشارك في هذه الندوة ممثلين عن الكونجرس ومركز البحوث الاستراتيجية والدولية في جامعة جورج تاون وإدارة راديو أوروبا الحرة والحرية ومجلس الأمن القومي ووكالة الأنباء الأمريكية والوكالة الأمريكية للسيطرة والتسلح ونزع السلاح.

دخل في طور التنفيذ: To be in the state of the Implementation

أي أن بنود الاتفاقية أو المعاهدة التي تم الاتفاق عليها بين دولتين أو أكثر قد بدأ تنفيذ أول مراحلها.

دولة موفدة: Accrediting State of Sending State

وهي الدولة التي توفد الممثل الدبلوماسي لتمثيلها في الخارج أو ترسل وفداً لإجراء مفاوضات باسمها في إحدى القضايا السياسية، أو العسكرية، أو الاقتصادية أو الفنية.

ديوك: Duke

وهو لقب يطلع على الأسر النبيلة في إنجلترا وتسمى زوجة دوتش وينادى كل منهما بهذا اللقب في المحادثات والمراسلات ويتم تقديمها به، وزوجته باسم Lady ويرث هذا اللقب ابنها البكر ويحمل أخوته لقب لورد وأخواته لقب ليدي وذلك في المناسبات الرسمية فقط. على أن يضاف إليه أسماؤهم الشخصية ويضاف بالكتابة إلى لقب الديوك العبارات التالية: «My Lord Duke», «It's Grace the Duke, YourGrace».

---

## حرف الراء

رئيس البعثة: Head of the Mission

وهو الدبلوماسي سواء أكان سفيراً أو وزيراً مفوضاً، قائماً بالأعمال أصلاً أو بالإنابة. وآخـرون اعتـبروه متمايزاً عن النظام الرئاسي بسبب حصر الرئيس لصلاحيات البرلمان والحكومة لصالحه بل ويصل الحصرـ إلى الدستور والقوانين.

رسمية: Official

وهي توثيق الوثائق أو التصديق بصحتها وهو نمـط محـدد لمـا يجـب أن تكـون عليـه أي وثيقـة أو كتاب رسمي دبلوماسي.

رقابة دولية: International Supervision

الإجراءات التي تتخذ عقب توقيع المعاهدة وبموجبها تسـتطيع جهـات دوليـة مراقبـة تنفيـذ بنـود الاتفاقية الموقعة بين الأطراف المعنية.

حرف الزاي

زعزعة الاستقرار: Instability

يستخدم هذا الوصف المصطلح لوصف وتلطيف وقع ذلك النوع من التدخل السري وغير الرسمي، الذي يتراوح ما بين الدبلوماسية العادية والغزو العسكري من قبل الدولة في شؤون غيرها من الدول التي تعتبرها معادية أو مهددة لمصالحها أو صديقة لأعدائها أو حتى الموالية لها نسبياً في بعض الحالات وذلك عبر تخطيط وتشجيع وتنفيذ أعمال من شأنها إقلاق أمن البلد الآخر وإضعافه بغية شل إرادته والتقليل من تأثيره أو تغيير نظامه واستبداله بنظام ضعيف أو عميل.

ويعود استخدام العمليات الخفية لأسباب دبلوماسية وأخرى دستورية داخلية نظراً لما تتضمنه ممارسة زعزعة استقرار البلد من اعتداء على السيادة تحرمه القوانين والأعراف الدولية وتعارضه بعض القوى السياسية الداخلية. وقد تأتي وسائل زعزعة الاستقرار من خلال الأدوات الاتية:

1- الرشوة.

2- تنظيم عمليات التخريب.

3- تمويل الفئات السياسية المعارضة وتسليحها.

4- شن الحرب الاقتصادية الخفية.

5- الحرب النفسية والإعلامية.

6- إثارة النزعات العنصرية والفتن الإقليمية والطائفية.

7- دعم التمرد.

8- الحرب الأهلية.

9- تهيئة الانقلابات.

10- تنفيذ الاغتيالات السياسية.

# حرف السين

سلك دبلوماسي: Diplomatic Corps

مجموع أعضاء البعثة السياسية التابعة لدولة من الدول العاملين في خارج بلادهـم وبالتـالي ممثلـين الدول الأجنبية الذين يمارسون الدبلوماسية في هذه الدولة وذلك إما بصفة دائمة يحكم وظائفهم أو بحكم تكليفهم بمهمة تدخل في نطاق العمل الدبلوماسي ويشمل كل ما يتعلق بعلاقات الدولة الخارجية ويطلـق مصطلح السلك الدبلوماسي على الدبلوماسيين المحترفين الذين تختارهم دول للقيـام بهـذه المهمـة بشروط معينة وينخرطوق بوزارة الخارجية لإكسابهم الخبرة والحنكة والممارسة السياسية.

سلك قنصلي: Consular Service

هيئة منظمة من الوكلاء الذين تعينهم الحكومـات في الثغـور الأجنبيـة الهامـة والمراكـز الاجتماعيـة لحماية مواطنيها ورعاية مصالحهم وخاصة في الشؤون التجارية ويتمتـع القناصل ودور القنصليات بحـق الحصانة الدبلوماسية.

سكرتير الوفد: Secretary of Delegation

وهو في الغالب إما أن يكون سكرتير الوزير أو مدير مكتبه أو الموظف الـذي يعـالج قضايا المؤتمر، ليكون صلة الوصل بين بقية الوفود وبين الهيئة المنظمة للمؤتمر ويتولى إجراء المكالمات الهاتفيـة وتلقي البريـد الـوارد والبرقيـات العاديـة والرمزية والإجابة عليها، وجمـع محـاضر اجتماعـات المؤتمر والوثائق والقرارات وتنسيق النقاط التي تم الاتفاق عليها وتوزيع الاقتراحات المقدمة على بقية الوفود، والسهر على ترجمتها عند الاقتضاء إلى ما هنالك من أعمال إدارية مختلفة ومتنوعة ويجوز أن يساعده سـكرتير أو أكـثر لطبع التقارير وحل البرقيات الرمزية أو تحويل البرقيات المرسلة إلى رموز وتذكير الرئيس والأعضاء بسـاعات الاجتماع والمواعيد المقررة للاجتماع مع بعض الشخصيات أو لحضور الحفلات...

سياسة التهدئة: Appeasement Policy

إتباع أسلوب دبلوماسي لتهدئة الأوضاع المتردية في المنطقة وتحقيق الاستقرار وإلغاء حالة التوتر والقلق السائدين في بؤرة الصراع. من خلال تقديم التنازلات الإقليمية والسياسة التعاقدية لدولة أو قوة أخرى معادية بغية تجنب الحرب.

حرف الشين

شعب محب للسلام: Peace Full People

هـو الشـعب الـذي يكـره الحـرب والقتـال، ويتحـاشى الاسـتفزاز والإثـارة والتنديـد ويـؤثر التفـاهم والتفاوض، وإتباع الطرق السلمية والدبلوماسية في حل النازعات الدولية.

---

شخصية سياسية: Personal political

لفظ مشتق من كلمة لاتينية يعني القناع أو الوجه المستعار الذي يلبسه الممثل.

والشخصية كناية عن مجموع خصائص المرء الجسمية منها والعاطفية والنزوعية والعقلية التي تمثل حياة صاحبها وتعكس نمط سلوكه التكيف مع البيئة في لفظ يجـري اسـتخدامها عـلى عـدة معـانٍ شـعبية وسـيكولوجية، مـا معناهـا الأشـمل فهـو التنظيم المتسـق والـديناميـ لصـفات الفـرد الجسـمية والعقليـة والأخلاقية والاجتماعية بحسب تجليها للآخرين في مجال الأخذ والعطاء داخل الحياة الاجتماعية.

---

## حرف الصاد

صيت «سمعة»: «reputation»Reputation of

وهي صورة المرء في أذهان الغير مما يؤثر عنه لديهم وكيف ينظرون إلى أفعاله وسلوكه وتصرفاته داخل المجتمع وفي معترك الحياة. فالصيت يذيع خبره بين الناس وتناقله الألسن والسمعة إما حسنة أو سيئة تبعاً لما يشتهر عن صاحبها من عادات حميدة أو قبيحة وقد تتأذى سمعة المرء من جراء تلفيق الاتهامات هذه واختلاف القصص والأقاويل عنه بينما هي عارية عند الصحة من الأساس.

---

صيغة تعايش: Modus Vivendi

اتفاق مؤقت أو تسوية مؤقتة، وهذا المصطلح أصله لاتيني معناه طريقة المعيشة، ويقصد به اتفاق مؤقت يعقد بين طرفين أو حولين حول نزاع قائم بينها بانتظار عقد اتفاق نهائي أو إيجاد حل له عن طريق التحكيم أو القضاء الدولي.

---

صاحب السماحة:His Eminence

ويطلق هذا اللقب على بعض رجال الدين الإسلامي وخاصة المفتي العام أو المفتي ويخاطب بكلمة «سماحتكم» ويطلق في النيابة على شيخ عقل الدروز، ولإمام رئيس المجلس الشيعي الأعلى.

---

صاحب الفضيلة: His Eminence

وهو لقب يطلق على الشيوخ من رجالات الدين الإسلامي ويخاطبوا بكلمة «فضيلتكم« فيقال مثلاً شيخ جامع الأزهر، وفضيلة القاضي.

---

## حرف الضاد

ضمان: Guarantee

تعهد دولة أو أكثر بحماية كيان دولة أخرى ونظامها السياسي، وسلامة أراضيها وحدودها القائمة، ويتحقق الضمان بتوقيع اتفاق ثنائي، أو جماعي أو بتبادل مذكرات أو بتصريح صادر عن رئيس الدولة.

حرف العين

عدم الاعتراف: Non- Recognition

رفض الإقرار بواقع أو بوجود أو بشرعية كيان دولي، وبالتالي الاستنكاف عن التعامل والتبادل لغياب القناعة بوجود الأهلية القانونية أو مقومات الدولة أو بسبب رفض أو احتجاج على وجود لظلم متضمن قام عليه هذا الكيان وبالتالي رفض النتائج الحقوقية والدولية المترتبة على هذا الكيان، ويكون عدم الاعتراف فردياً إذ صدر عن دولة بمفردها أو جماعياً إذا صدر ع منظمة إقليمياً أو عالمية أو كتلة دولية تضم مجموعة دول، كما قد يتخذ شكلاً معلناً أو مستتراً.

وينشأ عن عدم الاعتراف في بعض الأحيان فقدان سيطرة الحكومة على مقاليد الحكم وغياب هيبة الدولة والفوض والانفلات، وكذلك يرافق عدم الاعتراف حظر التعامل السياسي والاقتصادي والثقافي والامتناع عن إقامة العلاقات الدبلوماسية والقنصلية، وإلى اعتراف مضاد بحقوق الطرف المظلوم والمعتدى عليه أو الطرف القابل كما هو الحال بالنسبة للاعتراف بالثوار أو بحكومة المنفى أو منظمات المقاومة والتحرير، وقد يحدث أن تسحب الدول اعترافها بكيان قائم لمعارضة جذرية تتعلق بسياسات واعتبارات مادية ومعنوية وأساسية فيتحول الاعتراف إلى عدم الاعتراف ويترتب على ذلك نتائج بعيدة المدى على العلاقات بين الطرفين.

---

عدم الاستقرار: Instability

الأوضاع التي ينشأ عنها تردي في الأوضاع الأمنية يؤدي إلى حالة من الفوضى وعدم الانصياع لتهدئة الوقف وتتطلب البحث عن حلول للخروج من هذا الموقف المتأزم.

---

عدم الاعتداء: Non- Aggression

ميثاق عدم الاعتداء وهي اتفاقية ثنائية أو جماعية تنص على تعهد الدول المتعاقدة

بعدم القيام باعتداء مسلح أو الدخول في حرب فيما بينها.

عدم الانحياز:        No Alignment

حالة من الحياد تتميـز بـأن الـدول الغـير منحـازة لا ترتبط في علاقتها الخارجيـة بالكتـل الدوليـة المتصـارعة مـما يحولـها إلى دول تابعـة ويحرمهـا مـن المـمارسـة الفعليـة لحقهـا في الاستقلال السـياسي والاقتصادي وهذا ما يسمى بالحياد الإيجابي بمعنى أن الدول غير المنحازة لا تقف موقف الـدول المتفرجـة بالنسبة للأحداث والمشاكل العالمية بل تحدد سياستها دون التقيد برأي إحد هذه الكتل المتصارعة، وهـذه الدول ظهرت بعد قمة بلغراد عام 1961 وحضره 21 دولة بزعامة تيتو –ناصر- سهارتو.

عدم تدخل: Non – Intervention

سياسة صادرة نقلتها دولة أو مجموعة دول عن موقفها بالنسبة لنزاع قائم وهو يعني عـدم تـدخل أي دولة في الشؤون الداخلية لدولة أخرى.

عرف دبلوماسي: Diplomatic Custom

مجموعة القواعد التي استقرت في العلاقات الدبلوماسية بين الدول.

عرف دولي: International Custom

مجموعة القواعد والمبادئ المعمول بها والمتعارف عليها في تنظيم العلاقات الدولية دون أن يتضمن ذلك نص مكتوب فالقانون الدولي يستند إلى العرف أو الممارسات التي استقرت عليها العلاقات الدوليـة أو درجت الأخذ بها فسرى مفعولها عبر التاريخ.

عقبة دبلوماسية: Diplomatic Hiten

وهي الصعوبات الطارئة التي تعترض سبيل الممثل الدبلوماسي في مباحثاته مع المسؤولين في الدولة المعتمد إليها، أو لدى معالجته أحد القضايا الطارئة، أو تلك التي تعترض سبيل الوفد المفاوض أثناء المفاوضات التي يجريها مع وفد دولة أخرى، وقد تكون العقبة خلافاً على عبارات واردة في صيغة بيان أو اتفاق فيمكن تجاوزها بتغيير الألفاظ، وإذا كانت خلافاً على موضوع معين فيكون تجاوزها بتنازل من جملة واحدة أو من قبل الطرفين المتفاوضين.

---

عقد إضافي: Additional Agreement

الاتفاق الذي يبرم، أو يعدل اتفاقاً سابقاً بدافع الظروف الطارئة أو تلبية لمقتضيات الضرورة ويعد متمماً للاتفاق المذكور.

---

عقد أو وثيقة قبول: Act Decapitation

الصك الرسمي المتضمن قبول اتفاق أو شرط معين.

---

عقبة ختامي: Final Act

وثيقة رسمية تتضمن بياناً شاملاً بأسماء الدول التي اشتركت في المؤتمر والاتفاقات التي وقعت، والقرارات والتوصيات التي اتخذت.

---

عقد الصلح: Making peace

توقيع اتفاقية بموجبها لإلغاء حالة الحرب بين دولتين أو عدد من الدول وتسبق اتفاقية عقد الصلح إجراءات تشمل إعلان وقف القتال واتفاقية هدنة موقوتة أو مفتوحة.

ثم المفاوضات التمهيدية التي تشمل المبادئ المقترحة التي تدور حول اتفاقية الصلح والتي تكون في العادة نتيجة للمساعي الحميدة والوساطة التي تقوم بها دولة محايدة.

علاقات دبلوماسية: Diplomatic Relations

صلات وروابط رسمية دولية تقوم من خلال ممارسة حق إيفاد وقبول الممثلين والمبعوثين الرسميين بين دول مستقلة تتمتع بحق الشخصية الدولية يعترف بعضها ببعض وتنظم هذا التبادل بموجب اتفاق بينها بصرف النظر عن الاختلاف في الأنظمة الدستورية أو الحقوقية أو العقائدية وتستهدف تنظيم العلاقات بين البلدين وتطويرها ويعتبر حق إيفاد الممثلين الدبلوماسيين وقبولهم مظهراً من مظاهر سيادة الدولة ومن دونه تضمحل الروابط والعلاقات الدولية ويشترط لإنشاء العلاقات الدبلوماسية أن تتمتع كل من الدولتين بشخصية دولية، وأن يكون الاعتراف بينهما قد حدث صراحة أو ضمناً وأن يعقد بهذا الشأن بين هاتين الدولتين أو يصدر عنهم بيان مشترك.

---

علاقات دولية: International Relation

جزء من علم السياسة، وهي مجمل مبادئ وأحكام وضوابط العلاقات والاتصالات والروابط بين الدول أعضاء المجتمع الدولي في مختلف الميادين السياسية والاجتماعية والاقتصادية والثقافية والقانونية، وتنظم أصول التعاون وحدود الخلاف والصراع في شتى الميادين، كما تشمل الأحكام المنطقية على علاقات أفراد ينتمون لدولة أجنبية، ومن جانب آخر ينظر إلى العلاقات الدولية على أنها الاتصال الرسمي بين الدول الذي يأخذ صور العلاقات الدبلوماسية والقنصلية.

---

علاقات دولية انفراج: Relation Intor national

مصطلح يستخدم في مباحثات نزع السلاح ويقصد به تهدئة العلاقات السياسية والعسكرية المتوترة بين الدول أو الشعوب وذلك عن طريق عقد مواثيق عدم الاعتداء وخطر تجارب الأسلحة النووية وعقد المؤتمرات الدولية وما شابه ذلك.

---

علاقات حسنة: Good Relation

214

اصطلاح دولي يطلق على روابط الصداقة والاحترام المتبادل القائم بـين دولتـين والتعـاون بيـنهما في الحقل الدولي، مع مراعاة مصلحة كل منهما وتنمية التبادل التجاري والاقتصادي والثقافي والعسكري بينها.

## علاقات قنصلية: Consular Relation

روابط وصلات رسمية دولية تكون جزءاً الاتفاقيات المتبادلة بين الدول لإقامة العلاقات الدبلوماسـية أو بموجب اتفاقيات ← خاصة بهذا الصـدد وبالاتفـاق المتبـادل وحيـنما تقطـع العلاقـات الدبلوماسـية لا يؤدي إلى قطع العلاقات القنصلية.

## عمل مشترك: Joint Action

العمل السياسي أو الدبلوماسي الذي تشـترك فيـه دولتـان أو أكـثر بصـورة رسـمية لاتخـاذ إجـراءات موحدة حيال دولة أخرى، أو قضية من القضايا أو مواجهة موقف معين في السياسة الخارجية. ويكون ذلك نتيجة لوجود اتفاقية ثنائية أو متعددة الأطراف، وتـنص علـى العمـل المشـترك أحيانـاً معاهـدات الضمـان الجماعي أو الدفاع المشترك.

وهو إجراء موحد تقوم بـه دولتـان لمواجهـة موقـف سـياسي خـارجي بنـاء علـى اتفاقيـة ثنائيـة أو متعددة تلزم الطرفين بتبادل الرأي في القيام بإجراء مماثل.

## عميد السلك الدبلوماسي: Doyen of the Diplomatic

أحد رؤساء هيئة السلك الدبلوماسي الأجنبي المعتمـدين في إحـدى الـدول ويكـون في العـادة أقـدم هؤلاء الرؤساء على أنه لا يوجد من بينهم من يكون أعلى درجة منهم في السلك الدبلوماسي.

---

حرف الغين

---

215

غاية ووسيلة في السياسة: Ends and means

يدرس علم السياسة العلاقة ما بين الغاية والوسيلة دراسة موضوعية فيبحث في خصائصها، وفي القوانين العامة التي تحكمها ومدى مطابقتها أو اختلافها فيما بينهما وتنوعها، والأطراف التي تستخدمها والنتائج التي تحدثها، وذلك من أجل فهم الدوافع والاتجاهات الحقيقية للسلوك السياسي وضبطها.

وتدخل في هذا الإطار دراسة الصراعات والنزاعات السياسية على اختلاف أشكالها والاستراتيجيات والتكتيكات السياسية المستخدمة فيها.

هذا على المستوى العلمي، أما على المستوى الفلسفي فإن الغايات والوسائل تختلف باختلاف الأيدلوجيات والفلسفات كما أنها تختلف باختلاف الفلسفات السياسية بشكل خاص فعلى حقبة الفلسفة السياسية فإن تحديد العلاقة ما بين الغايات والوسائل وارتباطها بالعمل السياسي يرتدي طابعاً آخر، وينظر إليه من منظار مختلف فهي تتساءل عن الغايات النهائية للسياسة والعمل السياسي وتتناول الوسائل المؤدية إليها بطريقة نقدية معيارية.

حرف الفاء

فايكونت: Vikont

وهو لقب ينادى الرجل باسم lord وزوجته lady واولادهم الـذكور والانـاث لقـب honourable, التي تختصر بلفظة hon, وذلك في المراسلة, وتستعمل في الكتابـة  اليهم العبـارات الاتيـة » the right honourable,«.

---

* بارون: baron

وينادى الرجل باسم لورد , وزوجته ليدي , وينتقل هذا اللقب بالوراثة  الى الابـن الاكبـر أي البكـر, ويحمل بقية اخوته الذكور والاناث لقب «honourable», وذلك بالمراسلة  فقط.

---

* بارونة: baronet

هذا اللقب فخري لا يتصل بالنبالة, وينادى حامله باسم «sir», وزوجته «lady», ويكتب اسمه على البطاقات ويضاف اليه حرفا «bt» وينتقل هذا اللقب بالوراثة, وفي فرنسا فهناك القاب موروثة من العهـود الملكية القديمة, وبالرغم من ان النظام الجمهوري قد توقف عـن هـذه الالقاب فان العـرف السـائد في المجتمع الفرنسي ما زال يكن الاحترام والتقدير والرعاية لحاملي هـذه الالقاب المـوروثة ويـمنحهم اسـبقية مجاملة خاصة, وهذه الالقاب تتوزع على النحو الاتي:

---

* دوق: dog

يذكر لقب دوق او دويش عند التقدم واثناء الحديث وعند اعلان دخولهما الى صالونات الاستقبال في الحفلات الرسمية, وعلى بطاقات الزيارة وفي المراسلات

217

الشخصية دون ذكر الاسم الشخصي وتدعى زوجة الدوق دوسيشس«duchesse».

* ماركيز: marquis

وتدعى زوجته ماركيزة «marquis».

* كونت: connte

وتدعى زوجته كونتيسا «conntesse».

* فيكونت: Viconntesse

* وتدعى زوجته فيكونتيسا, viconntesse .

فترة أولى من الاتفاقية: The Convention of Initial Tearm

أي بداية مراحل تنفيذ الاتفاقية، والتي تقسم عادة إلى فترات من أجل التأكد مـن صحة تنفيـذها، ولا يكون الانتقال من مرحلة إلى أخرى إلا بعد التأكد من تنفيذ المرحلة الأولى، وتشرف على تنفيـذ هـذه المراحل لجان مراقبة أو لجان متابعة، وتعد تقارير بـذلك للهيئـة أو المنظمـة المسـؤولة عـن تنفيـذ هـذه الاتفاقية.

فتور دولي: International

الجمود الذي يخيم على العلاقات بين دولتين أو عدد من الدول فترة من الـزمن، أو المباحثات التـي تجري في مؤتمر أو اجتماع دولي.

فقدان المنزلة: Loss of status

هو خسارة الإنسان منزلته السابقة أو جاهه السابق.

فقدان سياسي: Loss of political

خسارة المرء أو الجماعة أو المؤسسة لأدوارها السياسية في المجتمع.

فوق العادة: Extraordinary

في الماضي كان هناك تميز ما بين السفير العادي والسفير فوق العادي أي السفير الذي يبعث بمهام خاصة أي ليس السفير المقيم، وكان هذا التمييز باعثاً للتنافس فأصبح الآن جميع السفراء فوق العادة.

## حرف القاف

قائم بأعمال: Change Affaire

موظف دبلوماسي من الفئة الثالثة يأتي من حيث الرتبة بعد السفير والوزير المفوض حسب تصنيف المادة (14) الفقرة (ج) من اتفاقية فينا للعلاقات الدبلوماسية عام (1960) ويكون القائم بالأعمال الأصيل عادة رئيس بعثة دبلوماسية، ويعتمد القائم بالأعمال بموجب كتاب اعتماد رسمي يوجهه وزير الخارجية في بلد ما إلى وزير خارجية البلد المعين لديه ولا يحق للقائمين بالأعمال مقابلة رئيس الدولة المعتمد لديها.

قائم بالأعمال بالنيابة: Ad interim

وهو الموظف الذي ينوب عن رئيس البعثة أثناء غيابه ولا بد من إبلاغ وزارة الخارجية في البلد المستقبل عند تعيين قائم بالأعمال النيابية وفي حالة غياب رئيس البعثة الدبلوماسية ولم يكن في السفارة أو البعثة الدبلوماسية أي موظف يتولى القيام بالأعمال بالنيابة، وعندها يجوز عندئذ تكليف أعلى موظف إداري من هيئة بلاده بتسيير أعمال السفارة ريثما يعود رئيس البعثة أو تعين دولته دبلوماسياً مكانه ويطلق على الموظف الإداري غير الدبلوماسي اسم المكلف بتسيير أعمال السفارة.

قائمة سوداء: Black list

قائمة مؤسسات وأشخاص ينظر إليهم بالشك أو يستحقون النقد أو اللوم أو التقريع أو التعنيف أو الاستهجان أو المقاطعة من جانب حكوماتهم أو مؤسساتهم أو الجهات التي تتعامل معهم وتسجيل أسمائهم في القائمة السوداء تمييزاً في المعاملة دون غيرهم.

قاصد رسولي: Apostolic Delegate

الممثل الدبلوماسي للكرسي الرسولي أي لدولة الفاتيكان لدى الدول الأجنبية.

قاضي التظلمات: Ombudsman

مسؤول حكومي مهمته التحقيق في شكاوى المواطنين ضد الهيئات الحكومية والموظفين الرسميين ودراسة طرق تطبيق الموظفين الرسميين للقانون إزاء الجمهور، وأخذت بهذا النظام في بداية الأمر الدول الاسكندنافية وتكمن قوة هذا المسؤول في أنه يقدم تقارير عن الإدارة والموظفين للمجالس النيابية تحظى باهتمام الصحافة للرأي العام ويساعد قاضي التظلمات جهاز كبير من الموظفين ليلاحقوا متابعة القضايا العالقة بين الإدارة للجمهور ويطلق عليه في فرنسا اسم الوسيط ويشترط أن ترفع إليه التظلمات والشكاوى عبر النواب وممثلي الشعب.

---

قانون قنصلي: Consular Law

مجموع القواعد التي تحكم التمثيل القنصلي من حيث اختصاصه وتنظيمه على المستوى الدولي، والتي تستمد أصولها من عرف ثبت، وامتد تطبيقه خلال أجيال عديدة حتى أصبحت هذه القواعد العرفية مصدر التزام تصونه وتأخذ به الدول في علاقاتها الخارجية التي تدخل في اختصاصات التمثيل القنصلي، بالإضافة إلى القواعد العرفية يستمد القانون القنصلي مصادره من المعاهدات الجماعية التي تبلورت أخيراً في مشروع لجنة القانون الدولي التابعة للأمم المتحدة والتي تقدمت به في صورة اتفاقية عرضت على مؤتمر دولي عقد في جنيف 1963 تم إقرارها.

---

قطع العلاقات: Rupture

إحدى الطرق التي قد تلجأ إليها الدول إذا فشلت في تسوية نزاع بينها بإجراء مفاوضات أو تحكيم، وقطع العلاقات قد يفضي إلى الحرب، ولكن قطع العلاقات بحد ذاته ليس حالة حرب، وقد يكون قطع العلاقات نتيجة لإعلان دولة الحرب على أخرى نتيجة ليعود عمليات حربية قامت بها دولة أخرى، ومع ذلك فإن قطع العلاقات من

ناحية أخرى قد يكون مجرد مظهر غضب من الدولة المعتدى عليها، أو يكون تنبيهاً إلى خطورة العلاقات بين البلدين مما يستلزم تقديم ترضية أو تعويض حتى تعود العلاقات إلى سابقتها.

وقطع العلاقات من الناحية العملية يعني:

1- وقف التمثيل الدبلوماسي والقنصلي وعودة ممثلي الدولتين والقناصل إلى بلاد كل منهما على أن يعهد كما جرى العرف الدولي إلى دولة محايدة برعاية مصالح ورعاية الدولة الموجودتين في الإقليم.

2- وقف العلاقات التجارية بين الدولتين ويشمل ذلك التحريم على رعاية الدولتين عقد أي اتفاقيات تجارية بينهم.

3- وقف العمل بالاتفاقيات أو المعاهدات المعقودة بين البلدتين ما لم تكن منتظمة للوضع بينهما في حالة الحرب، إذا تطور قطع العلاقات إلى نشوب الحرب المسلحة.

---

قطع العلاقات الدبلوماسية: Breaking off Diplomatic Relations

تقطع العلاقات الدبلوماسية بين بلدين أو أكثر نتيجة نشوب الحرب بينهما أو بسبب خلاف ينشأ بينهما، ولما كان الأصل في العلاقات الدولية قيام علاقات دبلوماسية نظامية مستمرة، لذلك فإن قطعها يعد أمراً عارضاً أو مؤقتاً.

---

قنصل: Consul

رئيس بعثة توفد إلى دولة أجنبية لمباشرة أعمال ذات طابع اقتصادي وإداري تهدف عامة إلى رعاية مصالح الدولة ورعاياها بالوظائف القنصلية والقناصل على درجات: فمنهم القنصل العام، والقنصل، ونائب القنصل، والقنصل الفخري وهو عادة لا يتقاضى مرتباً ولا يتمتع بجميع الحصانات القنصلية.

وتنص القواعد المنظمة للتمثيل القنصلي على أن رئيس البعثة لا يباشر عمله إلا إذا منح براءة تعرف بالإجازة القنصلية التي تحدد مقر البعثة المصرح بفتحها ودرجتها ودائرة اختصاصها، وتتضمن البراءة الاعتراف بكل أعضاء البعثة القنصلية التابعة لرئيس البعثة ويحمل رئيس البعثة من رئيس دولته خطاب تعيين أو تفويض يشبه خطاب الاعتماد أو كتاب الاعتماد الذي يحمله رئيس البعثة الدبلوماسية.

قنصلية: Consulate

مقر بعثة تباشر الاختصاصات التي تدخل في نطاق الأعمال القنصلية ويكون على رأسها مبعوث يشغل إحدى وظائف السلك القنصلي وتعرف باسمه فيقال أنها قنصلية عامة أو قنصلية إذا كان على رأسها قنصل، كما يجوز أن يكون رئيس البعثة نائب قنصل ويشتمل جهاز القنصلية على موظفين قنصليين لمعاونة رئيس البعثة في عمله.

ويضع هذا الجهاز مساعد القناصل والملحقين القنصليين فضلاً عن أمناء المحفوظات والمترجمين والموظفين والكتابيين، لهذا يختلف حجم القنصلية تبعاً لاحتياجات البعثة.

وتتضمن أعمال القنصلية الأشراف على مصالح الدول التابعة لها، وعلى مصالح رعاياها المقيمين في دائرة اختصاص القنصلية والعمل على تنمية العلاقات الاقتصادية والتجارية، إصدار جوازات السفر والتأشيرات لدخول وترحيل المواطنين المعوزين من موطنها، قيد أسماء الرعايا المقيمين في دائرتها، قيد أسماء المواليد والوفيات، توثيق العقود، تقويم المستندات القضائية والتنفيذية تمثل رعايا الدول أمام المحاكم والسلطات، إرسال تقارير عن الأحوال الاقتصادية في الدولة على أساس المعلومات والإحصاءات ذات الفائدة التي تجمعها القنصلية.

حرف الكاف

223

كتاب أبيض: White Paper

مصطلح يطلق بصفة عامة على وثيقة رسمية تنشرها الدولة وتتعلق بشأن من الشؤون الخارجية.

كتاب ازرق: Book blue

تعبير دبلوماسي يطلق على كتيب يتضمن معلومات ووثائق دبلوماسية يكون الهدف منه شرح الموقف الحكومي من قضية دولية معينة يوزع على الجهات المعنية من حكومات وبعثات دبلوماسية ومنظمات دولية ويطلق هذا الاسم ايضاً على التقارير البرلمانية التي تصدرها وزارة الخارجية البريطانية وفي الولايات المتحدة فالكتاب الازرق تعبير يشير الى الكتيبات الرسمية التي تصدرها والمتعلقة بالادارة والبحرية وسمي بالازرق لان لونه ازرق.

كتاب أسود: Black Book

مصطلح يطلق على سجل تصدره هيئة كحزب سياسي أو جماعة أو هيئة وطنية، ويتضمن نقض أعمال السلطة الحاكمة خلال فترة من الفترات.

كتاب تفويض: Authorization letter

وهو كتاب تتولى تهيئته إدارة المراسم بالاستناد إلى مرسوم جمهوري أو ملكي أو قرار صادر عن مجلس الوزراء على أن يتضمن البيانات التالية:

1- اسم المؤتمر أو الموضوع الذي سيبحثه أو يعالجه مكان وتاريخ عقده.

2- اسم رئيس الوفد وصفته الرسمية الأساسية.

3- اسم نائب الرئيس وصفته الرسمية ويستحسن أن يكون مدير الإدارة المختصة في وزارة الخارجية.

4- أسماء أعضاء الوفد مع ذكر وظيفتهم الأساسية وصفتهم في الوفد كأن يكون أحدهم عضواً أصلاً أو عضواً ملازماً أو مستشاراً أو خبيراً أو سكرتيراً.

5- صلاحيات الرئيس.

6- صلاحيات نائب الرئيس.

ويجب أن يوقع هذا الكتاب أما رئيس الدولة أو وزير الخارجية حسب النص الدستوري أو القوانين النافذة وأن يبصم بخاتم رئاسة الوزراء أو وزارة الخارجية، كما يجوز في الحالات المستعجلة إرسال برقية بتأليف الوفد من قبل وزير الخارجية على أن يرسل كتاب التفويض بالسرعة الممكنة.

---

كونكوردا: Concordats

في لغة الدبلوماسية تطلق على اتفاق معقودين، السلطة الكنيست الرومانية العليا وبين سلطة دولة معينة. ويكون حذف هذا الاتفاق تسوية مجمل القضايا المتعلقة بنشاطات ومصالح السلطتين.

---

## حرف اللام

225

لجنة سياسية: Political committee

إحدى اللجان الفرعية الهامة التي تتشكل داخل المنظمات الدولية والإقليمية وتعنى بدراسة وتحضير الموضوعات ذات الصفة السياسية لعرضها على الجمعيات العامة تقوم هذه اللجان بدور هام في توجيه المناقشات في اجتماع الجمعية العامة، فعلى سبيل المثال اللجان البسيطة في الأمم المتحدة.

---

لجنة صياغة: Drafting Committee

اللجنة المنبثقة عن مؤتمر دولي والتي يعهد إليها صيغات القرارات أو الاقتراحات أو مشروعات الاتفاقات أو المعاهدات المطلوب عقدها وهي تتألف عادة من أعضاء الوفود التميزية في القانون والاقتصاد أو الموضوع قيد البحث فضلاً عن إتقان اللغات.

---

لجنة العقد الدولية «أمينيستي»: Amnesty International

هي غربية مستقل تعمل على نطاق عالمي وتعنى بأمور الذين يسجنون بسبب دوافع ضميرية أي بسبب اعتناقهم عقدية أو لانتماء عرقي أو لوني أو ديني معين وهي تنادي بأهمية احترام حقوق الإنسان وإلغاء عقوبة الإعدام وتحريم تعذيب السجناء وتدافع عن حق السجناء السياسيين في المحاكمة العادلة والسريعة أسسها المحامي البريطاني «بيتر - بينتسون» عام 1961.

---

لجنة مشتركة: Joint Communiqué or Statement

هي لجنة تضم ممثلين عن دولتين بعدد متساوٍ، تتولى النظر في قضية طارئة، أو نزاعات بين الطرفين، لا سيما فيما يتعلق بالحدود.

---

لجنة مراقبة السلام: Pace Observation Commission

هي اللجنة التي تعهد إليها منظمة الأمم المتحدة أو أي منظمة قارية أو إقليمية،

مراقبة بنود اتفاقية السلام المعقودة بين الطرفين المتحاربين للتأكد من سريانها طبقاً لما اتفق عليه، وتقدم للجنة تقريراً كتابياً أو شفهياً إلى الجهة التي أمرت بتشكيلها.

لجنة هدنة : Armistice Committee

اللجنة المشكلة بقرار من هيئة الأمم المتحدة للإشراف على تنفيذ اتفاقية الهدنة بين طرفين دوليين وبنودها والإشراف على سير إجراءات النصوص عليها بصورة جيدة، فإذا أتى أحد الطرفين بتصرفات غير مسموح بها خلال فترة الاتفاق فإن ذلك يعد خرقاً للهدنة وعلى اللجنة أن ترفع تقرير بذلك إلى الأمم المتحدة أو للجهة الآمرة بتشكيل اللجنة لاتخاذ القرار المناسب.

لغة دبلوماسية : Diplomatic language

لغة التخاطب بين الدول على أساس من العرف الدبلوماسي، فمن ثم الالتزام على الدول تامة السيادة في استخدام لغة معينة في اتصالاتها بغيرها من الدول وذلك تمشياً مع مبدأ المساواة في اللغات الوطنية باعتبارها من مقومات شخصية كل دولة، ويشمل التخاطب المحادثات والمشاورات الشفهية في كل دولة وأخرى والمناقشات في المؤتمرات الدولية كما تشمل: اللغة الدبلوماسية لغة تحرير الاتفاقيات والمعاهدات.

لقب آغا : The title of Aga

اصطلاح تركي ما زال يطلق في بعض المجتمعات العربية وخاصة في سوريا على بعض أعيان المجتمع.

لقب أمير : The title of Prince

وهو لقب فخري يتمتع به بعض الحكام من أبناء الملوك بالإضافة إلى بعض الأسر.

الوثيقة مثل أسرة الشهابين وأرسلان وآل ناصر الدين.

لقب شيخ: Title Sheikh

لقب فخري يطلق على فئة من الشخصيات دون الأمراء وكان يطلق في الأصل على الأستاذ والعالم كل من كان كبيراً في أعين القوم علماً أو فضيلةً أو مقاماً أو نحو ذلك.

لقب القدم: Soccer title

لقد قديم في المجتمع اللبناني وهو الثالث من رتب أكابر العشائر إذ أن أعلاهم رتبة هو الأمير ثم الخوند فالشيخ وقد زال استعماله الآن.

لقب فوق العادة: Extraordinary title

وهو لقب لم يكن القصد منه منح السفير لقب فوق العادة من أجل التمييز بين البعثات المؤقتة وبعثات الشرف وهيئات المفاوضة التي يترأسها عن البعثات الدائمة والمستقرة، وقد جرى العرف فيما بعد على أن يمنح السفير لقب فوق العادة حتى في التمثيل الدائم دون أن يكسب أي امتياز إضافي.

لقب البابا: Title of Pope

أطلق هذا اللقب على رئيس الكنيسة الكاثولوكية الرومانية منذ القرن الحادي عشر وكان هذا اللقب منحصراً به دون كافة الرؤساء الروحانيين وهو مشتقة من كلمة «باباز» التي تعني باليونانية «الأب أو الجد» وكانت تطلق على جميع الأساقفة وكان البابا قبل ذلك يدعى «أسقف روما».

وفي ظل قداسة البابا منذ عام 726 حتى عام 1870 يجمع إلى سلطته الزمنية غير أن الحكومة الإيطالية أصدرت في 13 أيار 1871 قانون الضمانات الذي اعترف لقداسته

بجميع الامتيازات الفخرية ولكنه جرده من جميع سلطاته الزمنية.

وفي عام 1929 وقع قداسة البابا بيوس الحادي عشر مع رئيس الحكومة الإيطالية معاهدة «لا تران» واتفاقيتين: أحدهما ديني والآخر مالي، وبذلك استعاد قداسته سلطته الزمنية بشكل محدود فأصبح الكرسي البابوي معروفاً باسم «دولة مدينة الفاتيكان».

إن جميع الدول الكاثولوكية تعترف لقداسة البابا بمركز ممتاز وتحرص على أن تؤدي له جميع مظاهر التكريم والإجلال كالركوع وتقبيل اليد، أما بقية الدول التي ترى في قداسته رئيساً للكنيسة الكاثوليكية ورئيس دولة الفاتيكان فحسب، فإنها تحيط بحرمة خاصة دليلاً على الاحترام الذي تكنه نحو مركزه الروحي بدافع المجاملة الدولية.

ومن هنا يستمد قداسة البابا من هذه الامتيازات من سلطته الدينية شبه العالمية باعتباره الرئيس الروحي لخمس العالم المسيحي أذ لا يتم أي أمر يتعلق بالكنيسة الكاثولوكية إلا بموافقته ويعتبر حكمه نهائياً في كل القضايا التي ينظر فيها، كما أنه يشرف على تنظيم شؤون الكنيسة ويسهر على توحيد مبادئ القانون الكنيسي، ويهتم بإدارة ومراقبة وتمثيل مصالح الكنيسة بشكل عام.

ويطلق على البابا قداسة البابا It Is Holiness أو ألحبر الأعظم، وعندما يكاتبه أحد الرؤساء الكاثوليكيين فإنه يذيل كتابه بالعبارة التالية «ولدكم المخلص»، ويخاطب في مراسلات بعبارة «أيها الأب الجزيل الطوبى».

---

لقب رئيس مجلس النواب: The title of President of the House of Representatives

يطلق على رئيس مجلس النواب في لبنان دولة الرئيس وفي الأردن معالي الرئيس وفي بعض الدول العربية سيادة رئيس المجلس.

---

لقب رئيس مجلس الوزراء: The title of President of the Council of Ministers

ففي الأردن ولبنان يطلق عليه بلقب دولة الرئيس وفي دول عربية أخرى سيادة

الرئيس أو سيادة رئيس مجلس الوزراء أو سيادة رئيس الحكومة.

لقب الضباط القادة: The title of commanding officers

يتمتع الضباط بلقب سيادة فيقال سيادة المشير، سيادة الفريق، سيادة العماد، سيادة اللواء، سيادة العميد، سيادة العقيد.......

لقب العظمة: The title of greatness

أطلق هذا اللقب على سلاطين العثمانيين وكانوا يتمتعون بلقب صاحب العظمة غير أن هذه التسمية زالت فيما بعد واستعيد عنها بلقب صاحب الجلالة.

لقب الملوك: The title of Kings

كان الملوك يلقبون بصاحب السمو ولكل من أولاد الأباطرة «بالشريف والنبيل« واستمر هذا العرض حتى إقرار معاهدة وستفاليا سنة 1648 حيث منح إمبراطور الجرمان لقب صاحب الجلالة إلى ملك فرنسا ومن ثم ملوك آخرين.

لقب الملوك والأباطرة: The title of kings and emperors

يطلق على الملوك والأباطرة لقب صاحب الجلالة ويخاطبوا بكلمة: مولاي Sire أو جلالتكم Your Majesty. ويطلق على الملكات وزوجات الملوك ما لم يكنّ أجنبيات لقب صاحب الجلالة ويخاطبن بكلمة: مولاتي أو صاحبة الجلالة...

وتبتدئ الرسائل المتبادلة بين الملوك والرؤساء بعبارة «أيها الأخ الكبير» وتختتم بعبارة «أخوكم المخلص»، «أخوكم الوفي» أو مجرد كلمة «أخوكم».

لقب ميكادو: Title Mikado

أطلق هذا اللقب على أباطرة اليابان، غير أنه فقد أهميته مؤخراً وأهمل كلياً الآن،

وقد كان يطلق على القصر الإمبراطوري.

---

لقب الوزراء: The title of Minister

يطلق على الوزراء في لبنان والأردن وبعض البلاد العربية لقب معالي الـوزير ويطلـق عليـه في بـاقي الدول العربية سيادة الوزير أو السيد الوزير.

---

لقب رئيس الجمهورية: The title of President of the Republic

يطلق على رئيس الجمهورية إما لقب فخامة الـرئيس أو سـيادة الـرئيس «في البلـدان العربيـة» وفي الولايات المتحدة وفرنسا، يطلق لقب «السيد الرئيس»، ولا تحمل زوجة رئيس الجمهوريـة أي لقـب سـوى حرم فخامة الرئيس أو حرم سيادة الرئيس أو السيدة الأولى.

---

لقب السفراء والوزراء المفوضين: The title of ambassadors and ministers plenipotentiary

وهو لقب يسبغ على السفراء المفوضون بلقب سعادة السفير أو سـعادة الـوزير المفوض، وتتمتع زوجة السفير فقط بلقب حضرة السفيرة أثناء مخاطبتها وذلك من بـاب التكـريم والمجاملـة ولـيس لهـا أن تطبع ذلك على بطاقتها الشخصية وإذا كانت رئيس البعثة سيدة «أي سفيرة» فلا يتمتع زوجها بأي لقب.

---

لقب السفير البابوي: The title of the Apostolic Nuncio

يطلق على السفير البابوي لقبي «صاحب السـعادة» Son Excellence ومونسـنيور Monseiyeur والتي تختصر بكلمة Myr.

---

لقب إمبراطور: Emperor title

231

كان لقب إمبراطور يفوق قديماً لقب الملك ومرد ذلك إلى أن معظم الأباطرة كانوا في العهد القديم يسيطرون على الملوك، كما أن مصطلح الإمبراطورية كان يطلق حصراً على الدول العظمى ذات المساحات الشاسعة والتي تحكم عدة شعوب سواء أكانت واقعة تحت سيطرتها المباشرة أم خاضعة لنفوذها السياسي.

والحقيقة أن هذا التفوق كان نتيجة طبيعة التفوق الإمبراطوري من الناحية العسكرية، وقد كان لقب صاحب الجلالة منحصراً بإمبراطور الجرمان الذي كان يشير إلى نفسه بقوله «جلالتي» كما كان يعرف بصاحب العظمة الدائمة Toujours Anguste.

القاب رجال الدين المسيحي: Titles of Christian clergy:

*- لقب الكاردينال: The title of Cardinal وهو صاحب الضيافة.

*- لقب البطريرك: The title of Patriarch

وهو صاحب القبضة ويتمتع بطريرك الروم الأرثوذكس في استنبول منذ عام 381م بلقب صاحب لقداسة، ويتمتع بهذا اللقب أيضاً بطريرك السريانية الأرثوذكس في دمشق.

لقب الأنبا: The title of Bishop

وهذا اللقب يطلق على بطريرك الأقباط في مصر وهو يعني صاحب القداسة.

لقب المتروبوليت: Metropolitan Title

وهو يعني رئيس الأساقفة وهو صاحب السيادة your Grace.

لقب المطران الأسقف: The title of Bishop Bishop

وهو لقد لدى الروم الأرثوذكس وهو صاحب السيادة ويناديه المسيحيون بكلمة سيدنا « My Lord».

---

لقب الخور سقف: Title Khursagv

وهو وكيل المطران والأرشمندت والأخير هو رئيس المدير لدى الروم الكاثوليك والروم الأرثوذكس ويحق لهما التمتع بامتيازات المطران وهي حمل الصليب في صدرهم ووضع الخاتم في اليد اليمنى، وإقامة مراسم القداس الحيري.

---

لقب القسس أو الخوري: The title of priest or priests

وهو حضرة الأب وينادى بلفظة يا محترم أو The reverend Father وفي أمريكا Most Reverend Sir.

---

لقب القمص: The title of Father

ويكتب خطأ في الصحف (القمص) وهو أحد المراتب الكنسية في مصر وأصل كلمة قمص يونانية الأصل تعني المدير وهو أعلى من القس.

---

لقب وزير الخارجية: The title of Minister of Foreign Affairs

يطلق عليه رئيس الدبلوماسية.

---

لقب ولي العهد والأمراء: The title of crown prince and princes

يطلق على ولي العهد حضرة صاحب السمو الملكي أو الإمبراطوري ولي العهد، أما باقي أبناء الملك أو الإمبراطور فيحملون لقب حضرة صاحب السمو الملكي أو الإمبراطور ويخاطبون جميعاً بكلمة صاحب السمو أو سموكم.

وإذا اقترن أمير بسيدة غير أميرة فإنها تكسب بزواجها لقب سمو الأميرة ولكن

العكس غير وارد أي أن الشخص العادي الذي يتزوج أميرة لا يكتسب هذا الزواج لقب أمير.

حرف الميم

ماركيز: Marquess

وينادى الرجل باسم Lord وزوجته باسم Lady ويحمل أبناؤهم وبناتهم اللقبين المذكورين وذلك في المناسبات الرسمية فقط على أن يضاف إليه اسمه الشخصي وتستعمل في الكتابة إليهم العبارات التالية: «My Lord, Marquess, The most Honorable, your lordship».

---

مأزق «طريق مسدود» عقبة كأداء: Imasse

العقبات أو الأزمات، أو الحالة التي لا تستطيع معها الدول الوصول إلى سياسة واضحة أو اتفاقيات ترضي الأطراف المتنازعة.

---

مائدة مستديرة: Round table

تعبير سياسي دبلوماسي يعني المفاوضات التي كانت تجري بين الأطراف المعنية على مستوى متكافئ أي أن لا يكون لأحد الأطراف المعنية ما يميزه عن الآخر ويبرز هذا المعنى بصفة خاصة في حالة إجراء مباحثات بين دولة كبرى وصغرى أو بين دولة حامية ومحمية أو مع دولة تمثلها عدة دول أو عدة أحزاب متصارعة وقد اشتق اسم المائدة المستديرة من حدث تاريخي وأسطوري تتصل بسيرة الملك آرثر الإنجليزي الذي أعد مائدة مستديرة ليجلس حولها مئة من الفرسان يمثلون زعماء المملكة دون أن يكون لواحد منهم ما يميزه عن غيره حتى تنتفي بينهم المنافسة.

---

مباحثات: Talks

المحادثات التي تجري رسمياً بين سفيرين أو بين سفير أو أحد المسئولين في الدولة حول موضوع معين أو عدة موضوعات معينة، ويضع كل من الجانبين عادة محضراً

يتضمن دقائق هذه المباحثات، ويحيله إلى حكومته أو رئيس الحكومة أو إلى رئيس الدولة مباشرة، وتجري المباحثات، عادة إما بطلب من السفير بناءً على تكليف من حكومته، أو بناء على طلب وزير الخارجية أو الأمين العام للوزارة أو المدير المختص، وإذا كان الموضوع فنياً أو متشعباً فإن رئيس الدولة يكلف وزير الخارجية حضور الاجتماع.

---

مبعوث فوق العادة: Envoy

لقب يطلق على ممثل دبلوماسي توفده حكومته للقيام بمهام معينة يعود بعد انتهاء عمله إلى بلده ويختلف المبعوث فوق العادة عن رئيس البعثة الدبلوماسية الدائم ومن أمثلة هذه المهام الخاصة إجراء مفاوضات أو مشاورات أو قيام المبعوث بتمثيل رئيس الدولة في الاحتفال بتتويج ملك أو زواج ولي العهد أو الاشتراك في تشييع جنازة ذات صفة خاصة.

تطلق بعض الدول على رئيس بعثتها لقب المبعوث فوق العادة بالإضافة إلى لقبه الدبلوماسي الأصيل، نظراً للعرف الذي كان شائعاً، وكان يقضي بأن يتقدم هؤلاء المبعوثون فوق العادة غيرهم من رؤساء البعثات الدائمين، إلا أن العرف الدبلوماسي الجاري أصبح يوى ما بين المبعوثين الدائمين والمبعوثين فوق العادة ما داموا متساوين في درجة دبلوماسية واحدة، ومن باب المجاملة أن يتقدم المبعوث فوق العادة الدائم للدولة في بعض المناسبات الفردية.

---

محادثات قمة تاريخية: Historic Summit Falks

تلك المحادثات التي تعقد على مستوى الملوك والرؤساء لتناول قضية مصيرية، والمفاوضات والمباحثات التي تدول لحل هذه القضية تسجل عادة في التاريخ نظراً لأهميتها في إنقاذ العالم من ويلات الحرب، والعمل على تحقيق الأمن والسلم الدولي.

---

مذكرة اجتماعية: Note social

وهي التي يوجهها إلى الحكومة مندوبو عدة دول في شأن من الشؤون أمرتهم حكوماتهم أن يتقدموا به في صورة مشتركة من الجميع والمذكرة الاجتماعية قلما يوقعها جميع السفراء الذين اشتركوا فيها على ورقة واحدة بل إن كان سفير من السفراء يرسل ورقة موقعاً عليها على حدة ولكن النص واحد في جميعها.

## مذكرة دبلوماسية عادية: Normal diplomatic note

وهي عبارة عن رسالة رسمية من رئيس البعثة إلى الحكومة وهذه تكتب بصيغة الغائب أو الحاضر المفرد.

## مذكرة شفوية: Note verbale

وهي نوع من التخاطب صفته الرسمية أقل من المذكرة الموقع عليها فهي لا تحمل توقيعاً ولكن من المعتاد أن تنتهي بعبارة من عبارات المجاملة المألوفة.

## مذكرة متفق عليها: Memorandum agreed

وهي تماثل المذكرة الاجتماعية ولكنها أقل منها في التأثير وليس من الضروري أن يكون النص فيها واحداً ما دام الجوهر متفقاً ولا حاجة لتقديم هذه المذكرات في آن واحد.

## مراسم: Ceremony

إحدى الإدارات السياسية الرئيسة وتسمى بإدارة البروتوكول، والمقصود بالمراسم التقاليد الدبلوماسية المستقرة على أساس من القانون أو العرف الدولي وهي حلقة اتصال بين وزارة الخارجية والبعثات الدبلوماسية ورئاسة الدولة.

فإدارة المراسم تنظم بالاشتراك مع رئاسة الدولة زيارة رئيس الدولة إلى دولة أجنبية أو زيارات رؤساء الدول وكبار الشخصيات الدولية إلى البلاد وهي التي تتسلم

الإخطارات بقدوم الممثلين الأجانب الجدد وبالممثلين الذين انتهت مدة خدمتهم وهي التي تحتفظ بالبيانات الخاصة وبإثبات صفة المبعوثين والبيانات الدولية ذات الصفة الدبلوماسية، وهي تعد القائمة الدبلوماسية وقائمة الأسبقية وتشرف مع المسؤولين على تنظيم الحفلات الرسمية التي تشترك فيها البعثات الدبلوماسية وكذلك المناسبات الوطنية والأعياد الدينية والقومية.

كما وتقوم إدارة المراسم بإصدار الجوازات غير العادية وهي الجوازات الدبلوماسية والخاصة والتأشيرات على الجوازات الدبلوماسية وهي الإدارة التي تحظر بأسماء مبعوثي الدولة الذين منحوا أوسمة أجنبية وهي المختصة بشأن مقترحات وزارة الخارجية بشأن منح الأوسمة للمبعوثين الأجانب ورفعها إلى رئاسة الدولة.

---

مدير مراسم: Marshal

يعتبر مدير المراسم من وجود الدولة البارزة إذ أنه يمثلها في عدة مناسبات كاستقبال السفراء الأجانب عند أول قدومهم وتوديعهم عند انتهاء مهمتهم والاشتراك في تنظيم واستقبال رؤساء الدول والحكومات الأجنبية ووزراء خارجيتها وبعض وفودها الرسمية إذا كانت على مستوى عالٍ كما يعتبر همزة الوصل بين الحكومة الممثلة بوزارة الخارجية وبين مختلف السفراء الأجانب والبعثات الدبلوماسية والقنصلية الأجنبية المعتمدة فضلاً عن هيئات الأمم المتحدة وموظفيها الدوليين.

ويعتبر مدير المراسم المسؤول الأول عن حسن تنظيم الحفلات والاجتماعات والمآدب التي تقيمها وزارة الخارجية أو تلك التي يقيمها رئيس الدولة أو الوزارات الأخرى ويشترك فيها الممثلون الدبلوماسيون أو شخصيات أجنبية بارزة.

---

مساعدة: Assistance

العون الذي تقدمه إحدى الدول الصديقة إلى غيرها إما بموجب معاهدة أو اتفاقية معقودة مسبقاً بين طرفين، أو بناءً على طلب صريح، وقد تكون المساعدة إما اقتصادية أو اتفاقية أو عسكرية، ومقيدة بشروط أو غير مقيدة، ولكنها لا تخلو على أي حال من مصالح مادية أو معنوية أو سياسية أو عسكرية، تحققها الدولة التي تقدم المساعدة.

## مساعدة متبادلة: Mutual Help

الاتفاقيات التي تعقدها دولتان أو أكثر تتعهد بموجبها كل منها بأن تقدم المساعدة العسكرية اللازمة إلى الطرف الآخر في حالة تعرضه لاعتداء من قبل دولة أخرى.

## مساعي: Demarches

الجهود الدبلوماسية التي تبذل في ظروف خاصة من خلال الزيارات والاتصالات والنشاطات الفردية والشخصية لدى الدولة المعتمدة لديها بقصد التباحث معها في موضوع معين أو التقدم باقتراح في قضية معينة أو حملها على تغيير وجهة نظرها في قضية معينة أو التقدم بعرض أو اقتراح أو طلب أو إنذار أو تهديد أو الإعلام عن اتخاذ خطوة حسب الظروف والحالات الطارئة.

## مساعي حميدة: Good Offices

الجهود التي تبذلها إحدى الدول، والمحاولات، والتي تقوم بها بغية إيجاد حل للخلاف القائم بين دولتين متنازعتين وحملها على التفاوض للوصول إلى الحل المنشود.

وقد انبثق عن هذا الأسلوب الدبلوماسي عن المؤتمر الذي عقدته الدول العظمى في باريس 14 نيسان 1956 إذ قررت أنه عند نشوب نزاع بين دولتين حول موضوع معين يترتب على إحدى الدول الصديقة للطرفين أن تبادر إلى بذل المساعي لتقريب وجهات النظر بينهما وتضييق شقة الخلاف وتذليل العقبات التي تحول دون التفاهم وإيصالهم إلى اتفاق مبدئي.

وعلى الدولة أن تقوم بالمساعي الحميدة من خلال استعمال نفوذها الأدبي أو الدولي وتستثمر وتوظف الصداقة التي تربطها بالدولتين للتأثير عليهما وتستعين بالدقة والمرونة والصبر مع مراعاة الكتمان التام.

وتنتهي المساعي الحميدة عند الوصول إلى اتفاق مبدئي بالمفاوضات المباشرة بين الطرفين أو لدى تكليفهما الدولة ذاتها أو دول أخرى أو شخصية دولية مرموقة إجراء مفاوضات بينها فتتحول عندئذ المساعي الحميدة إلى وساطة رسمية تخضع لقواعد خاصة.

---

## مستشار دبلوماسي: Diplomatic advisor

إحدى وظائف السلك الدبلوماسي ويرقى إلى هذه الدرجة الدبلوماسي الذي قضى فترة في درجة سكرتير أول. وفي حالة غياب الوزير المفوض في المفوضيات يقوم المستشار برئاسة البعثة بالنيابة كما جرى العرف على أن يعين المستشار الدبلوماسي في منصب قائم بالأعمال في حالة تشكيل بعثة محدودة الحجم، وتلي درجة المستشار الدبلوماسي درجة وزير مفوض من الدرجة الثانية.

---

## مشروع أولي: First Draft

أول اقتراح يتضمن مشروع قرار أو معاهدة يقدمه أحد الوفود في المؤتمرات أو المجتمعات الدولية ليكون مستنداً للدراسة والبحث والمناقشة، ويؤدي إما إلى تنبيه بعد إدخال بعض التعديلات عليه، أو يحفز أحد الوفود الأخرى على تقديم مشروع معاكس يتضمن اقتراحه، ووجهة نظره حول الموضوع.

---

## مشروع قرار: Draft Resolution

وهو أن يتقدم فرد أو حزب أو كتلة أو حكومة بمشروع قرار يتعلق بموضوع قيد

البحث أو المناقشة لتجري المناقشة على أساسه أو يطرح للتصويت فأما أن يقرّ على النحو الذي قدم له.

مشروع معاهدة: Draft of treaty

أي تمكين أحد الأطراف في التعاقد من خلال تقديم مشروع معاهدة ما يعد أساساً للدراسة، كما يمكن للطرف الآخر تقديم مشروع آخر، ثم تجري المفاوضات لتقريب وجهات النظر من خلال حذف أو إضافة أو دمج بعض النصوص الواردة في المشروعين بغية الوصول إلى الاتفاق على نص واحد يتفق على توقيعه أو تكلف لجنة الصياغة بوضعه في قالب جديد مع الأخذ بالاعتبار التعديلات التي اتفق عليها.

معاملة بالمثل: Reciprocate

مبدأ دبلوماسي يعني توحيد أو وحدة شروط الاتفاقات التي تتم بين مواطنين تابعين لبلدين أو أكثر ترتبط دولهم وفي مجال محدود بمعاهدة، وفي القانون الدولي العام تعني المعاملة بالمثل تجانس أو وحدة شروط الاتفاقات التي تتم بين مواطنين تابعين للدولتين أو أكثر في ضوء القوانين الداخلية في كل دولة، وهناك معاملة بالمثل بين عرضين إذا كان الواحد منهما يشكل الشرط الضروري والكافي للآخر.

معاهدة: Treaty

اتفاق أطرافه دولتان أو أكثر أو غيرها من أشخاص القانون الدولي وموضوعه تنظيم علاقة من العلاقات التي يحكمها هذا القانون، ويتضمن حقوقاً والتزامات تقع على عاتق أطرافه، وتسمى المعاهدة ثنائية إذا كانت بين دولتين، ومعاهدة متعددة الأطراف أو جماعية إذا كانت بين عدد من الدول أو بناءً على دعوة منتظمة دولية، ويكون هدفهم تنظيم موضوعات تتصل بمصالح المجتمع الدولي كله.

ويطلق لفظ معاهدة في معناه الخاص على الاتفاقات الدولية ذات الصبغة السياسية

.

كمعاهدات الصداقة والتحالف، ولفظ اتفاقية على الاتفاقيات المتعددة الأطراف التي تنظم التعاون بين الدول، ولفظ اتفاق على المعاهدات الثنائية ذات الصيغة الفنية، ولفظ تصريح على الاتفاقات التي يكون موضوعها تأكيد مبادئ قانونية أو سياسية مشتركة، ولفظ ميثاق على الاتفاقيات الدولية ذات الطابع الدستوري التنظيم كميثاق الأمم المتحدة وميثاق جامعة الدول العربية، ولفظ بروتوكول على الاتفاق التكميلي، كما يطلق أحياناً على المحاضر الرسمية لمؤتمر دولي، ولفظ تسوية مؤقتة أو ترتيب مؤقت على الاتفاق الذي له طابع مؤقت، ويمر عقد المعاهدة بعدة مراحل.

---

معاهدة تحالف: Treaty of Alliance

اتفاق تلتزم بموجبه كل من الدول المتعاقدة لتقديم الدعم السياسي والعون العسكري إلى الطرف الآخر في سبيل تحقيق هدف عسكري أو نصرة مبدأ سياسي.

---

معاهد ثقافية: Cultural Treaty

اتفاقية ثنائية عادة تعقد لتوثيق الصلات الفكرية والعلمية والفنية لمدة محدودة، وتعتبر المعاهدات الثقافية من الوسائل الودية لتوثيق العلاقات السياسية أو تكون نتيجة لها، وهي من أبرز ألوان النشاط في المجتمع الدولي بعد قيام منظمة اليونسكو.

وتتضمن المعاهدة الثقافية عادة تبادل الاعتراف بالمؤهلات العلمية، كتبادل الخبرات والبعثات وتقديم المنح الدراسية، وتشجيع إرسال واستقبال الوفود والبعوث الثقافية بين البلدين المتعاقدين كإقامة المراكز الثقافية وتشجيع ونشر وترجمة المؤلفات.

---

معاهدة حدود: Treaty of Limits

هي المعاهدة التي تتضمن تحديداً أو تعديل الحدود القائمة بين دولتين.

---

معاهدة ضمان: Treaty of Guarantee

وهي المعاهدة التي تتعهد بموجبها الدول المتعاقدة حماية كيان دولة معينة ونظامها السياسي وسلامة أراضيها وحدودها الراهنة ويقصد من الضمان أيضاً التدابير الكفيلة بضمان وحسن تنفيذ التزام معين.

معاهدة سياسية: Political Treaty

تلك المعاهدة التي تتضمن عقد حلف أو اتحاد أو صلح أو تسوية نزاع أو تعيين الحدود بين دولتين، أو التي تتعلق بحماية مصالح دولة معينة أو الدفاع عن كيانها أو استقلالها أو سيادتها.

معاهدة صلح: Peace Treaty

وثيقة اتفاق بين أطراف متنازعة يعتبر حلاً للنزاع ونهاية الحرب بين الطرفين المتنازعين الامتناع عن الأعمال العدوانية أو تشجيع مثل هذه الأعمال. كما قد تتضمن إقرار حدود جديدة للأطراف وتحديد خطوط مناطق منزوعة السلاح ونقاط مراقبة ولجان مراقبة وتنفيذ حيادية، كما أنها كثيراً ما تتضمن الانسحاب من المناطق المحتلة وإعادة الأملاك والتعويض ومنح الضمانات للحدود الجديدة التي يوافق عليها الأطراف، ويمكن أن تكون تفاوضية يصل إليها الأطراف عن طريق المفاوضات المباشرة أو عن طريق وساطة الأمم المتحدة أو طرف ثالث.

معاهدة ضمان متبادل: Mutual Guarantee Treaty

وهي المعاهدة التي بموجبها تتعهد الدول المتعاقدة بأن تضمن كل منها، وبشكل متقابل، احترام كيانها واستقلالها وحدودها ووضعها القانوني، إزاء الدول الأخرى.

مفاوضة: Negotiation

المحادثات والمداولات التي تجري بين ممثلين دولتين أو أكثر ذات مصالح متقاربة أو متعارضة، فيقدم كل طرف خلالها مقترحاته وحججه بغية الوصول إلى اتفاق لحل القضايا.

## مفاوضات: Negotiations

وهي إحدى الطرق الدبلوماسية لإجراء تسوية ودية بين دولتين أو أكثر لتبادل الرأي من أجل الوصول إلى حل تقبله جميع الأطراف ويقصد بها سلسلة تبادل الآراء والأفكار وسلسلة الاتصالات الرسمية بين مندوبين حكوميين لحل مشكلة بين دولتين متنازعتين أو أكثر وإقرار وضع سلام واستقرار وتعاون بينها أو تنظيم سياسة بينها لتبادل الحاجات والمنافع وللحيلولة دون وقوع منازعات والوصول إلى حل للنزاع.

## مقاطعة: County

وهي وسيلة من وسائل الضغط الجماعي تتبع تعبيراً عن السخط وطلباً لتغيير أمر معين أو عقوبة لارتكاب فعل ما، وتكون المقاطعة سياسياً واقتصادياً وهي إبرا لروح السخط وعدم الرضا.

## مقدمة: Preamble

القسم الأول من المعاهدة، ويسبق ما تنطوي عليه من أحكام، ويتضمن أنواعها والاتفاقات «على اختلاف أهميتها وتسميتها» وغيرها من الصكوك الرسمية.

## مقدمة الصلح: Preliminaries of Peace

اتفاق مبدئي يعقد بين الدول التجارية، ويتضمن المبادئ الرئيسية المتفق عليها لإنهاء حالة الحرب القائمة، والتدابير العاجلة والواجبة اتخاذها في هذا السبيل، على أساس أن تتولى معاهدة الصلح تنظيم جميع القضايا العالقة، ومعالجة الموضوعات المهمة التي كانت

موضوع نزاع.

مقرر: Decision

بعد أن يختار المؤتمر لجنة لدراسة شأن معين يتم انتخاب عضو من أعضاء اللجنة ليكون مقرراً لها أمام المؤتمر العام وأن يقترح تقريرها.

مكانة مكتسبة: Acquired the status of

وهي المكانة التي يحققها الشخص بجهده الخاص كالتدرج في المناصب والمراتب.

مكانة منسوبة: Status attributed

وهي الوضع الاجتماعي الذي يوجد فيه الشخص منذ الولادة كانتساب شخص إلى عائلة أو جنس معين.

مماطلة «تسويف»: Procrastination

تستعمل المماطلة في المحادثات والمفاوضات الدبلوماسية إما لعدم الرغبة في الوصول إلى اتفاق أو للتهرب من التقيد بأي التزام أو بانتظار تحسن الظروف أو في حالة توقع أحداث جديدة قد تؤثر على موقف المتفاوضين من حيث التساهل أو التشرد في مطالبهم.

منازعات دولية: International disputes

وهي خلافات تكون بين الدول أو أشخاص القانون الدولي من غير الدول التي تكون أطرافاً فيها، وتختلف طرق حل المنازعات حسب رأي المختلفين وعادة تتم المفاوضات واللجوء إلى الوسائل السليمة.

مناقشات: The Debates

المباحثات والمداولات التي تجري في المؤتمرات والاجتماعات الدولية حول موضوع معين مسجل في جدول الأعمال والتي ينبغي أن يؤدي استكمالها إلى اتخاذ قرار أو توصية أو إجراء أو موافقة على عقد اتفاق أو معاهدة.

---

منطقة أمان: Security zone

اصطلاح برز بعد الحرب العالمية الثانية، ويرتبط بإجراءات الهدنة تضمنته اتفاقيات جنيف الخاصة بقواعد الاحتلال العسكري للإقليم، وهي تقضي بإقامة مناطق محايدة حياداً تاماً تعرف بمناطق الأمان، تخصص لإقامة الجرحى والمرضى والعجزة وكذلك النساء الحوامل والأطفال.

---

منطقة حدود: Boundaries Zone

المنطقة التي تقع على حدود دولة أخرى، وتخضع لأوضاع وتدابير وأنظمة خاصة، وتشمل الأراضي والمراعي ومجاري المياه والأشخاص المقيمين فيها.

---

منطقة حرام: Haram area

اصطلاح أطلق منذ الحرب العالمية الأولى على المنطقة التي كانت تفصل بين خطين أماميين لقومين متحاربين أو بين خطين من خطوط الخنادق ترسمت فيها قوات الجانبين، ولا تحتلها قوات مسلحة، وإنما تكون تحت مراقبة دوريات لكل من الفريقين.

تتضمن اتفاقيات الصدفة في العادة إقامة منطقة حرام أو منطقة محايدة أو منطقة منزوعة السلاح بين الجانبين تجرد من الأسلحة، ويمتنع فيها القيام بأي نشاط عسكري أو استغلال اقتصادي وليس كجانب من المتهادنين أي حقوق في المنطقة حتى تعقد معاهدة الصلح.

---

منطقة نقدية: Zone Monetaire

مجموع الأقاليم التي تخضع للرقابة النقدية نفسها في علاقاتها مع الخارج، وتتكون المناطق النقدية في أكثر الأحيان بسبب الظروف التاريخية حيث يسود النقد الأقوى، مما يفرض على الدول المعنية أن تبني سياسة نقدية واحدة.

مناقشة عامة: General Debate

المداولات العامة التي تجري عقب افتتاح المؤتمر أو الاجتماع الدولي ويدلي خلالها كل مندوبي الدول ورؤساء الوفود بحسب الترتيب الهجائي لأسماء بلادهم، بخطاب شامل يتناول معظم القضايا التي تهم بلاده وموقفها منها، وتتضمن رأيها الخاص الذي يعالجه المؤتمر.

منظمة دولية: International - Organization

هي مؤلفة من معظم دول العالم، تنطوي على مبادئ أساسية وإنسانية واجتماعية واقتصادية وسياسية تؤمن بها جميع الدول الأعضاء وتتعاهد على التقيد بها والعمل على تنفيذها مع توحيد جهودها لحل جميع القضايا وتحقيق السلام العالمي عن طريق التعاون والتعاضد.

موافقة على السفير: Approval of the Ambassador

مصطلح دبلوماسي يدل على موافقة دولة ما على اختيار دولة أخرى لشخصية ما لتمثيل الدولة الثانية لدى الدولة الأولى، فالدولة تتطلب عادة مقدماً موافقة الدولة الأخرى بشأن السفير أو الوزير المفوض الذي ستوفده إلى تلك الدولة لتمثيلها فيها.

مؤتمر دبلوماسي: Diplomatic Conference

اجتماع للتشاور وتبادل الرأي من أجل شأن من الشؤون لا يتم حله إلا بالاجتماع وتعتبر المؤتمرات إدارة هامة في تنظيم العلاقات الدولية ولا سيما خلال الأزمات وتسبق

247

الدعوة لعقد المؤتمر محادثات تمهيدية تقوم بها الدولة الداعية للتعرف على مدى استعداد الدول الأخرى لقبول الدعوة لمناقشة الموضوعات المقترح عرضها على المؤتمر.

وقد عرف التاريخ كلمة مؤتمر منذ زمن بعيد وكانت تطلق فقط على الاجتماعات بعد الحروب ولا يوجد فرق متفق عليه بين معنى هاتين الكلمتين فهما مترادفتان.

## مؤتمرات دولية: International conferences

وهي اجتماعات بين مجموعة في مكان معين وفي وقت محدد لغرض من الأغراض المشتركة التي تهم هذه المجموعة وتهدف هذه المؤتمرات عادة إلى علاج بعض المشكلات العامة سياسية كانت أم اقتصادية ثقافية أو اجتماعية إلى خدمة السلام وخير الإنسانية وتعقد هذه المؤتمرات إما بصفة رسمية أي تشكل الوفود التي تحضرها من أشخاص لهم صفة رسمية حكومية أم بصفة غير رسمية عن طريق الهيئات والنقابات والشعوب.

وجميع هذه المؤتمرات بصفة عامة تحتاج إلى إجراءات مطولة لعقدها والدعوة إليها وإعداد برامجها وتنظيم سير العمل بها ويقع العبء الأكبر فيها على الذين يوظفون للقيام بالعلاقات العامة في هذه المؤتمرات.

## مؤتمر الصلح: Peace Conference

الاجتماع الدولي الذي تعقده الدول المنتصرة والدول المهزومة بواسطة مندوب الطرفين المفوضين الذين يضعون أسس إنهاء الحرب وإقامة دعائم السلم ضمن شروط تختلف حسب الظروف. وقد ترغم الدولة المهزومة على توقيع معاهدة الصلح دون أي مناقشة.

مواد إضافية: Additional Articles

وهو ما يستجد بعد عقد المعاهدة مما يستوجب إضافة أحكام غفل عنها المفاوضون أو اقتضت الظروف الطارئة تعديل قسم فيها، فإنها تذكر في مواد إضافية، وتعد متممة للمعاهدة الأصلية وتخضع مثلها للإبرام.

---

موافقة متبادلة: Mutual Consent

الرغبة الحرة في قبول التعاقد، والشرط الأساسي لعقد اتفاق بين دولتين دون ضغط مادي أو معنوي.

---

موظفون دبلوماسيون: Diplomats

الممثلون المعتمدون لرئيس دولة ما لدى دولة أخرى ويخضع الدبلوماسيون لموافقة الدولة التي سيمثلون بلادهم فيها، كما يخضعون لحق إعلان هذه الدولة بأنهم أصبحوا أشخاصاً غير مرغوب فيهم ولا بد حينئذ لدولتهم من استدعائهم، وينبغي أن يحمل الدبلوماسيون أوراق اعتماد من حكوماتهم تخولهم حق إقامة العلاقات والتفاوض وتوقيع الاتفاقيات، ويتمتعون مع مساعديهم من الموظفين بالحصانة الدبلوماسية التي تشمل وثائقهم ومستنداتهم ورسائلهم ومراسلاتهم وعدم خضوعهم لضرائب الدولة التي ينتدبون إليها أو أحكامهم الدينية والجزائية وقد استمدت هذه الحقوق من اتفاقية فينا 1815 ثم نقحت في ميثاق فينا العقود عام 1961 ويقسم الدبلوماسيون إلى عدة مستويات معترف بها:

1- السفراء.

2- الوزراء المفوضون.

3- القائمون بأعمال السفارة أو المفوضية.

---

موظفو الهيئات الدولية: International Officials

موظفي المنظمات الدولية الذين يعينهم الأمين العام للأمم المتحدة وهم حسب نص ميثاق الأمم المتحدة لا يلتقون تعليمات من حكومة كما أن عليهم أن يمتنعوا عن القيام بأي عمل قد يؤثر على مركزهم كموطفين دوليين مسؤولين أمام المنظمة أو الهيئة التي يعملون فيها فقط.

ويختار هؤلاء من بين أصحاب الكفاءات العالية شرط مراعاة التوزيع الجغرافي للدول الأعضاء في المنظمات الدولية ويحمل هؤلاء جوازات سفر دولية صادرة عن الأمم المتحدة دون أن يعني ذلك فقدانهم لجنسية بلدانهم الأصلية غير أنهم يخضعون إدارياً لأوامر المنظمة وسلطتها وتحقيقاً لمبدأ استقلاليتهم عن السلطات السياسية في بلادهم، ويتمتع الموظفون الدوليون بالامتيازات والحصانات التي يتمتع بها الدبلوماسيون وأهمها:

1- الإعفاءات من الضرائب والرسوم.

2- الحصانة القضائية.

3- حرية التنقل والإقامة.

---

## موقف عدائي: Hostile Attitude

وهو الموقف الذي ينطوي في الغالب على إجراءات فيما اساءة إلى مصالح إحدى الدول أو مصالح رعاياها المقيمين من قبل دولة أخرى، ويتجلى ذلك في سوء معاملتهم، أو منعهم من العمل، أو إخراجهم من البلاد، بلا سبب أو بالاستناد إلى سبب مزعوم.

---

## موقف لا أخلاقي: Immoral Attitude

الموقف الذي تتخذه إحدى الدول أو الهيئات في تعاملها مع الدول والهيئات الأخرى، ويكون منافياً للأخلاق الدولية كاللجوء إلى الكذب في البيانات والتصريحات وعدم التنفيذ للوعود المتداولة والتهرب من تنفيذ الالتزامات واستعمال أبشع أشكال

---

الخداع والتهجم بواسطة وسائل الإعلام، علماً بأن المعاملات الدولية تقتضي الالتزام بالمبادئ الأخلاقية واستعمال اللياقة في جميع الظروف والترفع عن الأساليب الدينية لكسب الأطراف المتنازعة.

---

ميثاق عدم الاعتداء: Non-Aggression

التعهد الوارد في معاهدة أو اتفاقية يقوم على عدم اللجوء إلى الحرب أو شن أي صورة من صور العدوان.

---

ميكافيللية: Mikavellip

وهي مصطلح سياسي دبلوماسي أطلق على أسلوب من أساليب العمل السياسي والدبلوماسي ينتسب هذا المصطلح إلى المفكر الإيطالي نيوكلاي ميكافيللي الذي نشأ في فلورنسا وشغل بعض وظائف الخارجية مما أكسبه خبرة بالشؤون العامة. والميكافيللية تعتبر دستوراً لأسلوب العمل السياسي إبان القرون الوسطى وهي عصور المؤامرات والدسائس ويرتبط اسم الميكافيللية بالإلهاء والخداع والمراوغة والغاية تبرر الوسيلة ومع ذلك لا تعتبر عيوباً في رجل السياسة.

---

حرف النون

251

نائب العميد: Vice Dean

جرى العرف في بعض العواصم الكبرى على تسمية نائب العميد للهيئة الدبلوماسية بالاستناد إلى أقدميته ومن فوائد هذا المركز ما يلي:

1- النيابة عن العميد في بعض الحفلات الدينية أو القومية للرغبة في التباحث مع عميد علماني إذا كان سفيراً بابوياً أو في المناسبات العقائدية إذا كان العميد ينتمي إلى دولة مناصفة أو غير مؤيدة.

2- النيابة عن العميد في حالة غيابة أو مرضه.

3- النيابة عن العميد في الحفلات الرسمية التي يقيمها رئيس بعثة ينتمي إلى دولة ما عدوة بالنسبة الى دولة العميد أو مقطوعة علاقتها معها أو غير معترف بها.

ومن الجدير بالذكر أن اتفاقية العلاقات الدبلوماسية لعام 1961 لم تشر إلى مثل هذا المركز كما أن انتشاره ضئيل جداً.

---

ناطق رسمي باسم الوفد: Spokesperson on behalf of the delegation

يقتضي في المؤتمرات السياسية أو العسكرية أو الاقتصادية الكبرى أن يعين كل وفد أحد أعضائه ناطقاً رسمياً باسم الوفد يتولى شؤون الصحافة المحلية أو الدولية وأحياناً الوطنية ويجوز أن يرافق الوفد ممثلو الصحف الوطنية الكبرى لوكالة الأنباء الوطنية ويقوم الناطق بعدة مهام منها:

1- تزويد ممثلي مختلف الصحف بالمعومات التي يريدون الحصول عليها شريطة ألا تكون سرية وفي حدود توجيهات رئيس الوفد.

2- تهيئة المؤتمرات الصحفية التي يريد أن يعقدها رئيس الوفد وعلى الناطق الرسمي في هذه الحالة الحصول مسبقاً من الصحفيين على نص الأسئلة التي

يريدون طرحها لكي يستعد الرئيس للرد عليها في حدود تعليمات حكومته والاعتذار عن الإجابة عن بعضها ويستحسن في المؤتمرات الصحفية عدم التعرض للوفود الأخرى أو للسلطات المحلية التي ينعقد المؤتمر في أراضيها كما يستحسن أن تكون التصريحات الصحفية مطبوعة مسبقاً بحيث يتم توزيعها بعد المؤتمر على الصحفيين للحيلولة دون تحريف أو إغفال بعض النقاط الواردة.

3- متابعة المؤتمرات الصحفية التي يعقدها رؤساء الوفود الأخرى.

4- متابعة ما تنشره الصحف المحلية وتذيعه الإذاعات المحلية عن المؤتمر ولا سيما موقف وقدرة تقويم مضمونها إلى رئيس الوفد ووزارة الخارجية.

5- تصحيح ما تنشره بعض الصحف خطأً وعمداً ولا يحق لأي عضو في الوفد الإدلاء بأي تصريح إلا بعد موافقة رئيسه أو بناءً على طلبه وفي حده وتوجهاته.

---

نقض المعاهدة: Denunciation Of the Treaty

تحلل إحدى الدول المتعاقدة من أحكام معاهدة ثنائية وإبلاغها للطرف الآخر بذلك، وأما في المعاهدات المتعددة الأطراف فإن النقض هو انسحاب الدولة الناقضة من أحكام المعاهدة بحيث تبقى المعاهدة نافذة على باقي الدول الموقعة.

---

نوايا طيبة: Good Intentions

المبادرة التي تتسم بالود والتسامح في حل القضايا السياسية والقيام بالأعمال التي تظهر حسن النوايا، وتحظى باحترام باقي الدول.

## حرف الواو

**واجب دولي:** International obligation

الالتزام الواجب على الدول مراعاته في علاقاتها مع الدول وهناك نوعان من الواجبات:

1- الواجبات القانونية: وهي الحقوق الثابتة المقررة لقواعد القانون الدولي.

2- الواجبات الأدبية: وهي الالتزامات التي لا تستند إلى حق معترف به أو قانون دولي ولكنها تقوم على أساس المبادئ العامة والمجاملات الحربية.

---

**وثائق مرفقة:** Annexed Documents

جميع المكاتبات والخرائط المرفقة مع الاتفاقيات أو المعاهدات التي تعد مكملة لها.

---

**وزارة خارجية أو وزارة الشؤون الخارجية:**

Ministry of Foreign Affairs or the Ministry of Foreign Affairs

وهي الوزارة المسؤولة عن تنظيم وتوجيه علاقة الدولة بالدول الأخرى، وتنفيذ سياساتها الخارجية على ضوء الأحداث العالمية وذلك عن طريق قسمين هامين:

1- جهاز الوزارة المركزي في عاصمة الدولة نفسها.

2- البعثات الدبلوماسية والسياسية للدولة في الخارج.

ويرتبط قيام وزارة الخارجية في دولة ما بإعلان استقلالها واعتراف المجتمع الدولي بها.

---

وزير مفوض: Minister Plenipotentiary

ممثـل دبلومـاسي لبـلاده يلـي السـفير مرتبـة، ويـرأس بعثـة دبلوماسـية، كـما يملـك الصـلاحيات أو السلطات الكاملة لتسيير الأعمال في البعثة والمفوضية، ولـه اختصـاص السـفير، فيـما عـدا حـق الصـدارة وشؤون المراسم، فهو مبعوث رئيس الدولة ويحق له إجراء اتصالات مباشرة مع مسؤولي الدولة التي يكـون معتمداً لديها.

وسام: Wesam

وهي تقاليد تقدمها الحكومات للأشخاص المبـدعين وذلـك مكافـأة لهـم عـن الأعـمال والخـدمات الجليلة التي يقدمونها، وهي من التقاليد التي كانت متبعة منذ العصور الوسطى حيث كانت تمنح رتبـة الفروسية ولا يزال هذا التقليد متبعاً حتى الآن.

في المقابـل فـإن الأوسـمة العسـكرية تمنـح لأعـمال البطولـة والاستشـهاد والتضـحية أثنـاء الحـروب والمعارك، وقد جرت العادة أن يتم تبادل الأوسـمة بـين رؤسـاء الـدول والبعثـات الدبلوماسـية والشخصيات السياسية والوطنية وفي عدد من الدول تمنح الأوسمة للهيئات أو لوحدات كاملـة عسـكرية أو مؤسسـات مدنية.

وساطة: Mediation

وسيلة ودية من وسائل التسوية والتوفيق بين دول متنازعة، تنشأ الوساطة بمحاولة من جانب دولـة أو أكثر لفض نزاع قائم بين دولتين أو أكثر عن طريق التفاوض والسعي لتقريب وجهات النظر المتباعـدة، وتشترك الدولة صاحبة الوساطة في المفاوضات لحل النزاع والتوسط بين الفرقاء المتنازعين.

وما زال للوساطة دورها في فض المنازعات الدولية حيث تقضي المادتان 33 و 44 مـن ميثـاق الأمـم المتحدة بأن لمجلس الأمن في المواقف أو المنازعات التـي مـن شـأن اسـتمرارها الإخـلال بالسـلم العالمي أن يتدخل مباشرة بوسائل عديدة من بينها:

1- دعوة أطراف النزاع إلى تسويته عن طريق المفاوضات والتحقيق والوساطة والتوفيق والتحكيم والتسوية القضائية.

2- الالتجاء إلى المنظمات الإقليمية أو غيرها من الطرق التي وقع اختيارها.

---

## وسيط دولي: international mediator

شخص تنتدبه هيئة دولية للتوسط في حل نزاع بين دولتين أو أكثر، وهناك لجان للوساطة الدولية، فقد لجأت الجمعية العامة للأمم المتحدة إلى تعيين وسيط دولي «فلسطين، أفغانستان، لبنان،.... ومنحته صلاحيات واسعة وقام الأمين العام بتفويض المسؤوليات والصلاحيات إلى ممثلين أو مبعوثين خاصين من أجل القيام بجهود الوساطة، فالوسيط الدولي يمارس عمله بموجب التفويض الصادر عن الجمعية العامة ومجلس الأمن، ويرفع تقريراً مفصلاً عن سير الوساطة والتوصيات المقترحة.

---

## وقع بالحروف الأولى: To Initial

توقيع مختصر على المسودات بصورة عامة، وعلى المذكرات الدبلوماسية الشفهية، وعلى مشروع الاتفاقات التي تم الاتفاق عليها على أن تقرن فيما بعد بالتوقيع الشامل.

# حرف الهاء

هدنة: Larmistic

توقيف دائم أو مؤقت للعمليات الحربية بواسطة اتفاق دون صفة تعاقدية يتم بين مفوضين عن الدولتين المتحاربتين وتتميز الهدنة بصفتين:

1- اتفاق سياسي ثم أن توقيعه يكون غالباً من القادة العسكريون.

2- الهدنة لا تعتبر إنهاء الحرب بل هي توقيف للعمليات العسكرية بصورة دائمة أو مؤقتة.

وتخضع الهدنة لأحكام القانون الدولي وتنفذ بإشراف لجنة دولية ويتم عقد الهدنة بناء على مبادرة من دولة ثالثة أو كان الخلاف الدولي الواقع بين الدولتين المتحاربتين قد بحث في الأمم المتحدة فإن المنظمة الدولية تشكل لجنة أو هيئة لمراقبة تنفيذ الهدنة.

ويشترط أن تعقد الهدنة كتابياً بين الطرفين ولذلك فهي تختلف عن الاستسلام الذي يتم بين قادة وحدتين عسكريتين ولذلك فالهدنة عامة. كما يجب إعلان الهدنة وتبليغها إلى القوات المتحاربة للطرفين لتتوقف عن العمليات الحربية لمجرد تبليغها الإعلان أو في الوقت المحدد في الاتفاقية.

---

هيئة الأمم المتحدة: United Nation (UN)

منظمة دولية أعلن عن قيامها ومباشرة نشاطها 1945 بعد الحرب العالمية الثانية، وقد تضمن ميثاق الهيئة ديباجة تتضمن المثل العليا والأهداف المشتركة التي تتطلع إليها جميع الشعوب التي اشتركت حكوماتها ي إنشاء المنظمة الدولية وهذه الأغراض تشمل المحافظة على السلم والأمن الدوليين، وتنمية العلاقات الودية بين الأمم، والتعاون الدولي على حل المشكلات العالمية من اقتصادية واجتماعية وثقافية وإنسانية والعمل

---

على تعزيز احترام حقوق الإنسان.

هيئة أو اعتبار: Body or as

هو نوع من النفوذ أو الافتنان السحري الذي يعزى إلى فرد أو مهنة أو مؤسسة بحيث يكون له تأثير في إضفاء قيمة إيجابية خاصة على الآراء والأقوال وما شابه ذلك من الأمور الصادرة عن ذلك المصدر أو المقام ويطلق هذا المصطلح للدلالة على ما يتمتع به المرء من احترام خاص وإجلال لدى جماعته.

هيئة دبلوماسية: Diplomatic body

مجموعة الموظفين الدبلوماسيين الأجانب المعتمدين في بلد معين وتشمل السفراء والوزراء المفوضين والمستشارين والسكرتيرين الأوائل في بلد معين والثواني والثوالث والملحقين الدبلوماسيين وزوجات جميع هذه الفئات.

وتعرف الهيئة الدبلوماسية أيضاً بأنها تلك التي يرد أسماء أعضائها في قائمة الهيئة الدبلوماسية التي تصدرها وزارة الخارجية المضيفة دورياً أما كل سنة أو غالباً ستة أشهر.

وتتألف الهيئة الدبلوماسية في أي عاصمة من الموظفين الدبلوماسيين التابعين لبعثات عدة دول بما في ذلك الملحقون ولا يعتبر القناصل والطلبة المترجمون بصفة عامة أعضاء في هذه الهيئة.

# قائمة باسماء المصادر والمراجع

1) المعجم السياسي: احمد عطية الله

2) الموسوعة السياسية:د. عبد الوهاب الكيالي واخرون
المؤسسة العربية للدراسات والنشر.

3) القانون الدستوري والنظم السياسية, د.عادل الحياري

4) التنمية السياسية في ضوء نصوص دستورية غيبت واخرى افرغت من مضمونها, د.محمد الحموري, منشورات نقابة المحامين الاردنين.

5) الحكومة البرلمانية, جون ستيوارت ميل ,ترجمة اميل غوري.

6) النظام السياسي الاردني, د. امين المشاقبة.

7) الرقابة على اعمال السلطة التنفيذية في النظام البرلماني, ايهاب سلام.

8) معجم المصطلحات الدستورية والقانونية.

9) السياسية وراء استراتيجية, د. فاضل محمد زكي, الموسوعة الصغيرة دار الحرية عدد 78.

10) مدخل لعلم السياسة, د.بطرس بطرس غالي, د. محمود خيري,دار الفكرالعربي.

11) مناهج البحث الاعلام وتحليل الخطاب, بسام المشاقبة ,داراسامة 2009.

12) الاعلام المقاوم مابين النظرية والتطبيق, بسام المشاقبة, دار اسامة2011.

13) الاعلام البرلماني والسياسي, بسام المشاقبة, دار اسامة للنشر2011.

14) معجم المصطلحات الدبلوماسية والاتيكت.

15) علم الاتيكيت الاجتماعي والدبلوماسي /الدكتورة منى فريد/دار

اسامة ودار المشرق العربي 2009.

(16)   الاعلام الدبلوماسي/الدكتورة مجد الهاشمي/دار اسامة.

(17)   الحرية السياسية في الوطن العرب, د. صالح سميع, دار الزهراء.

(18)   ادارة الاعلام, د.فهمي غزنوي.

(19)   الاعلام الدوبلوماسي والسياسي, د. مجد الهاشمي.

(20)   اتجاهات الاعلام الحديث والمعاصر, د. حسين عبد الجبار.

(21)   مشروع الشرق الاوسط الكبير, د. عبد القادر المخادمي.

(22)   من الحزب الى سياسة الاحزاب, رالف جولد مان , ترجمة فخري صالح

(23)   دراسات في الفلسفة السياسية عند هيجل, د.عبد الفتاح امام.

(24)   الاحزاب السياسية الاردنية , مركز المستقبل للدراسات.

(25)   مستقبل العلاقات العربية الامريكية , دكتور حسين كنعان.

# فهرس المصطلحات البرلمانية

263

## حرف الباء

## حرف التاء

## حرف الخاء

# حرف الدال

## حرف الزاي

## حرف السين

## حرف الشين

## حرف الصاد

## حرف الفاء

## حرف القاف

## حرف الكاف

## حرف اللام

# حرف الميم

279

# حرف النون

# فهرس المصطلحات الديبلوماسية

## حرف الالف

284

## حرف الباء

## حرف التاء

287

# حرف الثاء

## حرف الراء

## حرف الغين

## حرف الفاء

## حرف القاف

## حرف الكاف

## حرف اللام

295

Printed in the United States
By Bookmasters